“十二五”职业教育国家规划教材
经全国职业教育教材审定委员会审定
普通高等教育“十一五”国家级规划教材

报关与报检实务

第2版

主　编　张援越　杜　扬
副主编　王桂英　章艳华　刘庆珠
参　编　赵加平　邢承剑　程　蕙　陈　鑫
　　　　刘　芳　牛淑梅　肖　譞　陈　斯

机械工业出版社

本书是“十二五”职业教育国家规划教材，经全国职业教育教材审定委员会审定。本书认真贯彻《国务院关于大力推进职业教育改革与发展的决定》和教育部“十二五”职业教育国家规划教材的要求，对接最新的《报关员国家职业标准》和报检行业作业规范，对接报关员入职水平测试和报检员资格考试重点、难点，对接全国职业院校技能大赛报关赛项目的竞赛要求，有针对性地制定学生的知识目标、能力目标和职业素质目标，在报关和报检教学中将知识、能力、素质培养与训练有机结合起来，突出岗位核心技能要求，加强岗位对学生职业素养要求的训练，为学生胜任职业岗位和今后的职业发展奠定基础。

本书注重内容的实用性和岗位需求的针对性，内容设计符合高职高专学生的认知规律和就业要求，结合外经贸服务行业从业人员职业岗位能力的需求。

本书内容包括报关实务和报检实务两大部分：报关实务部分，重点描写了报关从业人员必备的报关程序操作技能、报关单填制技术、进出口商品归类技术。报检实务部分，重点描写了报关从业人员必备的报检工作程序操作技能、特殊商品报检技能。

本书由院校、行业协会、行业主管和企业四方人员参与编写，本书自2007年首次出版以来，经过24位海关及商检专家把关、31名企业家论证、30多所院校使用，共吸纳了500多条师生反馈的宝贵建议，使本书日臻完善，在全国院校得到了广泛认可，加印10次，累计销售达36000余册。本书作为高职高专报关报检专业“校企合作”的教学教材，适合作为高职高专、成人高等学校报关与国际货运、报检、国际经济与贸易、国际商务、国际物流、商务英语等专业的教学用书、教辅参考书，同时也可作为报关报检从业人员培训用书。

图书在版编目（CIP）数据

报关与报检实务/张援越，杜扬主编．—2版．—北京：机械工业出版社，2015.6（2018.6重印）
“十二五”职业教育国家规划教材　普通高等教育“十一五”国家级规划教材
ISBN 978-7-111-49726-4

Ⅰ．①报…　Ⅱ．①张…　②杜…　Ⅲ．①进出口贸易—海关手续—中国—高等职业教育—教材　Ⅳ．①F752.5

中国版本图书馆CIP数据核字（2015）第056695号

机械工业出版社（北京市百万庄大街22号　邮政编码100037）
策划编辑：孔文梅　　责任编辑：张　亮
封面设计：鞠　杨　　责任印制：孙　炜
责任校对：张　力
北京中兴印刷有限公司印刷
2018年6月第2版第5次印刷
184mm×260mm · 17.25印张 · 426千字
12 001—15 000册
标准书号：ISBN 978-7-111-49726-4
定价：39.00元

凡购本书，如有缺页、倒页、脱页，由本社发行部调换

电话服务	网络服务
服务咨询热线：010-88379833	机 工 官 网：www.cmpbook.com
读者购书热线：010-88379649	机 工 官 博：weibo.com/cmp1952
	教育服务网：www.cmpedu.com
封面无防伪标均为盗版	金　书　网：www.golden-book.com

前　言

2013年10月，海关总署发布了《海关总署关于改革报关员资格管理制度的公告》，公布了改革现行报关从业人员资质资格管理制度、取消报关员资格核准审批、对报关从业人员不再设置门槛和准入条件、自2014年起不再组织报关员资格全国统一考试等有关事项。

报关员资格核准审批取消后，海关将按照“由企及人”的管理理念，通过指导、督促报关企业加强内部管理，进而实现对报关从业人员的管理。同时，报关从业人员作为海关行政管理相对人，其报关行为仍需接受海关监督管理。

行业协会将充分发挥自律管理的职责和作用，以填补“报关员资格核准”审批事项取消后留下的管理空白，建立“行业评价、行业认可”的管理机制，即由海关总署制定报关从业人员职业标准和评价规范，报关协会组织开展对报关从业人员的职业技能鉴定和职业水平评价考试，为报关企业选聘报关从业人员提供参考依据。

同样，报检员从业资格考试也做出了类似的改变。

在此大环境下，本书配合新的形势需要，把握行业发展前沿，以报关及报检职业水平测试和全国职业院校报关技能大赛为导向，注重基础知识和操作技能的融合，使得这部教材具有鲜明的特色。

1．适用性与实用性

本书编写队伍吸纳了企业业务经理和人力资源经理，完全按企业的报关、报检业务操作而设计，满足了企业新员工入职要求，兼顾院校学生学习规律，突出了教材的适用性和实用性。

2．基础性与操作性

报关与报检作业复杂多变，其各环节主题各有特点，本书摒弃了同类教材大而全、浅而广的编写模式，重点讲解报关及报检申报技术、商品归类技术等入职人员必备的技能，有助于职业院校学生面试及入职需求，突出了基础性和操作性。

3．证赛课三者有机结合

本书编者集合了行业著名企业专家、全国职业院校报关技能大赛冠军队指导教师等各方优秀人士，因此使得内容紧贴报关及报检职业水平测试和报关技能大赛要求，突出了教材职业资格证书、报关技能大赛和课堂授课的有机结合。

在编写过程中得到了有关专家、学者及相关业务公司的鼎力支持和密切合作，在此深表感谢。

由于水平所限，疏漏和不妥之处在所难免，恳切希望得到资深专家和广大读者批评指正。

为方便教学，本书配备电子课件等教学资源。凡选用本书作为教材的教师均可索取，请发送邮件至cmpgaozhi@sina.com，咨询电话：010-88379375。

编　者

目　录

第一部分 报关实务

在整个报关活动中，报关程序、报关单填制和商品归类的相关知识和技术，是从业人员必备的知识和技能。对职业院校有志于从事报关工作的学生而言，准确掌握报关程序、正确掌握报关单填制技术和商品归类技术更是成功求职的关键。

第一章　报 关 程 序

第一节　报关程序概述

报关是指进出口货物收发货人、运输工具负责人、物品所有人或其代理人按照海关的规定，办理货物、物品、运输工具进出境及相关海关事务的手续和步骤。

货物的进出境要经过海关审单、查验、征税、放行四个作业环节。与之相适应，进出口货物收发货人或其代理人应当按照程序办理相应的如实申报、配合查验、缴纳税费、提取或转运货物等手续，货物才能进出境。某些加工贸易货物进口，海关要求事先备案，应该有一个前期办理手续的阶段；而上述原材料进口加工成成品后出口，应该有一个后期办理核销等手续的工作阶段。

报关程序按时间先后可以分为三个阶段：报备阶段、进出境阶段、报核阶段。

一、报备阶段

报备阶段是指根据海关对保税货物、特定减免税货物、暂时进出境货物、其他进出境货物的监管要求，进出口货物收发货人或其代理人在货物进出境以前，向海关办理备案手续的过程。主要包括：

1．保税货物中除出口加工区和保税区以外的保税加工货物进口之前，进口货物收货人或其他代理人应当办理加工贸易备案手续，申请建立加工贸易电子账册或者申领加工贸易纸质手册。

2．特定减免税货物在进口之前，进口货物收货人或其代理人应当办理企业的减免税申请和申领减免税证明手续。

3．暂时进出境货物中的展览品实际进境之前，进境货物收货人或其代理人应当办理展览品进境备案申请手续。

4．其他进出境货物中的出料加工货物实际出境之前，出境货物发货人或其代理人应当办理出料加工的备案手续。

二、进出境阶段

进出境阶段是指根据海关对进出境货物的监管制度，进出口货物收发货人或其代理人在一般进出口货物、保税加工货物、保税物流货物、特定减免税货物、暂时进出境货物、其他进出境货物进出境时向海关办理如实申报、配合查验、缴纳税费、提取或装运货物手续的过程。

在进出境阶段中，进出口货物收发货人或其代理人应当完成以下四个环节的工作：

1．如实申报

如实申报是指进出口货物的收发货人或其代理人在海关规定的期限内，按照海关规定的形式，向海关报告进出口货物的情况，提请海关按其申报的内容放行进出口货物的工作环节。

2．配合查验

配合查验是指申报进出口的货物经海关决定查验时，进出口货物的收发货人或者办理如实申报具体手续的报关员到达查验现场，配合海关查验货物，按照海关要求搬移货物，开拆包装以及重新封装货物的工作环节。

3．缴纳税费

缴纳税费是指进出口货物的收发货人或其代理人接到海关发出的税费缴纳通知书后，向海关指定的银行办理税费款项的缴纳手续，通过银行将有关税费款项缴入海关专门账户的工作环节。

4．提取或装运货物

提取货物是指提取进口货物，装运货物是指装运出口货物。

提取货物是指进口货物的收货人或其代理人，在办理了进口申报、配合查验、缴纳税费等手续，海关决定放行后，凭海关加盖放行章的进口提货凭证或海关通过计算机发送的放行通知书，提取进口货物的工作环节。

装运货物是指出口货物的发货人或其代理人，在办理了出口申报、配合查验、缴纳税费等手续，海关决定放行后，凭海关加盖放行章的出口装货凭证或凭海关通过计算机发送的放行通知书，通知港区、机场、车站及其他有关单位装运出口货物的工作环节。

三、报核阶段

报核阶段是指根据海关对保税货物、特定减免税货物、暂时进出境货物、部分其他进出境货物的监管要求，进出口货物收发货人或其代理人在货物进出境储存、加工、装配、使用、维修后，在规定的期限内，按照规定的要求，向海关办理上述进出口货物核销、销案、申请解除监管等手续的过程。

（1）保税货物，无论是保税加工货物还是保税物流货物，进口货物收货人或其代理人应当在规定期限内办理申请核销的手续。

（2）特定减免税货物，进口货物收货人或其代理人应当在海关监管期满，或者在海关监管期内经海关批准出售、转让、退运、放弃并办妥有关手续后，向海关申请办理解除海关监管的手续。

（3）暂时进境货物，收货人或其代理人应当在暂时进境规定期限内，或者在经海关批准延长暂时进境期限到期前，办理复运出境手续或正式进口手续，然后申请办理销案手续；暂时出境货物，发货人或其代理人应当在暂时出境规定期限内，或者在经海关批准延长暂时出境期限到期前，办理复运进境手续或正式出口手续，然后申请办理销案手续。

（4）其他进出境货物中的出料加工货物、修理货物、部分租赁货物等，进出境货物收发货人或其代理人应当在规定的期限内办理销案手续。

第二节 一般进出口货物

根据进出口商品用途的不同，海关以国际贸易中进出口商品的交易方式为基础，结合海关对进出口货物监督管理综合设定的对进出口货物的管理方式，将进出口商品分为五大类监管方式：一般进出口货物，保税货物，特定减免税货物，暂时进出境货物和其他监管货物。

这里所描述的“货物”，并非指进出口商品而是海关监管方式。一般进出口货物就是一般进出口海关监管方式。

海关监管方式体现在报关单的“备案号”“贸易方式”“征免性质”“用途”和“征免”等栏目。

一、一般进出口货物概述

一般进出口货物，是指在进出境环节缴纳了应征的进出口税费并办结了所有必要的海关手续，海关放行后不再进行监管，可以直接进入生产和流通领域的进出口货物。

一般进出口货物有以下特征：

（1）进出境时缴纳进出口税费；

（2）进出口时提交相关的许可证件；

（3）海关放行即办结了海关手续。

对一般进出口货物来说，海关放行就意味着海关手续已经全部办结，海关不再监管，可以直接进入生产和流通领域。

二、报关程序

一般进出口货物报关程序由四个环节构成，即如实申报、配合查验、缴纳税费、提取或装运货物。

（一）如实申报

申报是指进出口货物收发货人、受委托的报关企业，依照《海关法》以及有关法律、行政法规的要求，在规定的期限、地点，采用电子数据报关单和纸质报关单形式，向海关报告实际进出口货物的情况，并接受海关审核的行为。

进口货物应当由收货人或其代理人在货物的进境地海关申报；出口货物应当由发货人或其代理人在货物的出境地海关申报。

经收发货人申请，海关同意，进口货物的收货人或其代理人可以在设有海关的货物指运地申报，出口货物的发货人或其代理人可以在设有海关的货物启运地申报。

已保税、特定减免税和暂时进境申报进口货进境的货物，因故改变使用目的从而改变货物性质转为一般进口时，进口货物的收货人或其代理人应当在货物所在地的主管海关申报。

（二）配合查验

1. 海关查验

海关查验，是指海关为确定进出境货物收发货人向海关申报的内容是否与进出口货物的真实情况相符，或者为确定商品的归类、价格、原产地等，依法对进出口货物进行实际核查的执法行为。

海关通过查验，检查报关单位是否伪报、瞒报、申报不实，同时也为海关的征税、统计、后续管理提供可靠的资料。

查验应当在海关监管区内实施。

因货物易受温度、静电、粉尘等自然因素影响，不宜在海关监管区内实施查验，或者因其他特殊原因，需要在海关监管区外查验的，经进出口货物收发货人或其代理人书面申请，海关可以派员到海关监管区外实施查验。

2．查验方式

海关实施查验可以彻底查验，也可以抽查。彻底查验是指对一票货物逐件开拆包装、验核货物实际状况；抽查是指按照一定比例有选择地对一票货物中的部分货物验核实际状况。

查验操作可以分为人工查验和设备查验。

人工查验，包括外形查验、开箱查验。外形查验是指对外部特征直观、易于判断基本属性的货物的包装、运输标志和外观等状况进行验核；开箱查验是指将货物从集装箱、货柜车箱等箱体中取出并拆除外包装后对货物实际状况进行验核。

设备查验，是指利用技术检查设备为主对货物实际状况进行验核。

海关可以根据货物情况以及实际执法需要，确定具体的查验方式。

当海关决定查验时，即将查验的决定以书面通知的形式通知进出口货物收发货人或其代理人，约定查验的时间。查验时间一般约定在海关正常工作时间内。

在一些进出口业务繁忙的口岸，海关也可接受进出口货物收发货人或其代理人的请求，在海关正常工作时间以外安排实施查验。

对于危险品或者鲜活、易腐、易烂、易失效、易变质等不宜长期保存的货物，以及因其他特殊情况需要“紧急验放”的货物，经进出口货物收发货人或其代理人申请，海关可以优先安排实施查验。

3．复验

海关可以对已查验货物进行复验。

有下列情形之一的，海关可以复验：

（1）经初次查验未能查明货物的真实属性，需要对已查验货物的某些性状做进一步确认的；

（2）货物涉嫌走私违规，需要重新查验的；

（3）进出口货物收发货人对海关查验结论有异议，提出复验要求并经海关同意的；

（4）其他海关认为必要的情形。

已经参加过查验的查验人员不得参加对同一票货物的复验。

4．径行开验

径行开验，是指海关在进出口货物收发货人或其代理人不在场的情况下，对进出口货物进行开拆包装查验。

有下列情形之一的，海关可以径行开验：

（1）进出口货物有违法嫌疑的；

（2）经海关通知查验，进出口货物收发货人或其代理人届时未到场的。

海关径行开验时，存放货物的海关监管场所经营人、运输工具负责人应当到场协助，并在查验记录上签名确认。

5．配合查验

海关查验货物时，进出口货物收发货人或其代理人应当到场，配合海关查验。

进出口货物收发货人或其代理人配合海关查验应当做好如下工作：

（1）负责按照海关要求搬移货物，开拆包装以及重新封装货物。

（2）预先了解和熟悉所申报货物的情况，如实回答查验人员的询问以及提供必要的资料。

（3）协助海关提取需要作进一步检验、化验或鉴定的货样，收取海关出具的取样清单。

（4）查验结束后，认真阅读查验人员填写的“海关进出境货物查验记录单”，注意以下情况的记录是否符合实际：

1）开箱的具体情况；

2）货物残损情况及造成残损的原因；

3）提取货样的情况；

4）查验结论。

查验记录准确清楚的，应立即签名确认。配合查验人员如不签名的，查验人员应当在查验记录中予以注明，并由货物所在监管场所的经营人签名证明。

因进出口货物所具有的特殊属性，容易因开启、搬运不当等原因导致货物损毁，需要查验人员在查验过程中予以特别注意的，进出口货物收发货人或其代理人应当在海关实施查验前申明。

6．货物损坏责任划分

在查验过程中，或者证实海关在径行开验过程中，因为查验人员的责任造成被查验货物损坏的，进出口货物的收发货人或其代理人可以要求海关赔偿。海关赔偿的范围仅限于在实施查验过程中，由于查验人员的责任造成被查验货物损坏的直接经济损失。直接经济损失的金额根据被损坏货物及其部件的受损程度确定，或者根据修理费确定。

以下情况不属于海关赔偿范围：

（1）进出口货物的收发货人或其代理人搬移、开拆、封装货物或保管不善造成的损失。

（2）易腐、易失效货物在海关正常工作程序所需时间内（含扣留或代管期间）所发生的变质或失效。

（3）海关正常查验时产生的不可避免的磨损。

（4）在海关查验之前已发生的损坏和海关查验之后发生的损坏。

（5）由于不可抗拒的原因造成货物的损坏、损失。

进出口货物的收发货人或其代理人在海关查验时对货物是否受损坏未提出异议，事后发现货物有损坏的，海关不负赔偿责任。

（三）缴纳税费

海关开具税款缴款书和收费票据后，进出口货物收发货人或其代理人在规定时间内，持缴款书或收费票据向指定银行办理税费交付手续，然后报请海关办理货物放行手续。

进出口税款的计算公式为：进出口税款=完税价格×相关税率

完税价格的确定和相关税率的适用，算出税款金额的关键。

1．进出口税的种类

（1）关税

进口关税，是指一国海关以进境货物和物品为课税对象所征收的关税。在国际贸易中，它一直被各国公认为是一种重要的经济保护手段。

进口关税设置最惠国税率、协定税率、特惠税率、普通税率、关税配额税率等税率。对进口货物在一定期限内可以实行暂定税率。

出口关税，是指海关以出境货物、物品为课税对象所征收的关税。征收出口关税的主要目的是限制、调控某些商品的过度、无序出口，特别是防止本国一些重要自然资源和原材料的无序出口。为鼓励出口，世界各国一般不征收出口税或仅对少数商品征收出口税。

出口关税设置出口税率。对出口货物在一定期限内可以实行暂定税率。

（2）进口环节代征税

进口货物、物品在办理海关手续放行后，进入国内流通领域，与国内货物同等对待，所以应缴纳应征的国内税。进口货物、物品的一些国内税依法由海关在进口环节征收。目前，进口环节海关代征税（简称进口环节代征税）主要有增值税、消费税两种。

1）增值税，是以商品的生产、流通和劳务服务各个环节所创造的新增价值为课税对象的一种流转税。进口环节增值税是在货物、物品进口时，由海关依法向进口货物的法人或自然人征收的一种增值税。

2）消费税，是以消费品或消费行为的流转额作为课税对象而征收的一种流转税。我国开征消费税的目的是调节我国的消费结构，引导消费方向，确保国家财政收入，它是在对货物普遍征收增值税的基础上，选择少数消费品再予征收的税。

2．进出口货物税费计算

进口关税计征方法包括从价税、从量税、复合税、滑准税等。

（1）从价税

从价税是以货物、物品的价格作为计税标准，以应征税额占货物价格的百分比为税率，价格和税额成正比例关系的关税。从价税是包括中国在内的大多数国家使用的主要计税标准。

我国对进口货物征收进口关税主要采用从价税计税标准。

（2）从量税

从量税是以货物和物品的计量单位（如重量、数量、容量等）作为计税标准，按每一计量单位的应征税额征收的关税。

我国目前对冻鸡、石油原油、啤酒、胶卷等类进口商品征收从量税。

（3）复合税

复合税是在《进出口税则》中，一个税目中的商品同时使用从价、从量两种标准计税，计税时按两者之和作为应征税额征收的关税。

我国目前对录像机、放像机、摄像机、非家用型摄录一体机、部分数字照相机等进口商品征收复合关税。

（4）滑准税

滑准税是在《进出口税则》中预先按产品的价格高低分档制定若干不同的税率，然后根据进口商品价格的变动而增减进口税率的一种关税。当商品价格上涨时采用较低税率，当商品价格下跌时则采用较高税率，其目的是使该种商品的国内市场价格保持稳定。

3．进出口货物完税价格的确定

完税价格，指海关在计征关税时使用的计税价格。

（1）进口货物完税价格审定

进口货物的完税价格，由海关以该货物的成交价格为基础审查确定，并应当包括货物运抵中华人民共和国境内输入地点起卸前的运输及其相关费用、保险费。

海关在确定进口货物的完税价格时，首先适用成交价格估价方法，如果进口货物的成交价格不符合成交价格估价方法规定，或者成交价格不能确定的，海关经了解有关情况，并与纳税义务人进行价格磋商后，依次以下列方法审查确定该货物的完税价格：

1）相同货物成交价格估价方法；

2）类似货物成交价格估价方法；

3）倒扣价格估价方法；

4）计算价格估价方法；

5）合理方法。

纳税义务人向海关提供有关资料后，可以提出申请，颠倒第3）项和第4）项的适用次序。

（2）出口货物完税价格的审定

出口货物的完税价格由海关以该货物的成交价格为基础审查确定，并应当包括货物运至中华人民共和国境内输出地点装载前的运输及其相关费用、保险费。

出口货物的成交价格，是指该货物出口销售时，卖方为出口该货物应当向买方直接收取和间接收取的价款总额。

下列税收、费用不计入出口货物的完税价格：

1）出口关税；

2）在货物价款中单独列明的货物运至中华人民共和国境内输出地点装载后的运输及其相关费用、保险费；

3）在货物价款中单独列明由卖方承担的佣金。

出口货物的成交价格不能确定的，海关经了解有关情况，并与纳税义务人进行价格磋商后，依次以下列价格审查确定该货物的完税价格：

1）同时或者大约同时向同一国家或者地区出口的相同货物的成交价格；

2）同时或者大约同时向同一国家或者地区出口的类似货物的成交价格；

3）根据境内生产相同或者类似货物的成本、利润和一般费用（包括直接费用和间接费用）、境内发生的运输及其相关费用、保险费计算所得的价格；

4）按照合理方法估定的价格。

【小贴士】

完税价格确定中的概念

购货佣金，指买方为购买进口货物向自己的采购代理人支付的劳务费用。

经纪费，指买方为购买进口货物向代表买卖双方利益的经纪人支付的劳务费用。

相同货物，指与进口货物在同一国家或者地区生产的，在物理性质、质量和信誉等所有方面都相同的货物，但是表面的微小差异允许存在。

类似货物，指与进口货物在同一国家或者地区生产的，虽然不是在所有方面都相同，但是却具有相似的特征，相似的组成材料，相同的功能，并且在商业中可以互换的货物。

大约同时，指海关接受货物申报之日前后 45 天内。按照倒扣价格法审查确定进口货物的完税价格时，如果进口货物、相同或者类似货物没有在海关接受进口货物申报之日前后 45 天内在境内销售，可以将在境内销售的时间延长至接受货物申报之日前后 90 天内。

特许权使用费，指进口货物的买方为取得知识产权权利人及权利人有效授权人关于专利权、商标权、专有技术、著作权、分销权或者销售权的许可或者转让而支付的费用。

技术培训费用，指基于卖方或者与卖方有关的第三方对买方派出的技术人员进行与进口货物有关的技术指导，进口货物的买方支付的培训师资及人员的教学、食宿、交通、医疗保险等相关费用。

4．进口货物完税价格中的运输及其相关费用、保险费的计算

进口货物的运费，应当按照实际支付的费用计算。如果进口货物的运费无法确定的，海关应当按照该货物的实际运输成本或者该货物进口同期运输行业公布的运费率（额）计算运费。

运输工具作为进口货物，利用自身工具进境的，海关在审查确定完税价格时，不再另行计入运费。

进口货物的保险费，应当按照实际支付的费用计算。如果进口货物的保险费无法确定或者未实际发生，海关应当按照“货价加运费”两者总额的 3‰计算保险费，其计算公式如下：

$$保险费=（货价+运费）\times 3‰$$

5．税款滞纳金

税款滞纳金，是指应纳税的单位或个人因逾期向海关缴纳税款而依法应缴纳的款项。按照规定，关税、进口环节增值税、进口环节消费税、船舶吨税等的纳税义务人或其代理人，应当自海关填发税款缴款书之日起 15 日内向指定银行缴纳税款，逾期缴纳的，海关依法在原应纳税款的基础上，按日加收滞纳税款 0.5‰的滞纳金。

滞纳金起征点为人民币 50 元。

因完税价格调整等原因需补征滞纳金的，滞纳金金额应当按照调整后的完税价格重新计算，补征金额不足人民币 50 元的，免予征收。

6．原产地规则与税率适用

（1）原产地规则

进口关税设置最惠国税率、协定税率、特惠税率、普通税率、关税配额税率、暂定税率等税率。只有判定进口货物的原产地，才能正确适用对应的税率。

1）优惠原产地规则。优惠原产地规则，是指一国为了实施国别优惠政策而制定的法律、法规，是以优惠贸易协定通过双边、多边协定形式或者是由本国自主形式制定的一些特殊原产地认定标准，因此也称为协定原产地规则。优惠原产地规则具有很强的排他性，优惠范围以原产地为受惠国（地区）的进口产品为限，其目的是促进协议方之间的贸易发展。

2）非优惠原产地规则。非优惠原产地规则，是一国根据实施其海关税则和其他贸易措

施的需要，由本国立法自主制定的，因此也称为自主原产地规则。按照 WTO 的规定，适用于非优惠性贸易政策措施的原产地规则，其实施必须遵守最惠国待遇原则，即必须普遍地、无差别地适用于所有原产地为最惠国的进口货物。

（2）确定原产地标准

1）完全获得标准：

① 产品完全是受惠国生产和制造，不含有进口的和产地不明的原材料和部件。

② 完全在一国生产的产品包括：在该国领土、领水或其海底开采的矿产品；在该国生长、收获的植物产品、动物产品及其制品；在其国内渔猎所获的产品；该国船舶在公海上捕获的海产品和用这些捕获物在该国海上加工、船上加工制造的产品；国内收集的生产和加工后的剩料和废料及废旧物品；完全用以上物品在该国内生产的商品。

2）实质性改变标准。该标准适用于确定有两个或两个以上国家参与生产的产品的原产国的标准。

货物必须在出口国经过最后一道实质性加工生产，使货物得到其特有的性质，该出口国才认为是该货物的原产国。实质性改变标准在实践中可以应用以下方法确定：

① 税则号列改变。按照这一规定，在税则商品分类目录中，经过出口国加工或制造的产品应归入的税号必须不同于所使用的进口原材料或部件的税号。

“税则归类改变”标准通常是指在某一国家（地区）对非该国（地区）原产材料进行制造、加工后，所得货物在《中华人民共和国进出口税则》中的四位数级税目归类发生了变化。

② 从价百分比标准（又称增值百分比标准或增值标准）。即出口产品，在出口国生产中所使用的生产国的本国原材料或部件费用和生产费用的总和，在该产品价格中所占的比例必须达到或超过一定的百分比；或者出口产品在出口国生产中所使用的外国进口原材料或部件价值，在该产品的出厂价格所占的比例不得超过规定的百分比。

“从价百分比”通常是在某一国家（地区）对非该国（地区）原产材料进行制造、加工后的增值部分超过了所得货物价值的30%。用公式表示如下：

$$\frac{\text{工厂交货价}-\text{非该国（地区）原产材料价值}}{\text{工厂交货价}}\times 100\% \geqslant 30\%$$

3）“制造、加工工序”标准。该标准是指在某一国家（地区）进行的赋予制造、加工后所得货物基本特征的主要工序。

7. 税率适用

进口税则分设最惠国税率、协定税率、特惠税率、普通税率、关税配额税率等税率。对进口货物在一定期限内可以实行暂定税率。

出口税则按进口税则列目方式确定出口税则税目，对部分出口商品实行暂定出口税率。

1）进口税率。对于同时适用多种税率的进口货物，在选择适用的税率时，基本的原则是“从低适用”，特殊情况除外。

① 原产于共同适用最惠国待遇条款的 WTO 成员的进口货物，原产于与中华人民共和国签订含有相互给予最惠国待遇条款的双边贸易协定的国家或者地区的进口货物，以及原产于中华人民共和国境内的进口货物，适用最惠国税率。

原产于与中华人民共和国签订含有关税优惠条款的区域性贸易协定的国家或者地区的进口货物，适用协定税率。

原产于与中华人民共和国签订含有特殊关税优惠条款的贸易协定的国家或者地区的进口货物，适用特惠税率。

上述之外的国家或者地区的进口货物，以及原产地不明的进口货物，适用普通税率。

② 适用最惠国税率的进口货物有暂定税率的，应当适用暂定税率；适用协定税率、特惠税率的进口货物有暂定税率的，应当从低适用税率；适用普通税率的进口货物，不适用暂定税率。对于无法确定原产国（地区）的进口货物，按普通税率征税。

③ 按照国家规定实行关税配额管理的进口货物，关税配额内的，适用关税配额税率；关税配额外的，其税率的适用按其所适用的其他相关规定执行。

④ 按照有关法律、行政法规的规定对进口货物采取反倾销、反补贴、保障措施的，其税率的适用按照《反倾销条例》、《反补贴条例》和《保障措施条例》的有关规定执行。

⑤ 任何国家或者地区违反与中华人民共和国签订或者共同参加的贸易协定及相关协定，对中华人民共和国在贸易方面采取禁止、限制、加征关税或者其他影响正常贸易的措施的，对原产于该国家或者地区的进口货物可以征收报复性关税，适用报复性关税税率。征收报复性关税的货物、适用国别、税率、期限和征收办法，由国务院关税税则委员会决定并公布。

⑥ 凡进口原产于与我国达成优惠贸易协定的国家或地区并享受协定税率的商品，同时该商品又属于我国实施反倾销或反补贴措施范围内的，应按照优惠贸易协定税率计征进口关税；凡进口原产于与我国达成优惠贸易协定的国家或地区并享受协定税率的商品，同时该商品又属于我国采取保障措施范围内的，应在该商品全部或部分中止、撤销、修改关税减让义务后所确定的适用税率基础上计征进口关税。

⑦ 执行国家有关进出口关税减征政策时，首先应当在最惠国税率基础上计算有关税目的减征税率，然后根据进口货物的原产地及各种税率形式的适用范围，将这一税率与同一税目的特惠税率、协定税率、进口暂定最惠国税率进行比较，税率从低执行，但不得在暂定最惠国税率基础上再进行减免。同时适用多种税率汇总表见表 1-1。

表 1-1 同时有两种及以上税率可适用的进口货物最终适用的税率汇总表

进口货物可选用的税率	税率适用的规定
同时适用最惠国税率、进口暂定税率	应当适用暂定税率
同时适用协定税率、特惠税率、进口暂定税率	应当从低适用税率
同时适用国家优惠政策、进口暂定税率	以优惠政策计算确定的税率与暂定税率两者取低计征关税，但不得在暂定税率基础上再进行减免
适用普通税率的进口货物，存在进口暂定税率	适用普通税率的进口货物不适用暂定税率
适用关税配额税率、其他税率	关税配额内的，适用关税配额税率；关税配额外的，适用其他税率
反倾销税、反补贴税、保障措施关税、报复性关税	适用反倾销税率、反补贴税率、保障措施税率、报复性关税税率

2）出口税率。对于出口货物，在计算出口关税时，出口暂定税率的执行优先于出口税率。

3）税率的实际运用。《关税条例》规定，进出口货物应当适用海关接受该货物申报进口或者出口之日实施的税率。

在实际运用时应区分以下不同情况：

① 进口货物到达前，经海关核准先行申报的，应当适用装载该货物的运输工具申报进境之日实施的税率。

② 进口转关运输货物，应当适用指运抵海关接受该货物申报进口之日实施的税率；货物运抵指运地前，经海关核准先行申报的，应当适用装载该货物的运输工具抵达指运地之日实施的税率。

③ 出口转关运输货物，应当适用起运地海关接受该货物申报出口之日实施的税率。

④ 经海关批准，实行集中申报的进出口货物，应当适用每次货物进出口时海关接受该货物申报之日实施的税率。

⑤ 因超过规定期限未申报而由海关依法变卖的进口货物，其税款计征应当适用装载该货物的运输工具申报进境之日实施的税率。

⑥ 因纳税义务人违反规定需要追征税款的进出口货物，应当适用违反规定的行为发生之日实施的税率；行为发生之日不能确定的，适用海关发现该行为之日实施的税率。

⑦ 已申报进境并放行的保税货物、减免税货物、租赁货物或者已申报进出境并放行的暂时进出境货物，有下列情形之一需缴纳税款的，应当适用海关接受纳税义务人再次填写报关单申报办理纳税及有关手续之日实施的税率：

a．保税货物经批准不复运出境的；

b．保税仓储货物转入国内市场销售的；

c．减免税货物经批准转让或者移作他用的；

d．可暂不缴纳税款的暂时进出境货物，经批准不复运出境或者进境的；

e．租赁进口货物，分期缴纳税款的。

（四）提取或装运货物

1．海关进出境现场放行和货物结关

（1）海关进出境现场放行

海关进出境现场放行，是指海关接受进出口货物的申报、审核电子数据报关单和纸质报关单及随附单证、查验货物、征免税费或接受担保以后，对进出口货物做出结束海关进出境现场监管决定，允许进出口货物离开海关监管现场的工作环节。

海关进出境现场放行一般由海关在进口货物提货凭证或者出口货物装货凭证上加盖海关放行章。进出口货物收发货人或其代理人签收进口提货凭证或者出口装货凭证，凭以提取进口货物或将出口货物装运到运输工具上离境。

（2）货物结关

货物结关，是进出境货物办结海关手续的简称。进出境货物由收发货人或其代理人向海关办理完所有的海关手续，履行了法律规定的与进出口有关的一切义务，就办结了海关手续，海关不再进行监管。

（3）海关进出境现场放行有两种情况：一种情况是货物已经结关，对于一般进出口货物，放行时进出口货物收发货人或其代理人已经办理了所有海关手续。因此，海关进出境现场放行即等于结关；另一种情况是，货物尚未结关，对于保税货物、特定减免税货物、暂时进出境货物、

部分其他进出境货物，放行时进出境货物的收发货人或其代理人并未全部办完所有的海关手续，海关在一定期限内还需进行监管，所以该类货物的海关进出境现场放行不等于结关。

2．提取货物或装运货物

进口货物收货人或其代理人签收海关加盖海关放行章戳记的进口提货凭证（提单、运单、提货单等），凭以到货物进境地的港区、机场、车站、邮局等地的海关监管仓库办理提取进口货物的手续。

出口货物发货人或其代理人签收海关加盖海关放行章戳记的出口装货凭证（运单、装货单、场站收据等），凭以到货物出境地的港区、机场、车站、邮局等地的海关监管仓库，办理将货物装上运输工具离境的手续。

第三节 保税加工货物

一、保税加工货物概述

保税货物，是指经海关批准来办理纳税手续进境，在境内储存、加工、装配后复运出境的货物。

保税货物分为保税加工货物和保税物流货物两类。

保税加工货物（亦称加工贸易保税货物），是经海关批准未办理纳税手续进境，在境内加工、装配后复一年出境的货物。

保税物流货物（亦称保税仓储货物），是指经海关批准未办理纳税手续进境，在境内储存后复运出境的货物。

海关对保税货物的监管模式可分为：

（1）特殊监管区域监管，即物理围网监管模式。包括：出口加工区、保税物流中心、保税物流园区、保税区、保税港区和综合保税区。

（2）纸质手册或计算机联网监管，即非物理式围网监管模式。包括：电子化手册、电子账册监管，保税仓库、出口监管库监管等。

本书主要描述电子化手册、电子账册管理下的保税加工货物报关程序。

保税加工货物的报关程序与一般进出口货物相比，除进出境阶段需要经过如实申报、配合查验、提取或装运货物等环节外，由于该类货物进境时暂缓纳税（即保税），因此需要事先办理海关批准手续，这就是前期备案阶段。与之相配的就是后续核销阶段，即办理解除监管手续。

保税加工货物报关的基本程序为：合同备案、进出口报关和合同核销。

合同备案，是指加工贸易企业持合法的加工贸易合同到主管海关备案，申请保税并领取加工贸易手册或其他准予备案凭证的行为。

合同报核，是指加工贸易企业在加工贸易合同履行完毕或终止合同并按规定对用来出口的货物进行处理后，按照规定的期限和规定的程序，向加工贸易主管海关申请核销、结案的行为。

（一）保税加工货物基本特征

（1）备案保税。国家规定，加工贸易料件经海关批准才能保税进口。海关批准保税是通过受理备案来实现的。凡是准予备案的加工贸易料件一律可以不办理纳税手续，即保税进口。

（2）纳税暂缓。国家规定专为加工出口产品而进口的料件，按实际加工复出口成品所耗用料件的数量准予免缴进口关税和进口环节增值税、消费税。

（3）监管延伸。从地点上说，保税加工的料件离开进境地口岸海关监管场所后进行加工、装配的地方，都是海关监管的场所。从时间上说，保税加工的料件在进境地被提取，不是海关监管的结束，而是海关保税监管的开始，海关一直要监管到加工、装配后复运出境或者办结正式进口手续为止。

（4）核销结关。保税加工货物（出口加工区的除外）经过海关核销后才能“结关”。

（二）加工贸易形式

1．来料加工

来料加工是指由关境外企业提供料件，经营企业不需要付汇进口，按照境外企业的要求进行加工或装配，只收取加工费，制成品由境外企业销售的经营活动。

2．进料加工

进料加工是指经营企业用外汇购买料件进口，制成成品后外销出口的经营活动。经营加工贸易的企业可以是对外贸易经营企业和外商投资企业。

（三）相关企业

1．经营企业

经营企业，是指负责对外签订加工贸易进出口合同的各类进出口企业和外商投资企业，以及经批准获得来料加工经营许可的对外加工装配服务公司。

2．加工企业

加工企业，是指接受经营企业委托，负责对进口料件进行加工或者装配，且具有法人资格的生产企业，以及由经营企业设立的虽不具有法人资格，但实行相对独立核算并已经办理工商营业证（执照）的工厂。

国家规定，应当由经营企业到加工企业所在地主管海关办理有关手续。

二、电子化手册监管模式下报关程序

电子化手册监管模式主要是以合同为单元进行监管。

（一）合同备案

加工贸易合同备案，是指加工贸易企业持合法的加工贸易合同到主管海关备案，申请保税并领取“加工贸易登记手册”或其他准予备案凭证的行为。

（二）合同备案程序

（1）报商务主管部门审批合同，领取“加工贸易业务批准证”和“加工企业经营状况和生产能力证明”。

（2）需要领取其他许可证件的，向有关主管部门领取许可证件。

（3）将合同相关内容预录入与主管海关联网的计算机。

（4）由海关审核确定是否准予备案，准予备案的，还要由海关确定是否需要开设“加工贸易银行保证金台账”。

需要开设台账的，先办理相关台账手续。

不需要开设台账的，直接由海关建立电子化手册或核发其他备案凭证。

【小贴士】

银行保证金台账制度

加工贸易银行保证金台账制度，是对不同地区的加工贸易企业和加工贸易涉及的进出口商品实行分类管理，对部分企业进口的部分料件，由银行按照海关根据规定计算的金额征收保证金。

加工贸易银行保证金台账制度的核心是对不同地区的加工贸易企业和加工贸易涉及的进出口商品实行分类管理，对部分企业进口的部分料件，由银行按照海关根据规定计算的金额征收保证金。

一、地区分类

地区分为东部地区和中西部地区。东部地区包含辽宁省、北京市、天津市、河北省、山东省、江苏省、上海市、浙江省、福建省、广东省。中西部地区指东部地区以外的中国其他地区。

二、企业分类

加工贸易企业按报关单位分类管理中“收发货人的审定标准”分为AA类、A类、B类、C类、D类5个管理类别。

三、商品分类

商品分为禁止类、限制类、允许类3类。

加工贸易禁止类和限制类商品目录由海关总署会同国家其他有关部门适时公布。

目前公布的加工贸易禁止类目录商品，主要包括：

（1）国家明令禁止进出口的商品；

（2）为种植、养殖而进口的商品；

（3）可能引起高能耗、高污染的商品；

（4）低附加值、低技术含量的商品；

（5）其他列名的加工贸易禁止类商品。

列入加工贸易禁止类进口商品目录的，凡用于深加工结转转入，或从具有保税加工功能的海关特殊监管区域内企业经实质性加工后进入区外的商品，不按加工贸易禁止类进口商品管理。列入加工贸易禁止类出口商品目录的，凡用于深加工结转转出，或进入具有保税加工功能的海关特殊监管区域内企业加工生产的商品，不按加工贸易禁止类出口商品管理。这些商品未经实质性加工不得直接出境。

目前公布的加工贸易限制类目录共计500个商品编号，其中限制进口394个，限制进口涉及的商品，包括冻鸡，植物油，初级形状聚乙烯，聚酯切片，天然橡胶，糖，棉、棉纱、棉坯布和混纺坯布，化学短纤，铁和非合金钢材、不锈钢，电子游戏机等；限制出口106个，限制出口涉及的商品，包括线型低密度聚乙烯、初级形状聚苯乙烯、初级形状环氧树脂、初级形状氨基树脂等化工品，拉敏木家具、容器等制成品，玻璃管、棒、块、片及其他型材和异型材，羊毛纱线，旧衣物，部分有色金属（如铜及其合金型材、异型材，镍及其合金、型材、异型材，铅及其合金型材、异型材）等。

以加工贸易深加工结转方式转出、转入的商品属于限制类的按允许类商品管理。

禁止类和限制类以外的商品为允许类商品。

四、分类管理

分类管理的具体内容如下：

（1）任何企业都不得开展禁止类商品的加工贸易。

（2）适用D类管理的企业不得开展加工贸易。

（3）C类管理的企业，不管在什么地区开展加工贸易，进口限制类、允许类商品，都要设台账，按全部进口料件应征税款金额全额征收保证金。

（4）东部地区B类管理企业开展加工贸易，进口限制类、允许类商品均设台账，进口限制类商品按进口的限制类商品应征税款的50%征收保证金，进口允许类商品不征收保证金。

（5）东部地区A类管理企业，中西部地区A类、B类管理企业开展加工贸易，进口限制类、允许类商品均设台账，但不征收保证金。

（6）适用AA类管理企业，不管在什么地区开展加工贸易，进口允许类商品不设台账，进口限制类商品设台账，但不征收保证金。

（7）适用AA类、A类、B类管理的加工贸易企业，不管什么地区，进口料件（不管是限制类还是允许类商品）金额在1万美元及以下的，可以不设台账，因此也不征收保证金。

（8）东部地区B类企业从事限制类商品加工贸易台账保证金计算公式：

——进口料件属限制类商品或进口料件、出口成品均属限制类商品

台账保证金=（进口限制类料件的关税+进口限制类料件的增值税）×50%

——出口成品属限制类商品

台账保证金=进口料件备案总值×（限制类成品备案总值÷全部出口成品备案总值）×22%×50%

（9）C类企业从事限制类商品加工贸易台账保证金计算公式：

台账保证金=（进口全部料件的进口关税+进口全部料件的进口增值税）×100%

加工贸易银行保证金台账分类管理表

<table>
<tr><th rowspan="2">台账分类管理内容</th><th colspan="2">禁止类商品</th><th colspan="2">限制类商品</th><th colspan="2">允许类商品</th></tr>
<tr><th>东部</th><th>中西部</th><th>东部</th><th>中西部</th><th>东部</th><th>中西部</th></tr>
<tr><td>AA类企业</td><td colspan="2" rowspan="4">不准开展加工贸易</td><td colspan="2" rowspan="2">空转</td><td colspan="2">不转</td></tr>
<tr><td>A类企业</td><td colspan="2">空转</td></tr>
<tr><td>B类企业</td><td>半实转</td><td colspan="3">空转</td></tr>
<tr><td>C类企业</td><td colspan="4">实转</td></tr>
<tr><td>D类企业</td><td colspan="6">不准开展加工贸易</td></tr>
<tr><td>特殊监管区域企业</td><td colspan="2">不准开展加工贸易</td><td colspan="4">不转</td></tr>
</table>

注：

“不转”，是指不设台账；

“空转”，是指设台账不付保证金；

“实转”，是指设台账付保证金；

“半实转”，是指设台账减半支付保证金。

（三）合同备案内容

1．备案单证

（1）商务主管部门按照权限签发的“加工贸易业务批准证”和“加工贸易企业经营状况和生产能力证明”。

（2）加工贸易合同或合同副本。

（3）加工合同备案申请表及企业加工合同备案呈报表。

（4）属于加工贸易国家管制商品的，需交验主管部门的许可证件或许可证件复印件。

（5）为确定单耗和损耗率所需的有关资料。

（6）其他备案所需要的单证。

2．备案商品

（1）加工贸易禁止类商品不准备案。加工贸易禁止类商品主要有：列入国家明令禁止进出口的商品目录中的商品；列入“加工贸易禁止类的商品目录”中的商品主要有：为种植、养殖等出口产品而进口的种子、种苗、种畜、化肥、饲料、添加剂、抗生素等；列名商品，如：冻的鸡翅尖、鸡爪、鸡肝及其他冻鸡杂碎，冻鱼翅、干鱼翅、湿鱼翅，燕窝，西洋参，鹿茸及其粉末；煤炭，烧制木炭的木材；加工贸易仿真枪支的原材料；列名的废机电产品和废料；列名的旧机电产品，等等。

（2）备案时需要提供进口许可证或两用物项进口许可证复印件的商品：

1）消耗臭氧层物质。

2）易制毒化学品。

3）监控化学品。

（3）备案时需要提供其他许可证件或许可证件复印件的商品：

1）进出口音像制品、印刷品，提供新闻出版总署印刷复制司的批准文件。

2）进出口地图产品及附有地图的产品，提供国家测绘局的批准文件，并附有关样品。

3）进口工业再生废料，提供中华人民共和国环境保护部的“进口废物批准证书”。

（四）与合同备案相关事宜

1．异地加工贸易

异地加工贸易，是指一个直属海关的关区内加工贸易经营企业，将进口料件委托另一个直属海关关区内的加工企业。开展异地加工贸易应在加工企业所在地设立台账，由加工贸易经营企业向加工企业所在地主管海关办理合同生产企业加工，并组织出口的加工贸易。

海关对开展异地加工贸易的经营企业和加工企业实行分类管理，如果两者的管理类别不相同，按其中较低类别管理。

异地加工贸易合同备案的步骤如下：

（1）经营企业凭所在地商务主管部门核发的“加工贸易业务批准证”和加工企业所在地县级以上商务主管部门出具的“加工贸易加工企业经营状况和生产能力证明”，填制“异地加工贸易申请表”，向经营企业所在地主管海关提出异地加工贸易申请，经海关审核后，领取经营企业所在地主管海关的关封。

（2）经营企业持关封和合同备案的必要单证，到加工企业所在地主管海关办理合同备案手续。

2．加工贸易单耗

单耗，是指加工贸易企业在正常加工条件下加工单位成品所耗用的料件量，单耗包括净耗和工艺损耗。

净耗，是指在加工后，料件通过物理变化或者化学反应存在或者转化到单位成品中的量。

工艺损耗，是指因加工工艺原因，料件在正常加工过程中除净耗外所必需耗用、但不能存在或者转化到成品中的量，包括有形损耗和无形损耗。

工艺损耗率，是指工艺损耗占所耗用料件的百分比。

上述几个概念之间的关系可用公式表示如下：

单耗=净耗/（1−工艺损耗率）

申报单耗是指加工贸易企业向海关报告单耗的行为。加工贸易企业可以在备案时，货物出口，深加工结转或内销前向海关申报单耗。经海关批准后，加工贸易企业也可在报核前向海关申报单耗。

加工贸易企业在申报单耗时应填写“中华人民共和国海关加工贸易单耗申报单”具体内容包括：

（1）加工贸易项下料件和成品的商品名称、商品编号、计量单位、规格型号和品质；

（2）加工贸易项下成品的单耗；

（3）加工贸易同一料件有保税和非保税料件的，应当申报非保税料件的比例。

3．外发加工

外发加工，是指经营企业因受自身生产特点和条件限制，经海关批准并办理有关手续，委托承揽企业对加工贸易货物进行加工，在规定期限内将加工后的产品运回本企业并最终复出口的行为。

外发加工的成品、剩余料件以及生产过程中产生的边角料、残次品、副产品等加工贸易货物，经经营企业所在地主管海关批准，可以不运回本企业，直接出口至境外，海关特殊监管区域或保税监管场所，或者以深加工结转方式出口。

（1）经营企业申请开展外发加工业务，应当向海关提交下列单证：

1）经营企业签章的“加工贸易货物外发加工申请表”；

2）经营企业与承揽企业签订的加工合同或者协议；

3）承揽企业营业执照复印件；

4）经营企业签章的“承揽企业经营状况和生产能力证明”；

5）海关需要收取的其他单证和材料。

经营企业申请开展外发加工业务，应当如实填写《加工贸易货物外发加工申请审批表》及《加工贸易外发加工货物外发清单》，经海关审核批准后，方可进行外发加工。

经营企业或者承揽企业生产经营管理不符合海关监管要求，以及申请外发的货物属于涉案货物且案件未审结的，海关不予批准外发加工业务。

（2）有以下情形之一的，申请开展外发加工业务的经营企业应当向海关提供相当于外发加工货物应缴纳税款金额的保证金或银行保函：

1）外发加工业务跨关区的；

2）全部工序外发加工的；

3）外发加工后的货物不运回，直接出口的；

4）申请外发加工的货物未涉案，但经营企业或者承揽企业涉嫌走私，违规，已被海关立案调查，侦查且未审结的。

申请外发加工的货物之前已向海关提供不低于应缴纳税款金额的保证金或者银行保函的，经营企业无须再向海关提供保证金或者银行保函。

外发加工货物保证金或者银行保函金额以外发加工货物所使用的保税料件应缴税款金额为基础予以确定。

（五）进出境报关程序

保税加工货物进出境的报关程序中，如实申报、配合查验、提取货物或装运货物等 3 个环节与一般进出口货物基本一致，参见一般进出口货物的报关程序。

保税加工货物进境的报关程序中的缴纳税费代之以暂缓纳税即保税。

准予保税的加工贸易料件进口时暂缓纳税。

加工贸易项下出口应税商品，如系全部使用进口料件加工生产的产（成）品，不征收出口关税。

加工贸易项下出口应税商品，如系部分使用进口料件、部分使用国产料件加工的产（成）品，则按海关核定的比例征收出口关税。

具体计算公式是：

出口关税=出口货物完税价格×出口关税税率×出口产（成）品中使用的国产料件和全部料件的价值比例

在准备保税加工货物进出境报关单证时，应注意特殊单证的特殊要求：

1．进口料件

除易制毒化学品、监控化学品、消耗臭氧层物质、原油、成品油等个别规定商品外，均可以免予交验进口许可证件。但涉及公共道德、公共卫生，公共安全所实施的进出口管制证件（如：入境通关单）不免。

2．出口成品

属于国家规定应交验出口许可证件的，在出口报关时必须交验出口许可证件。

（六）加工贸易合同报核

加工贸易合同报核，是指加工贸易企业在加工贸易合同履行完毕或终止合同并按规定对来出口的货物进行处理后，按照规定的期限和规定的程序，向加工贸易主管海关申请核销、结案的行为。

加工贸易合同核销属于海关行政许可事项。

(1) 经营企业应当持下列有关文件，在规定期限内向海关申请核销：

1）企业合同核销申请表；

2）加工贸易手册；

3）进出口货物报关单；

4）核销核算表；

5）其他海关需要的资料。

核销期限为：自加工贸易手册项下最后一批成品出口之日起或者加工贸易手册到期之日起30日内向海关报核；因故提前终止的，应当自合同终止之日起30日内向海关报核。

（2）企业遗失加上贸易手册应当及时向主管海关报告。主管海关及时移交缉私部门按规定进行处理。缉私部门处理后，企业报核还应当提交：

1）经营企业关于加工贸易手册遗失的书面报告；

2）缉私部门出具的“行政处罚决定书”。

在遗失报关单的情况下，企业可凭报关单复印件向原报关地海关申请加盖海关印章后报核。

无须申领手册的5 000美元及以下的78种列名服装辅料的合同报核，企业直接持进出口报关单、合同、核销核算表报核。报核的出口报关单应当是注明备案编号的一般贸易出口报关单。

加工贸易合同备案后因故提前终止执行，未发生进出口而申请撤销的，应报商务主管部门审批，企业凭审批件和手册报核。

加工贸易企业因走私行为被海关缉私部门或者法院没收保税加工货物的，凭相关证明材料，如“行政处罚决定书”、“行政复议决定书”、“判决书”、“裁决书”等向海关报核。

（七）特殊报关程序

1. 深加工结转

加工贸易深加工结转，是指加工贸易企业将保税进口料件加工的产品转至另一加工贸易企业进一步加工后复出口的经营活动。其程序分为计划备案、收发货登记、结转报关3个环节。

（1）计划备案

加工贸易企业开展深加工结转，转入、转出企业应当向各自主管海关提交保税加工货物深加工结转申请表，申报结转计划：

1）转出企业在申请表（一式四联）中填写本企业的转出计划并签章，凭申请表向转出地海关备案。

2）转出地海关备案后，留存申请表第一联，其余三联退转出企业交转入企业。

3）转入企业自转出地海关备案之日起20日内，持申请表其余三联，填制本企业的相关内容后，向转入地海关办理报备手续并签章。转入企业在20日内未递交申请表，或者虽向海关递交但因申请表的内容不符合海关规定而未获准的，该份申请表作废。转出、转入企业应当重新填报和办理备案手续。

4）转入地海关审核后，将申请表第二联留存，第三、第四联交转入、转出企业凭以办理结转收发货登记及报关手续。

（2）收发货登记

转出、转入企业办理结转计划申报手续后，应当按照经双方海关核准后的申请表进行实际收发货。

转出、转入企业的每批次收发货记录应当在保税货物实际结转情况登记表上进行如实登记，并加盖企业结转专用名章。

结转货物退货的，转出、转入企业应当将实际退货情况在登记表中进行登记，同时注明“退货”字样，并各自加盖企业结转专用名章。

（3）结转报关

转出、转入企业实际收发货后，应当按照以下规定办理结转报关手续：

1）转出、转入企业分别在转出地、转入地海关办理结转报关手续。转出、转入企业可以凭一份申请表分批或者集中办理报关手续。

转出企业每批实际发货后在 90 日内办结该批货物的报关手续，转入企业每批实际收货后在 90 日内办结该批货物的报关手续。

2）转入企业凭申请表、登记表等单证向转入地海关办理结转进口报关手续，并在结转进口报关后的第二个工作日内将报关情况通知转出企业。

3）转出企业自接到转入企业通知之日起 10 日内，凭申请表、登记表等单证向转出地海关办理结转出口报关手续。

4）结转进口、出口报关的申报价格为结转货物的实际成交价格。

5）一份结转进口报关单对应一份结转出口报关单，两份报关单之间对应的申报序号、商品编号、数量、价格和手册号应当一致。

6）结转货物分批报关的，企业应当同时提供申请表和登记表的原件及复印件。

2．其他保税加工货物的报关

其他保税加工货物是指履行加工贸易合同过程中产生的剩余料件、边角料、残次品、副产品和受灾保税货物。

剩余料件，是指加工贸易企业在从事加工复出口业务过程中剩余的可以继续用于加工制成品的加工贸易进口料件。

边角料，是指加工贸易企业从事加工复出口业务，在海关核定的单耗标准内、加工过程中产生的、无法再用于加工该合同项下出口制成品的数量合理的废料、碎料及下脚料。

残次品，是指加工贸易企业从事加工复出口业务，在生产过程中产生的有严重缺陷或者达不到出口合同标准，无法复出口的制成品（包括完成品和未完成品）。

副产品，是指加工贸易企业从事加工复出口业务，在加工生产出口合同规定的制成品（主产品）过程中同时产生的，且出口合同未规定应当复出口的一个或一个以上的其他产品。

受灾保税货物，是指在加工贸易企业从事加工出口业务中，因不可抗力原因或其他经海关审核认可的正当理由造成损毁、灭失、短少等导致无法复出口的保税进口料件和加工制成品。

对于履行加工贸易合同中产生的上述剩余料件、边角料、残次品、副产品、受灾保税货物，企业必须在手册有效期内处理完毕。处理的方式有内销、结转、退运、放弃、销毁等。除销毁处理外，其他处理方式都必须填制报关单报关。有关报关单是企业报核的必要单证。

（1）内销。保税加工货物转内销应经商务主管部门审批，加工贸易企业凭“加工贸易保税进口料件内销批准证”办理内销料件正式进口报关手续，缴纳进口税和缓税利息。

剩余料件和边角料内销，直接按申报数量计征进口税；制成品和残次品根据单耗关系折算耗用掉的保税进口料件数量计征进口税；副产品内销，按申报时实际状态的数量计征进口税。

进料加工进口料件或者其制成品（包括残次品）内销时；以料件的原进口成交价格为基础确定完税价格。料件的原进口成交价格不能确定的，以接受内销申报的同时或者大约同时进口的、与料件相同或者类似的货物的进口成交价格为基础确定完税价格。

来料加工进口料件或者其制成品（包括残次品）内销时，以接受内销申报的同时或者大约同时进口的、与料件相同或者类似的货物的进口成交价格为基础确定完税价格。

加工企业内销加工过程中产生的副产品或者边角料，以内销价格作为完税价格。

经批准正常的转内销征税，适用海关接受申报办理纳税手续之日实施的税率。如内销商品属关税配额管理而在办理纳税手续时又没有配额证的，应当按该商品配额外适用的税率缴纳进口税。

保税加工货物包括加工贸易保税料件或制成品以及剩余料件、残次品、副产品和受灾保税货物，经批准内销，凡依法需要征收税款的，除征收税款外，还应加征缓税利息。边角料不加征缓税利息。

缓税利息计息期限的起始日期为内销料件或制成品所对应的加工贸易合同项下首批料件进口之日，终止日期为海关填发税款缴款书之日。

（2）退运。加工贸易企业因故申请将剩余料件、边角料、残次品、副产品等保税加工货物退运出境的，应凭电子化手册编号并持有关单证向口岸海关报关，办理出口手续，留存有关报关单证以备报核。

三、电子账册监管模式下报关程序

（一）电子账册监管模式概述

海关对加工贸易企业实施联网监管，是指加工贸易企业通过数据交换平台或者其他计算机网络方式向海关报送能满足海关监管要求的物流、生产经营等数据，海关对数据进行核对、核算，并结合实物进行核查的一种海关保税加工监管方式。

电子账册管理，是加工贸易联网监管中海关以加工贸易企业的整体加工贸易业务为单元对保税加工货物实施监管的一种模式。海关为联网企业建立电子底账，联网企业只设立一个电子账册。根据联网企业的生产情况和海关的监管需要确定核销周期，并按照该核销周期对实行电子账册管理的联网企业进行核销。

电子账册模式的适用对象是加工贸易进出口较为频繁、规模较大、原料和产品较为复杂、管理信息化程度较高较完善的大型加工贸易企业。电子账册模式联网监管的基本管理原则是“一次审批、分段备案、滚动核销、控制周转、联网核查”。有以下特点：

（1）对企业经营资格、经营范围（商品编码前4位数）和加工生产能力一次性审批，不再对加工贸易合同进行逐票审批；

（2）采取分段备案，先备案进口料件，在生产成品出口前（包括深加工结转）再备案成品及申报准确、实际的单损耗情况，取消纸质手册实行的进口料件、出口成品以及单损耗关系同时一次备案的规程；

（3）建立以企业为单元的电子账册，实行与企业物流、生产实际接轨的滚动核销制度，取代以合同为单元的电子化手册；

（4）对进出口保税货物的总价值（或数量）按照企业生产能力进行周转量控制，取消对进出口保税货物备案数量的控制，满足企业在国际化大生产条件下的零库存生产需要，提高通关速度；

（5）企业通过计算机网络向商务部门和海关申请办理审批、备案以及变更等手续，大大简化纸质手册模式下审批、备案以及变更等各种复杂手续，满足现代企业快速生产和进出口的需求；

（6）实施电子账册模式联网监管企业同样实行银行保证金台账制度；

（7）纳入电子账册的加工贸易货物全额保税；

（8）凭电子身份认证卡实现在全国口岸的通关。

（二）电子账册的建立

电子账册的建立要经过加工贸易经营企业的联网监管申请和审批、加工贸易业务的申请和审批、建立商品归并关系和电子账册等 3 个步骤。

1．联网监管的申请和审批

1）加工贸易经营企业申请电子账册管理模式的加工贸易联网监管，一般应当具备下列条件：

——在中国境内具有独立法人资格，并具备加工贸易经营资格，在海关注册的生产型企业；

——守法经营，资信可靠，内部管理规范，对采购、生产、库存、销售等实行全程计算机管理；

——能按照海关监管要求提供真实、准确、完整并具有被查核功能的数据；

申请电子账册管理模式的加工贸易联网监管的企业在向海关申请联网监管前，应当先向企业所在地商务主管部门办理前置审批手续，由商务主管部门对申请联网监管企业的加工贸易经营范围依法进行审批。

2）经商务主管部门审批同意后，加工贸易企业向所在地直属海关提出书面申请，并提供加工贸易企业联网监管申请表、企业进出口经营权批准文件、企业上一年度经审计的会计报表、工商营业执照复印件、经营范围清单（含进口料件和出口制成品的品名及 4 位数的 HS 编码）以及海关认为需要的其他单证。

3）主管海关在接到加工贸易企业电子账册管理模式的联网监管申请后，对申请实施联网监管的企业进口料件、出口成品的归类和商品归并关系进行预先审核和确认。经审核符合联网监管条件的，主管海关制发“海关实施加工贸易联网监管通知书”。

2．加工贸易业务的申请和审批

联网企业的加工贸易业务由商务主管部门审批。商务主管部门总体审定联网企业的加工贸易资格、业务范围和加工生产能力。

商务主管部门收到联网企业申请后，对非国家禁止开展的加工贸易业务，予以批准，并签发“联网监管企业加工贸易业务批准证”。

3．建立商品归并关系和电子账册

联网企业凭商务主管部门签发的“联网监管企业加工贸易业务批准证”向所在地主管海

关申请建立电子账册。

海关以商务主管部门批准的加工贸易经营范围、年生产能力等为依据，建立电子账册。

电子账册包括加工贸易“经营范围电子账册”和“便捷通关电子账册”。“经营范围电子账册”用于检查控制“便捷通关电子账册”进出口商品的范围，不能直接报关。“便捷通关电子账册”用于加工贸易货物的备案、通关和核销。电子账册编码为 12 位。“经营范围电子账册”第一、二位为标记代码“IT”，因此“经营范围电子账册”也叫“IT 账册”；“便捷通关电子账册”第一位为标记代码“E”，因此“便捷通关电子账册”也叫“E 账册”。

电子账册是在商品归并关系确立的基础上建立起来的，没有商品归并关系就不能建立电子账册，所以联网监管的实现依靠商品归并关系的确立。

【小贴士】

商品归并关系

商品归并关系，是指海关与联网企业根据监管的需要按照中文品名、HS 编码、价格、贸易管制等条件，将联网企业内部管理的“料号级”商品与电子账册备案的“项号级”商品归并或拆分，建立“一对多”或“多对一”的对应关系。

应同时满足以下条件，才可归入同一个联网监管商品项号：

（1）10 位 HS 编码相同的；

（2）商品名称相同的；

（3）申报计量单位相同的；

（4）规格型号虽不同但单价相差不大的。

海关审批通过后，联网监管企业的加工贸易商品归并关系就建立了起来。联网监管商品关系的建立，主要表现在经海关审批通过的在归并原则基础上产生的“企业物料表”及归并关系数据。每个联网监管企业只有一份“企业物料表”及归并关系数据，并据此生成电子账册。

（三）报关程序

1. 备案

（1）“经营范围电子账册”备案

企业凭商务主管部门的批准证通过网络向海关办理“经营范围电子账册”备案手续，备案内容为：

1）经营单位名称及代码；

2）加工单位名称及代码；

3）批准证件编号；

4）加工生产能力；

5）加工贸易进口料件和成品范围（商品编码前 4 位）。

企业在收到海关的备案信息后，应将商务主管部门的电子化批准证交海关存档。

（2）“便捷通关电子账册”备案

企业可通过网络向海关办理“便捷通关电子账册”备案手续。“便捷通关电子账册”的备案包括以下内容：

1）企业基本情况表，包括经营单位及代码、加工企业及代码、批准证编号、经营范围账册号、加工生产能力等；

2）料件、成品部分，包括归并后的料件、成品名称、规格、商品编码、备案计量单位、币制、征免方式等；

3）单耗关系，包括出口成品对应料件的净耗、损耗率等。

其他部分可同时申请备案，也可分阶段申请备案，但料件必须在相关料件进口前备案，成品和单耗关系最迟在相关成品出口前备案。

海关将根据企业的加工能力设定电子账册最大周转金额，并对部分高风险或需要重点监管的料件设定最大周转数量。电子账册进口料件的金额、数量，加上电子账册剩余料件的金额、数量，不得超过最大周转金额和最大周转数量。

（3）备案变更

1）“经营范围电子账册”变更

企业的经营范围、加工能力等发生变更时，经商务主管部门批准后，企业可通过网络向海关申请变更，海关予以审核通过，并收取商务主管部门出具的“联网监管企业加工贸易业务批准证变更证明”等相关书面材料。

2）“便捷通关电子账册”变更

“便捷通关电子账册”的最大周转金额、核销期限等需要变更时，企业应向海关提交申请，海关批准后直接变更。“便捷通关电子账册”的基本情况表中的内容、料件成品发生变化的，包括料件、成品品种、单损耗关系的增加等，只要未超出经营范围和加工能力的，企业不必报经商务部门审批，可通过网络直接向海关申请变更，海关予以审核通过。

2．进出口报关

电子账册模式下联网监管企业的保税加工货物报关与电子化手册模式一样，有适用进出口报关阶段程序的，也有进出境货物报关、深加工结转货物报关和其他保税加工货物报关三种情形。

（1）报关清单的生成

使用“便捷通关电子账册”办理报关手续，企业应先根据实际进出口情况，从企业系统导出料号及数据生成归并前的报关清单，通过网络发送到电子口岸。报关清单应按照加工贸易合同填报监管方式，进口报关清单填制的总金额不得超过电子账册最大周转金额的剩余值，其余项目的填制参照报关单的填制规范。

（2）报关单的生成

联网企业进出口保税加工货物，应使用企业内部的计算机，采用计算机原始数据形成报关清单，报送中国电子口岸。电子口岸将企业报送的报关清单根据归并原则进行归并，并分拆成报关单后发送回企业，由企业填报完整的报关单内容后，通过网络向海关正式申报。

（3）填制报关单要求

联网企业备案的进口料件和出口成品等内容，是货物进出口时与企业实际申报货物进行核对的电子底账。因此申报数据与备案数据应当一致。

企业按实际进出口的“货号”（料件号和成品号）填报报关单，并按照加工贸易货物的实际性质填报监管方式。

海关按照规定审核申报数据，进口货物报关单的总金额不得超过电子账册最大周转金额的剩余值，如果电子账册对某项下料件的数量进行限制，那么报关单上该项商品的申报数量不得超过其最大周转量的剩余值。

3．报核和核销

电子账册采用的是以企业为单元的管理方式，一个企业只有一个电子账册，因此，对电子账册模式的核销实行滚动核销的形式，即对电子账册按照时间段进行核销，将某个确定的时间段内企业的加工贸易进出口情况进行平衡核算。

海关对采用电子账册管理模式的联网企业报核期限，一般规定180天为一个报核周期。首次报核期限，从电子账册建立之日起180天后的30天内；以后报核期限，从上次报核之日起180天后的30天内。

企业必须在规定的期限内完成报核手续，确有正当理由不能按期报核的，经主管海关批准可以延期，但延长期限不得超过60天。

企业报核和海关核销程序如下：

（1）企业报核

1）预报核。预报核是加工贸易联网企业报核的组成部分。企业在向海关正式申请核销前，在电子账册本次核销周期到期之日起30天内，将本核销期内申报的所有的电子账册进出口报关数据按海关要求的内容，包括报关单号、进出口岸、扣减方式、进出标志等以电子报文形式向海关申请报核。

2）正式报核。正式报核是指企业预报核通过海关审核后，以预报核海关核准的报关数据为基础，准确、详细地填报本期保税进口料件的应当留存数量、实际留存数量等内容，以电子数据向海关正式申请报核。

海关认为必要时可以要求企业进一步报送料件的实际进口数量：耗用数量、内销数量、结转数量、边角料数量、放弃数量、实际损耗率等内容，对不相符且属于企业填报有误的可以退单，企业必须重新申报。

经海关认定企业实际库存多于应存数，有合理正当理由的，可以计入电子账册下期核销，对其他原因造成的，依法处理。

联网企业不再使用电子账册的，应当向海关申请核销。海关对电子账册核销完毕，予以注销。

（2）海关核销

海关核销的基本目的是掌握企业在某个时段所进口的各项保税加工料件的使用、流转、损耗的情况，确认是否符合以下的平衡关系：

进口保税料件（含深加工结转进口）=出口成品折料（含深加工结转出口）+内销料件+内销成品折料+剩余料件+损耗−退运成品折料

海关核销除了对书面数据进行必要的核算外，还会根据实际情况采取盘库的方式。经核对，企业报核数据与海关底账数据及盘点数据相符的，海关通过正式报核审核，打印核算结果，系统自动将本期结余数转为下期期初数。企业实际库存量多于电子底账核算结果的，海关会按照实际库存量调整电子底账的当期结余数量；企业实际库存量少于电子底账核算结果且可以提供正当理由的，对短缺部分，联网企业按照内销处理；企业实际库存量少于电子底账核算结果且联网企业不能提供正当理由的，对短缺部分，海关将移交缉私部门处理。

第四节 保税物流货物报关程序

一、保税物流货物概述

（一）含义

保税物流货物是指经海关批准未办理纳税手续进境，在境内进行分拨、配送或储存后后复运出境的货物，也称作保税仓储货物。

已办结海关出口手续尚未离境，经海关批准存放在海关保税监管场所或特殊监管区域的货物，带有保税物流货物的性质。

（二）特征

保税物流货物有以下特征：

（1）进境时暂缓缴纳进口关税及进口环节海关代征税，复运出境免税，内销应当缴纳进口关税和进口环节海关代征税，不征收缓税利息。

（2）进出境时除国家另有规定外免于交验进出口许可证件。

（3）进境海关现场放行不是结关，进境后必须进入海关保税监管场所或特殊监管区域，运离这些场所或区域必须办理结关手续。

（三）范围

保税物流货物包括：

（1）进境经海关批准进入海关保税监管场所或特殊监管区域，保税储存后转口境外的货物；

（2）已经办理出口报关手续尚未离境，经海关批准进入海关保税监管场所或特殊监管区域储存的货物；

（3）经海关批准进入海关保税监管场所或特殊监管区域保税储存的加工贸易货物，供应国际航行船舶和航空器的油料、物料和维修用零部件，供维修外国产品所进口寄售的零配件，外商进境暂存货物；

（4）经海关批准进入海关保税监管场所或特殊监管区域保税的其他未办结海关手续的进境货物。

（四）管理

海关对保税物流货物的监管模式有两大类，一类是非物理围网的监管模式，包括保税仓库、出口监管仓库；另一类是物理围网的监管模式，包括保税物流中心、保税物流园区、保税区、保税港区，综合保税区。对各种监管形式的保税物流货物的管理，主要可以归纳为以下5点：

1．设立审批

保税物流货物必须存放在经过法定程序审批设立的保税监管场所或者特殊监管区域。保税仓库、出口监管仓库、保税物流中心，要经过海关审批，并核发批准证书，凭批准证书设立及存放保税物流货物；保税物流园区、保税区、保税港区要经过国务院审批，凭国务院同意设立的批复设立，并经海关等部门验收合格才能进行保税物流货物的运作。

未经法定程序审批同意设立的任何场所或者区域都不得存放保税物流货物。

2．准入保税

保税物流货物通过准予进入保税监管场所或特殊监管区域来实现保税。海关对于保税物流货物的监管通过对保税监管场所和特殊监管区域的监管来实现，海关应当依法监管这些场所或者区域，按批准存放范围准予货物进入这些场所或者区域，不符合规定存放范围的货物不准进入。

3．纳税暂缓

凡是进境进入保税物流监管场所或特殊监管区域的保税物流货物在进境时都可以暂不办理进口纳税手续，等到运离海关保税监管场所或特殊监管区域时才办理纳税手续，或者征税，或者免税。在这一点上，保税物流监管制度与保税加工监管制度是一致的，但是保税物流货物在运离海关保税监管场所或特殊监管区域征税时不需同时征收缓税利息，而保税加工货物（特殊监管区域内的加工贸易货物和边角料除外）内销征税时要征收缓税利息。

4．监管延伸

（1）监管地点延伸

进境货物从进境地海关监管现场，已办结海关出口手续尚未离境的货物从出口申报地海关现场，分别延伸到保税监管场所或者特殊监管区域。

（2）监管时间延伸

1）保税仓库存放保税物流货物的时间是1年，可以申请延长，最长可延长1年；特殊情况下，延期后货物存储期超过2年的，由直属海关审批；

2）出口监管仓库存放保税物流货物的时间是6个月，可以申请延长，最长可延长6个月；

3）保税物流中心存放保税物流货物的时间是2年，可以申请延长，最长可延长1年；

4）保税物流园区、保税区、保税港区存放保税物流货物的时间没有限制。

5．运离结关

除暂准运离（维修、测试、展览等）需要继续监管以外，每一批货物运离保税监管场所或者特殊监管区域，都必须根据货物的实际流向办结海关手续。

各种监管形式下的保税物流货物的某些管理要点比较可见表 1-2：

表 1-2 管理要点

监管场所区域名称	存货范围	储存期限	服务功能	审批权限	入区退税
保税仓库	进口	1 年+1 年	储存	直属海关	否
出口监管仓库	出口	半年+半年	储存/出口配送/国内结转		否
保税物流中心	进出口	1 年+1 年	储存/全球采购配送/国内结转/转口/中转	海关总署	是
保税物流园区	进出口	无期限	储存/贸易/全球采购配送/中转/展示	国务院	是
保税区			物流园区功能+维修/加工		离境退税
保税港区			保税区功能+港口功能		是

二、保税仓库货物报关程序

（一）保税仓库简介

1. 简介

保税仓库是指经海关批准设立的专门存放保税货物及其他未办结海关手续货物的仓库。

我国的保税仓库根据使用对象分为公用型和自用型两种。

（1）公用型保税仓库

公用型保税仓库由主营仓储业务的中国境内独立企业法人经营，专门向社会提供保税仓储服务。

（2）自用型保税仓库

自用型保税仓库由特定的中国境内独立企业法人经营，仅存储供本企业自用的保税货物。

据所存货物的特定用途，公用型保税仓库和自用型保税仓库下面还衍生出一种专用型保税仓库。即专门用来存储具有特定用途或特殊种类商品的保税仓库，包括液体危险品保税仓库、备料保税仓库、寄售维修保税仓库和其他专用保税仓库，其中液体危险品保税仓库是指符合国家关于危险化学品存储规定的，专门提供石油、成品油或者其他散装液体危险化学品保税仓储服务的保税仓库。

2. 功能

保税仓库的功能就是仓储，而且只能存放进境货物。

经海关批准可以存入保税仓库的进境货物有下列几种：

（1）加工贸易进口货物；

（2）转口货物；

（3）供应国际航行船舶和航空器的油料、物料和维修用零部件；

（4）供维修外国产品所进口寄售的零配件；

（5）外商进境暂存货物；

（6）未办结海关手续的一般贸易进口货物；

（7）经海关批准的其他未办结海关手续的进境货物。

保税仓库不得存放国家禁止进境货物，不得存放未经批准的影响公共安全、公共卫生或健康、公共道德或秩序的国家限制进境货物以及其他不得存入保税仓库的货物。

3．管理

（1）保税仓库所存货物的储存期限为 1 年。需要延长储存期限，应向主管海关申请延期，经海关批准可以延长，无特殊情形，延长的期限最长不超过 1 年。

特殊情况下，延期后货物存储期超过 2 年的，由直属海关审批。

保税仓库货物超出规定的存储期限未申请延期或海关不批准延期申请的，经营企业应当办理超期货物的退运、纳税、放弃、销毁等手续。

（2）保税仓库所存货物，是海关监管货物，未经海关批准并按规定办理有关手续，任何人不得出售、转让、抵押、质押、留置、移作他用或者进行其他处置。

（3）货物在仓库储存期间发生损毁或者灭失，除不可抗力原因外，保税仓库应当依法向海关缴纳损毁、灭失货物的税款，并承担相应的法律责任。

（4）保税仓库货物可以进行分级分类、分拆分拣、分装、计量、组合包装、打膜、加刷或刷贴运输标志、改换包装、拼装等辅助性简单作业。在保税仓库内从事上述作业必须事先向主管海关提出书面申请，经主管海关批准后方可进行。

（5）保税仓库经营企业应于每月前 5 个工作日内，向海关提交月报关单报表、库存总额报表及其他海关认为必要的月报单证，将上月仓库货物入、出、转、存、退等情况以计算机数据和书面形式报送仓库主管海关。

（二）保税仓库货物报关程序

1．进仓报关

保税仓库货物进境入仓，经营企业应当在仓库主管海关办理报关手续，经主管海关批准，也可以直接在进境口岸海关办理报关手续。保税仓库货物进境入仓，除国家另有规定外，免领进口许可证件。

如果仓库主管海关与进境口岸海关不是同一直属海关的，经营企业可以按照“提前报关转关”的方式，先到仓库主管海关申报，再到口岸海关办理转关手续，货物运到仓库，由主管海关验放入仓；或者按照“直接转关”的方式，先到口岸海关转关，货物运到仓库，向主管海关申报，验放入仓。

如果仓库主管海关与进境口岸海关是同一直属海关的，经直属海关批准，可不按照转关运输方式办理，由经营企业直接在口岸海关办理报关手续，口岸海关放行后，企业自行提取货物入仓。

2．出仓报关

保税仓库货物出仓可能出现进口报关和出口报关两种情况，可以逐一报关，也可以集中报关。

（1）出口报关

保税仓库出仓复运出境货物，应当按照转关运输方式办理出仓手续。仓库主管海关和口岸海关是同一直属海关的，经直属海关批准，可以不按照转关运输方式，由企业自行提取货物出仓到口岸海关办理出口报关手续。

（2）进口报关

保税仓库货物出仓运往境内其他地方转为正式进口的，必须经主管海关保税监管部门审核同意。转为正式进口的同一批货物，要填制两张报关单，一张办结出仓报关手续，填制出口货物报关单，“贸易方式”栏填“保税间货物”（代码 1200）；一张办理进口申报手续，按照实际进口监管方式，填制进口货物报关单。

进口手续可分为：

① 保税仓库货物出仓用于加工贸易的，由加工贸易企业或其代理人按保税加工货物的报关程序办理进口报关手续。

② 保税仓库货物出仓用于可以享受特定减免税的特定地区、特定企业和特定用途的，由享受特定减免税的企业或其代理人按特定减免税货物的报关程序办理进口报关手续。

③ 保税仓库货物出仓进入国内市场或使用于境内其他方面，包括保修期外维修，按一般进口货物的报关程序办理进口报关手续。

④ 保税仓库内的寄售维修零配件申请以保修期内免税出仓的，由保税仓库经营企业办理进口报关手续，填制进口货物报关单，贸易方式栏填“无代价抵偿货物”（代码 3100），并确认免税出仓的维修件在保修期内且不超过原设备进口之日起 3 年，维修件由外商免费提供，更换下的零部件合法处理。

（3）集中报关

保税货物出仓批量少、批次频繁的，经海关批准可以办理定期集中报关手续。

集中报关出仓的，保税仓库经营企业应当向主管海关提出书面申请，写明集中报关的商品名称、发货流向、发货频率、合理理由。

集中报关由主管海关的分管关长审批，并按以下要求办理手续。

① 仓库主管海关可以根据企业资信状况和风险度收取保证金。

② 集中报关的时间根据出货的频率和数量、价值合理设定。

③ 为保证海关有效监管，企业当月出仓的货物最迟应在次月前 5 个工作日内办理报关手续，并且不得跨年度申报。

3．流转报关

保税仓库与海关特殊监管区域或其他海关保税监管场所往来流转的货物，按转关运输的有关规定办理相关手续。

保税仓库和特殊监管区域或其他海关保税监管场所在同一直属关区内的，经直属海关批准，可不按转关运输方式办理。

保税仓库货物转往其他保税仓库的，应当各自在仓库主管海关报关，报关时应先办理进口报关，再办理出口报关。

三、出口监管仓库货物报关程序

（一）出口监管仓库

1．简介

出口监管仓库，是指经海关批准设立，对已办结海关出口手续的货物进行存储、保税货物配送，提供流通性增值服务的海关专用监管仓库。

出口监管仓库分为出口配送型仓库和国内结转型仓库。出口配送型仓库是指存储以实际离境为目的的出口货物的仓库。国内结转型仓库是指存储用于国内结转的出口货物的仓库。

2．功能

出口监管仓库的功能也只有仓储，主要用于存放出口货物。经海关批准可以存入出口监管仓库的货物有以下几种：

（1）一般贸易出口货物；

（2）加工贸易出口货物；

（3）从其他海关特殊监管区域、场所转入的出口货物；

（4）其他已办结海关出口手续的货物。

出口配送型仓库还可以存放为拼装出口货物而进口的货物。

出口监管仓库不得存放下列货物：

（1）国家禁止进出境货物；

（2）未经批准的国家限制进出境货物；

（3）海关规定不得存放的货物。

3．管理

（1）出口监管仓库必须专库专用，不得转租、转借给他人经营，不得下设分库。

（2）出口监管仓库经营企业应当如实填写有关单证、仓库账册，真实记录并全面反映其业务活动和财务状况，编制仓库月度进、出、转、存情况表和年度财务会计报告，并定期报送主管海关。

（3）出口监管仓库所存货物的储存期限为 6 个月。如因特殊情况需要延长储存期限，应在到期之前 10 日内向主管海关申请延期，经海关批准可以延长，延长的期限最长不超过 6 个月。

货物存储期满前，仓库经营企业应当通知发货人或其代理人办理货物的出境或者进口手续。

（4）出口监管仓库所存货物，是海关监管货物，未经海关批准并按规定办理有关手续，任何人不得出售、转让、抵押、质押、留置、移作他用或者进行其他处置。

（5）货物在仓库储存期间发生损毁或者灭失，除不可抗力原因外，出口监管仓库应当依法向海关缴纳损毁、灭失货物的税款，并承担相应的法律责任。

（6）经主管海关同意，可以在出口监管仓库内进行品质检验、分级分类、分拣分装、印刷运输标志、改换包装等流通性增值服务。

（二）出口监管仓库货物报关程序

出口监管仓库货物报关，大体可以分为进仓报关、出仓报关、结转报关和更换报关。

1．进仓报关

出口货物存入出口监管仓库时，发货人或其代理人应当向主管海关办理出口报关手续，填制出口货物报关单。按照国家规定应当提交出口许可证件和缴纳出口关税的，发货人或其代理人必须提交许可证件和缴纳出口关税。

发货人或其代理人按照海关规定提交报关必需单证和仓库经营企业填制的“出库监管仓

库货物入仓清单”。

对经批准享受入仓即退税政策的出口监管仓库，海关在货物入仓办结出口报关手续后予以签发出口货物报关单退税证明联；对不享受入仓即退税政策的出口监管仓库，海关在货物实际离境后签发出口货物报关单退税证明联。

经主管海关批准，对批量少、批次频繁的入仓货物，可以办理集中报关手续。

2. 出仓报关

出口监管仓库货物出仓会有出口报关和进口报关两种情况。

（1）出口报关

出口监管仓库货物出仓出境时，仓库经营企业或其代理人应当向主管海关申报。仓库经营企业或其代理人按照海关规定提交报关必需的单证，并提交仓库经营企业填制的“出口监管仓库货物出仓清单”。

出仓货物出境口岸不在仓库主管海关的，经海关批准，可以在口岸所在地海关办理相关手续，也可以在主管海关办理相关手续。

入仓没有签发出口货物报关单退税证明联的，出仓离境海关按规定签发出口货物报关单退税证明联。

（2）进口报关

出口监管仓库货物转进口的，应当经海关批准，按照进口货物的有关规定办理相关手续：

① 用于加工贸易的，由加工贸易企业或其代理人按保税加工货物的报关程序办理进口报关手续。

② 用于可以享受特定减免税的特定地区、特定企业和特定用途的，由享受特定减免税的企业或其代理人按特定减免税货物的报关程序办理进口报关手续。

③ 进入国内市场或用于境内其他方面，由收货人或代理人按进口货物的报关程序办理进口报关手续。

3. 结转报关

经转入、转出方所在地主管海关批准，并按照转关运输的规定办理相关手续后，出口监管仓库之间，出口监管仓库与保税区、出口加工区、珠海园区、保税物流园区、保税港区、保税物流中心、保税仓库等特殊监管区域、保税监管场所之间可以进行货物流转。

4. 更换报关

对已存入出口监管仓库因质量等原因要求更换的货物，经仓库所在地主管海关批准，可以进行更换。被更换货物出仓前，更换货物应当先行入仓，并应当与原货物的商品编码、品名、规格型号、数量和价值相同。

四、保税物流中心货物报关程序

（一）保税物流中心简介

1. 简介

保税物流中心，是指经海关批准，由中国境内一家企业法人经营、多家企业进入并专门从事保税仓储物流业务的海关集中监管场所。

2．功能

保税物流中心的功能是保税仓库和出口监管仓库功能的叠加，既可以存放进口货物，也可以存放出口货物，还可以开展多项增值服务。

（1）存放货物的范围

① 国内出口货物；

② 转口货物和国际中转货物；

③ 外商暂存货物；

④ 加工贸易进出口货物；

⑤ 供应国际航行船舶和航空器的物料、维修用零部件；

⑥ 供维修外国产品所进口寄售的零配件；

⑦ 未办结海关手续的一般贸易进口货物；

⑧ 经海关批准的其他未办结海关手续的货物。

（2）业务范围

保税物流中心可以开展以下业务：

① 保税存储进出口货物及其他未办结海关手续货物；

② 对所存货物开展流通性简单加工和增值服务；

③ 全球采购和国际分拨、配送；

④ 转口贸易和国际中转业务；

⑤ 经海关批准的其他国际物流业务。

不得开展以下业务：

① 商业零售；

② 生产和加工制造；

③ 维修、翻新和拆解；

④ 存储国家禁止进出口货物，以及危害公共安全、公共卫生或者健康、公共道德或者秩序的国家限制进出口货物；

⑤ 存储法律、行政法规明确规定不能享受保税政策的货物；

⑥ 其他与物流中心无关的业务。

3．管理

（1）物流中心经营企业应当设立管理机构负责物流中心的日常工作，制定完善的物流中心管理制度，协助海关实施对进出物流中心的货物及中心内企业经营行为的监管。

（2）物流中心经营企业不得在本中心内直接从事保税仓储物流的经营活动。

（3）物流中心内货物保税存储期限为2年，确有正当理由的，经主管海关同意可以予以延期，除特殊情况外，延期不得超过1年。

（4）企业根据需要经主管海关批准，可以分批进出货物，月度集中报关，但集中报关不得跨年度办理。实行集中申报的进出口货物，应当适用每次货物进出口时海关接受申报之日实施的税率、汇率。

（5）未经海关批准，保税物流中心不得擅自将所存货物抵押、质押、留置、移作他用或者进行其他处置。

物流中心内货物可以在中心内企业之间进行转让、转移，但必须办理相关海关手续。

（6）保税仓储货物在存储期间发生损毁或者灭失的，除不可抗力外，物流中心经营企业应当依法向海关缴纳损毁、灭失货物的税款，并承担相应的法律责任。

（二）保税物流中心进出货物报关程序

1．物流中心与境外之间的进出货物报关

（1）物流中心与境外之间进出的货物，应当在物流中心主管海关办理相关手续。物流中心与口岸不在同一主管海关的，经主管海关批准，可以在口岸海关办理相关手续。

（2）物流中心与境外之间进出的货物，除实行出口被动配额管理和中华人民共和国参加或者缔结的国际条约及国家另有明确规定的以外，不实行进出口配额、许可证件管理。

（3）从境外进入物流中心内的货物，凡属于规定存放范围内的货物予以保税；属于物流中心企业进口自用的办公用品、交通运输工具、生活消费品等，以及物流中心开展综合物流服务所需进口的机器、装卸设备、管理设备等，按照进口货物的有关规定和税收政策办理相关手续。

2．物流中心与境内之间的进出货物报关

物流中心内货物运往所在关区外，或者跨越关区提取物流中心内货物，可以在物流中心主管海关办理进出中心的报关手续，也可以按照境内监管货物转关运输的方式办理相关手续。

物流中心与境内之间的进出货物报关按下列规定办理：

（1）出中心

1）出中心进入关境内的其他地区。物流中心货物出中心进入关境内的其他地区视同进口，按照货物进入境内的实际流向和实际状态填制进口货物报关单，办理进口报关手续；属于许可证件管理的商品，企业还应当向海关出具有效的许可证件。

进口申报手续同保税仓库出库进入境内货物的报关手续一样，具体手续见保税仓库有关内容。

从物流中心进入境内用于在保修期限内免费维修有关外国产品并符合无代价抵偿货物有关规定的零部件或者用于国际航行船舶和航空器的物料或者属于国家规定可以免税的货物，免征进口关税和进口环节海关代征税。

2）出中心运往境外。物流中心货物出中心运往境外填制出口货物报关单，办理出口报关手续，具体手续同保税仓库和出口监管仓库出库运往境外货物的报关手续一样。

（2）进中心

货物从境内进入物流中心视同出口，办理出口报关手续。如需缴纳出口关税的，应当按照规定纳税；属于许可证件管理的商品，还应当向海关出具有效的出口许可证件。

从境内运入物流中心的原进口货物，境内发货人应当向海关办理出口报关手续，经主管海关验放；已经缴纳的关税和进口环节海关代征税，不予退还。

从境内运入物流中心已办结报关手续的货物或者从境内运入中心，供中心企业自用的国产机器设备、装卸设备、管理设备、检测检验设备等以及转关出口货物（起运地海关在已收到物流中心主管海关确认转关货物进入物流中心的转关回执后），海关签发出口货物报关单退

税证明联。

从境内运入物流中心的下列货物，海关不签发出口货物报关单退税证明联：

① 供中心企业自用的生活消费品、交通运输工具；

② 供中心企业自用的进口的机器设备、装卸设备、管理设备、检测检验设备等；

③ 物流中心之间，物流中心与出口加工区、保税物流园区和已实行国内货物入仓环节出口退税政策的出口监管仓库等海关特殊监管区域或者海关保税监管场所往来的货物。

五、保税物流园区进出货物报关程序

（一）保税物流园区

1．简介

保税物流园区，是指经国务院批准，在保税区规划面积内或者毗邻保税区的特定港区内设立的、专门发展现代国际物流的海关特殊监管区域。

2．功能

保税物流园区的主要功能是保税物流，可以开展以下保税物流业务：

（1）存储进出口货物及其他未办结海关手续的货物；

（2）对所存货物开展流通性简单加工和增值服务，如分级分类、分拆分拣、分装、计量、组合包装、打膜、印刷运输标志、改换包装、拼装等具有商业增值的辅助性服务；

（3）进出口贸易，包括转口贸易；

（4）国际采购、分配和配送；

（5）国际中转；

（6）商品展示；

（7）经海关批准的其他国际物流业务。

3．管理

保税物流园区是海关监管的特定区域。园区与境内其他地区之间应当设置符合海关监管要求的卡口、围网隔离设施、视频监控系统及其他海关监管所需的设施。

海关在园区派驻机构，依照有关法律、行政法规，对进出园区的货物、运输工具、个人携带物品以及园区内相关场所实行24小时监管。

（1）禁止事项

① 除安全人员和相关部门、企业值班人员外，其他人员不得在园区内居住。

② 园区内不得建立工业生产加工场所和商业性消费设施。

③ 园区内不得开展商业零售、加工制造、翻新、拆解及其他与园区无关的业务。

④ 法律、行政法规禁止进出口的货物、物品不得进出园区。

（2）企业管理

保税物流园区行政机构及其经营主体、在保税物流园区内设立的企业等单位的办公场所应当设置在园区规划面积内、围网外的园区综合办公区内。

海关对园区企业实行电子账册监管制度和计算机联网管理制度。

园区行政管理机构或者其经营主体应当在海关指导下通过电子口岸建立供海关、园区企业及其他相关部门进行电子数据交换和信息共享的计算机公共信息平台。

园区企业建立符合海关监管要求的电子计算机管理系统，提供海关查阅数据的终端设备，按照海关规定的认证方式和数据标准与海关进行联网。

园区企业须依照法律、行政法规的规定，规范财务管理，设置符合海关监管要求的账簿、报表，记录本企业的财务状况和有关进出园区货物、物品的库存、转让、转移、销售、简单加工、使用等情况，如实填写有关单证、账册，凭合法、有效的凭证记账核算。

（二）保税物流园区进出货物报关程序

1. 保税物流园区与境外之间进、出货物

海关对园区与境外之间进出货物，除园区自用的免税进口货物、国际中转货物外，实行备案制管理，适用进出境备案清单。

园区与境外之间进出货物应当向园区主管海关申报。园区货物的进出境口岸不在园区主管海关管辖区域的，经主管海关批准，可以在口岸海关办理申报手续。

园区内开展整箱进出、二次拼箱等国际中转业务的，由开展此项业务的企业向海关发送电子舱单数据，园区企业向园区主管海关申请提箱、集运等，提交舱单等单证，办理进出境申报手续。

保税物流园区与境外之间进、出货物的报关程序如下：

（1）境外运入园区

境外货物到港后，园区企业及其代理人可以先提交舱单将货物直接运到园区，再提交进境货物备案清单向园区主管海关办理申报手续。除法律、行政法规另有规定的外，境外运入园区的货物不实行许可证件管理。

境外运入园区的下列货物保税：

① 园区企业为开展业务所需的货物及其包装物料；

② 加工贸易进口货物；

③ 转口贸易货物；

④ 外商暂存货物；

⑤ 供应国际航行船舶和航空器的物料、维修用零部件；

⑥ 进口寄售货物；

⑦ 进境检测、维修货物及其零配件；

⑧ 看样订货的展览品、样品；

⑨ 未办结海关手续的一般贸易货物；

⑩ 经海关批准的其他进境货物。

境外运入园区的下列货物免税：

① 园区的基础设施建设项目所需的设备、物资等；

② 园区企业为开展业务所需机器、装卸设备、仓储设施、管理设备及其维修用消耗品、零配件及工具；

③ 园区行政机构及其经营主体、园区企业自用合理数量的办公用品。

境外运入园区的园区行政机构及其经营主体、园区企业自用交通运输工具、生活消费品，按一般进口货物的有关规定和程序办理申报手续。

（2）园区运往境外

从园区运往境外的货物除法律、行政法规另有规定外，免征出口关税，不实行许可证件管理。

进境货物未经流通性简单加工，需原状退运出境的，园区企业可以向园区主管海关申请办理退运手续。

2．保税物流园区与境内区外之间进出货物

园区与区外之间进出的货物，由区内企业或者区外的收发货人或其代理人在园区主管海关办理申报手续。

园区企业在区外从事进出口贸易且货物不实际进出园区的，可以在收发货人所在地的主管海关或者货物实际进出境口岸的海关办理申报手续。

除法律、行政法规规定不得集中申报的货物外，园区企业少批量、多批次进出货物的，经主管海关批准可以办理集中申报手续，并适用每次货物进出口时海关接受该货物申报之日实施的税率、汇率。集中申报的期限不得超过 1 个月，且不得跨年度办理。

保税物流园区与区外之间进出货物的报关程序如下：

（1）园区货物运往区外

园区货物运往区外，视同进口。园区企业或者区外收货人或其代理人按照进口货物的有关规定向园区主管海关申报，海关按照货物出园区时的实际监管方式办理相关手续：

① 进入国内市场的，按一般进口货物报关，提供相关的许可证件，照章缴纳进口关税、进口环节的增值税、消费税。

② 用于加工贸易的，按保税加工货物报关，提供加工贸易手册（包括纸质的或电子的），继续保税。

③ 用于可以享受特定减免税的特定企业、特定地区或有特定用途的，按特定减免税货物报关，提供“进出口货物征免税证明”和相应的许可证件，免缴进口关税、进口环节的增值税。

园区企业跨关区配送货物或者异地企业跨关区到园区提取货物的，可以在园区主管海关办理申报手续，也可以按照海关规定办理进口转关手续。

供区内行政管理机构及其经营主体和区内企业使用的机器、设备和办公用品等需要运往区外进行检测、维修的，应当向园区主管海关提出申请，经主管海关核准、登记后方可运往区外。

运往区外检测、维修的机器、设备和办公用品等不得留在区外使用，并自运出之日起 60 天内运回区内。因特殊情况不能如期运回的，园区行政管理机构及其经营主体和园区内企业应当于期满前 10 天内，以书面形式向园区主管海关申请延期，延长期限不得超过 30 天。

检测、维修完毕运进园区的机器、设备等应当为原物。有更换新零配件或者附件的，原零配件或者附件应当一并运回园区。

对在区外更换的国产零配件或者附件，如需退税，由区内企业或者区外企业提出申请，园区主管海关按照出口货物的有关规定办理，并签发出口货物报关单退税证明联。

园区企业在区外其他地方举办商品展示活动的，应当比照海关对暂时进境货物的管理规定办理有关手续。

（2）区外货物运入园区

区外货物运入园区，视同出口，由区内企业或者区外的发货人或其代理人向园区主管海关办理出口申报手续。属于应当缴纳出口关税的商品，应当照章缴纳；属于许可证件管理的商品，应当同时向海关出具有效的许可证件。

用于办理出口退税的出口货物报关单证明联的签发手续，按照下列规定办理：

① 从区外运入园区，供区内企业开展业务的国产货物及其包装材料，由区内企业或者区外发货人及其代理人填写出口货物报关单，海关按照对出口货物的有关规定办理，签发出口货物报关单退税证明联；货物从异地转关进入园区的，起运地海关在收到园区主管海关确认转关货物已进入园区的电子回执后，签发出口货物报关单退税证明联。

② 从区外运入园区，供区内行政管理机构及其经营主体和区内企业使用的国产基建物资、机器、装卸设备、管理设备等，海关按照对出口货物的有关规定办理，除属于取消出口退税的基建物资外，其他的予以签发出口货物报关单退税证明联。

③ 从区外运入园区，供区内行政管理机构及其经营主体和区内企业使用的生活消费品、办公用品、交通运输工具等，海关不予签发出口货物报关单退税证明联。

④ 从区外进入园区的原进口货物、包装物料、设备、基建物资等，区外企业应当向海关提供上述货物或者物品的清单，按照出口货物的有关规定办理申报手续，海关不予签发出口货物报关单退税证明联，原已缴纳的关税、进口环节增值税和消费税不予退还。

⑤ 除已经流通性简单加工的货物外，区外进入园区的货物，因质量、规格型号与合同不符等原因，需原状返还出口企业进行更换的，园区企业应当在货物申报进入园区之日起 1 年内向园区主管海关申请办理退换手续。更换的货物进入园区时，可以免领出口许可证件，免征出口关税，但海关不予签发出口货物报关单退税证明联。

（3）保税物流园区与其他特殊监管区域、保税监管场所之间往来货物

海关对于园区与海关其他特殊监管区域或者保税监管场所之间往来的货物，继续实行保税监管，不予签发出口货物报关单退税证明联。但货物从未实行国内货物入区、入仓环节出口退税制度的海关特殊监管区域或者保税监管场所转入园区的，按照货物实际离境的有关规定办理申报手续，由转出地海关签发出口货物报关单退税证明联。

园区与其他特殊监管区域、保税监管场所之间的货物交易、流转，不征收进出口环节和国内流通环节的有关税收。

六、保税区进出货物报关程序

（一）保税区简介

1. 简介

保税区是指经国务院批准在中华人民共和国境内设立的由海关进行监管的特定区域。

2. 功能

保税区具有出口加工、转口贸易、商品展示、仓储运输等功能，也就是说既有保税加工的功能，又有保税物流的功能。

3．管理

保税区与境内其他地区之间，设置符合海关监管要求的隔离设施。

从非保税区进入保税区的货物，按照出口货物办理手续。企业在办结海关手续后，可办理结汇、外汇核销、加工贸易核销等手续。出口退税必须在货物实际报关离境后才能办理。

保税区内的转口货物可以在区内仓库或者区内其他场所进行分级、挑选、印刷运输标志、改换包装等简单加工。

保税区企业开展加工贸易，除进口易制毒化学品、监控化学品、消耗臭氧层物质要提供进口许可证件，生产激光光盘要主管部门批准外，其他加工贸易料件进口免予交验许可证件。

保税区内企业开展加工贸易，不实行银行保证金台账制度。

区内加工企业加工的制成品及其在加工过程中产生的边角余料运往境外时，应当按照国家有关规定向海关办理手续，除法律、行政法规另有规定外，免征出口关税。

区内加工企业将区内加工贸易料件及制成品，在加工过程中产生的副产品、残次品、边角料，运往非保税区时，应当依照国家有关规定向海关办理进口报关手续，并依法纳税，免交缓税利息。

（二）保税区进出货物报关程序

保税区货物报关分进出境报关和进出区报关。

1．进出境报关

进出境报关采用报关制和备案制相结合的运行机制，即保税区与境外之间进出境货物，属自用的，采取报关制，填写进出口货物报关单；属非自用的，包括加工出口、转口、仓储和展示，采取备案制，填写进出境货物备案清单，即保税区内企业的加工贸易料件、转口贸易货物、仓储货物进出境，由收货人或其代理人填写进出境货物备案清单向海关报关；对保税区内企业进口自用合理数量的机器设备、管理设备、办公用品及工作人员所需自用合理数量的应税物品以及货样，由收货人或其代理人填写进口货物报关单向海关报关。

保税区与境外之间进出的货物，除易制毒化学品、监控化学品、消耗臭氧层物质等国家规定的特殊货物外，不实行进出口许可证件管理，免予交验许可证件。

为保税加工、保税仓储、转口贸易、展示而从境外进入保税区的货物可以保税。从境外进入保税区的以下货物可以免税：

（1）区内生产性的基础设施建设项目所需的机器、设备和其他基建物资；

（2）区内企业自用的生产、管理设备和自用合理数量的办公用品及其所需的维修零配件，生产用燃料，建设生产厂房、仓储设施所需的物资、设备，交通车辆和生活用品除外；

（3）保税区行政管理机构自用合理数量的管理设备和办公用品及其所需的维修零配件。

免税进入保税区的进口货物，海关按照特定减免税货物进行监管。

2．进出区报关

进出区报关要根据不同的情况按不同的报关程序报关。

（1）保税加工货物进出区

进区，报出口，要有加工贸易纸质手册或者加工贸易电子账册、电子化手册，填写出口货物报关单，提供有关的许可证件。出口应当征收出口关税商品的，须缴纳出口关税；海关不签发出口货物报关单退税证明联。

出区，报进口，按不同的流向填写不同的进口货物报关单：

1）出区进入国内市场的，按一般进口货物报关，填写进口货物报关单，提供有关的许可证件。

关于保税加工货物内销征税的完税价格由海关按以下规定审查确定：

① 保税区内的加工企业内销的进口料件或其制成品（包括残次品），以接受内销申报的同时或者大约同时进口的相同或者类似货物的进口成交价格为基础确定完税价格。

② 保税区内的加工企业内销的进料加工制成品中，如果含有从境内采购的料件，以制成品所含有的从境外购入的料件的原进口成交价格为基础确定完税价格。料件的原进口成交价格不能确定的，以接受内销申报的同时或者大约同时进口的与料件相同或者类似货物的进口成交价格为基础确定完税价格。

③ 保税区内的加工企业内销的来料加工制成品中，如果含有从境内采购的料件，以接受内销申报的同时或者大约同时进口的与料件相同或者类似货物的进口成交价格为基础确定完税价格。

④ 保税区内的加工企业内销加工过程中产生的边角料或者副产品，以内销价格作为完税价格。

2）出区用于加工贸易的，按加工贸易货物报关，填制加工贸易进口货物报关单，提供加工贸易纸质手册或者加工贸易电子账册、电子化手册。

3）出区用于可以享受特定减免税企业的，按特定减免税货物报关，提供进出口货物征免税证明和应当提供的许可证件，免缴进口税。

（2）进出区外发加工

保税区企业货物外发到区外加工，或区外企业货物发到保税区加工，需经主管海关核准。

进区提交外发加工合同向保税区海关备案，加工出区后核销，不填写进出口货物报关单，不缴纳税费。

出区外发加工的，须由区外加工贸易经营企业在加工企业所在地海关办理加工贸易备案手续，申领纸质手册，或者建立电子账册、电子化手册，需要建立银行保证金台账的应当设立台账，加工期限最长 6 个月，情况特殊，经海关批准可以延长，延长的最长期限是 6 个月。备案后按保税加工货物出区进行报关。

（3）设备进出区

不管是施工还是投资设备，进出区均需向保税区海关备案，设备进区不填写报关单，不缴纳出口税，海关不签发出口货物报关单退税证明联，设备系从国外进口已征进口税的，不退进口税；设备退出区外，也不必填写报关单进行申报，但要报保税区海关销案。

七、保税港区进出货物报关程序

（一）保税港区简介

1．含义

保税港区是指经国务院批准，设立在国家对外开放的口岸港区和与之相连的特定区域内，具有口岸、物流、加工等功能的海关特殊监管区域。

2．功能

保税港区具备目前中国海关所有特殊监管区域具备的全部功能，可以开展下列业务：

（1）存储进出口货物和其他未办结海关手续的货物；

（2）对外贸易，包括国际转口贸易；

（3）国际采购、分销和配送；

（4）国际中转；

（5）检测和售后服务维修；

（6）商品展示；

（7）研发、加工、制造；

（8）港口作业；

（9）经海关批准的其他业务。

3．管理

保税港区实行封闭式管理。保税港区与中华人民共和国关境内的其他地区之间设置符合海关监管要求的卡口、围网、视频监控系统以及海关监管所需的其他设施。

保税港区享受保税区、出口加工区相关的税收和外汇管理政策。主要税收政策为：国外货物入港区保税；货物出港区进入国内销售按货物进口的有关规定办理报关，并按货物实际状态征税；国内货物入港区视同出口，实行退税；港区内企业之间的货物交易不征增值税和消费税。

经保税港区主管海关批准，区内企业可以在保税港区综合办公区专用的展示场所举办商品展示活动。展示的货物应当在海关备案，并接受海关监管。

保税港区内货物可以自由流转。区内企业转让、转移货物的，双方企业应当及时向海关报送转让、转移货物的品名、数量、金额等电子数据信息。

保税港区货物不设存储期限。但存储期限超过2年的，区内企业应当每年向海关备案。

经海关核准，区内企业可以办理集中申报手续。实行集中申报的区内企业应当对1个自然月内的申报清单数据进行归并，填制进出口货物报关单，在次月底前向海关办理集中申报手续。集中申报适用报关单集中申报之日实施的税率、汇率。集中申报不得跨年度办理。

区内企业不实行加工贸易银行保证金台账和合同核销制度，海关对保税港区内加工贸易货物不实行单耗标准管理。区内企业应当自开展业务之日起，定期向海关报送货物的进区、出区和储存情况。

（二）进出保税港区货物的报关程序

保税港区企业向海关申报货物进出境、进出区，以及在同一区域内或者不同特殊区域之间流转货物的双方企业，应填制海关进（出）境货物备案清单。保税港区与境内（区外）之间进出的货物，区外企业应同时填制进（出）口货物报关的，向保税港区主管海关办理进出口报关手续。

货物在同一保税港区企业之间、不同特殊区域企业之间或保税港区与区外之间流转的，应先办理进口报关手续，后办理出口报关手续。

综合保税区及被整合到国务院新批准设立的综合保税区或保税区内的出口加工区、保税物流园区、保税区或保税物流中心，按照保税港区模式运作。

具体程序如下：

1. 保税港区与境外之间

保税港区与境外之间进出的货物应当在保税港区主管海关办理海关手续；进出境口岸不在保税港区主管海关辖区内的，经保税港区主管海关批准，可以在口岸海关办理海关手续。

海关对保税港区与境外之间进出的货物实行备案制管理，对从境外进入保税港区的货物予以保税。货物的收发货人或者代理人应当如实填写进出境货物备案清单，向海关备案。

下列货物从境外进入保税港区，海关免征进口关税和进口环节海关代征税：

（1）区内生产性的基础设施建设项目所需的机器、设备和建设生产厂房、仓储设施所需的基建物资；

（2）区内企业生产所需的机器、设备、模具及其维修用零配件；

（3）区内企业和行政管理机构自用合理数量的办公用品。

从境外进入保税港区，供区内企业和行政管理机构自用的交通运输工具、生活消费用品，按进口货物的有关规定办理报关手续，海关按照有关规定征收进口关税和进口环节海关代征税。

从保税港区运往境外的货物免征出口关税。

保税港区与境外之间进出的货物，除法律、行政法规和规章另有规定的外，不实行进出口配额、许可证件管理。

对于同一配额、许可证件项下的货物，海关在进区环节已经验核配额、许可证件的，在出境环节不再要求企业出具配额、许可证件原件。

2. 保税港区与区外非特殊监管区域或场所之间

保税港区与区外之间进出的货物，区内企业或者区外收发货人按照进出口货物的有关规定向保税港区主管海关办理申报手续。需要征税的，区内企业或者区外收发货人按照货物进出区时的实际状态缴纳税款；属于配额、许可证件管理商品的，区内企业或者区外收货人还应当向海关出具配额、许可证件。对于同一配额、许可证件项下的货物，海关在进境环节已经验核配额、许可证件的，在出区环节不再要求企业出具配额、许可证件原件。

（1）出区

1）一般贸易货物出区。一般贸易货物出区直接进入生产或消费领域流通的，按一般进口货物的报关程序办理海关手续，属于优惠贸易协定项下货物，符合海关总署相关原产地管理规定的，按协定税率或者特惠税率办理海关征税手续。

一般贸易货物出区符合保税或者特定减免税条件的，可以按保税货物或者特定减免税货物的报关程序办理海关手续。

2）加工贸易货物出区。区内企业生产的加工贸易成品以及在加工生产过程中产生的残次品、副产品出区内销的，按进口货物办理进口手续，海关按内销时的实际状态征税。属于进口配额、许可证件管理的，企业应当向海关出具进口配额、许可证件。

区内企业在加工生产过程中产生的边角料、废品，以及加工生产、储存、运输等过程中产生的包装物料，区内企业提出书面申请并且经海关批准的，可以运往区外，海关按出区时的实际状态征税。属于进口配额、许可证件管理的，免领进口配额、许可证件；列入《禁止进口废物目录》的废物以及其他危险废物需出区进行处置的，有关企业凭保税港区行政管理机构以及所在地的市级环保部门批件等材料，向海关办理出区手续。

区内企业生产的加工贸易成品出区深加工结转按出口加工区深加工结转程序办理海关手续。

（2）进区

区外货物进入保税港区的，按照货物出口的有关规定办理缴税手续，并按照下列规定签发用于出口退税的出口货物报关单证明联：

1）从区外进入保税港区供区内企业开展业务的国产货物及其包装物料，海关按照对出口货物的有关规定办理，签发出口货物报关单证明联。货物转关出口的，起运地海关在收到保税港区主管海关确认转关货物已进入保税港区的电子回执后，签发出口货物报关单证明联。

2）从区外进入保税港区供保税港区行政管理机构和区内企业使用的国产基建物资、机器、装卸设备、管理设备、办公用品等，海关按照对出口货物的有关规定办理，除属于取消出口退税的基建物资外，签发出口货物报关单证明联；从区外进入保税港区的原进口货物、包装物料、设备、基建物资等，区外企业应当向海关提供上述货物或者物品的清单，按照出口货物的有关规定办理申报手续，海关不予签发出口货物报关单退税证明联，原已缴纳的关税、进口环节海关代征税不予退还。

3．保税港区与其他海关特殊监管区域或者保税监管场所之间

海关对于保税港区与其他海关特殊监管区域或者保税监管场所之间往来的货物，实行保税监管，不予签发用于办理出口退税的出口货物报关单证明联。但货物从未实行国内货物入区（仓）环节出口退税制度的海关特殊监管区域或者保税监管场所转入保税港区的，视同货物实际离境，由转出地海关签发出口货物报关单退税证明联。

保税港区与其他海关特殊监管区域或者保税监管场所之间的流转货物，不征收进出口环节的有关税收。

承运保税港区与其他海关特殊监管区域或者保税监管场所之间往来货物的运输工具，应当符合海关监管要求。

第五节 特定减免税货物报关程序

一、特定减免税货物概述

特定减免税亦称政策性减免税，是指根据国家政治、经济政策的需要，经国务院批准，对特定地区、特定企业或者特定用途的进出口货物，给予减免进出口税收的优惠政策，包括基于特定目的的实行的临时减免税政策。

（一）“特定”的含义

特定减免税货物根据国家的政策规定准予减免税进口后，用于特定地区、特定企业、特定用途的货物。

特定地区是指我国关境内由行政法规规定的某一特别限定区域，享受减免税优惠的进口货物只能在这一特别限定的区域内使用。

特定企业是指由国务院制定的行政法规专门规定的企业，享受减免税优惠的进口货物只能由这些专门规定的企业使用。

特定用途是指国家规定可以享受减免税优惠的进口货物只能用于行政法规专门规定的用途。

（二）特点

特定减免税进口货物有以下几个特点：

（1）纳税义务人必须在货物进出口前办理减免税审批手续；

（2）政策性减免税货物放行后，在其监管年限内应当接受海关监管，未经海关核准并交纳关税，不得移作他用；

（3）可以在两个享受同等税收优惠待遇的单位之间转让并无须补税。

自2009年1月1日起，国家实施增值税转型改革后，大部分进口税货物恢复征收进口增值税，只免征进口关税。

二、减免税货物的管理

（一）监管期限

除海关总署另有规定外，在海关监管年限内，减免税申请人应当按照海关规定保管、使用进口减免税货物，并依法接受海关监管。

进口减免货物的监管年限为：

（1）船舶、飞机，8年；

（2）机动车辆，6年；

（3）其他货物，5年。

监管期限自货物进口放行之日起计算。

（二）申请资格

减免税申请人可以自行向海关申请办理减免税备案、审批、税款担保和后续管理业务等相关手续，也可以委托他人办理前述手续。

进出口货物减免税申请人，是指根据有关进出口税收优惠政策和有关法律法规的规定，可以享受进出口税收优惠，并依法向海关申请办理减免税相关手续的具有独立法人资格的企事业单位、社会团体、国家机关；符合规定的非法人分支机构；经海关总署审查确认的其他组织。

已经在海关办理注册登记并取得报关注册登记证书的报关企业或者进出口货物收发货人可以接受减免税申请人委托，代为办理减免税相关事宜。

（三）担保情形

存在下列情形之一的，减免税申请人可以向海关申请凭税款担保先予办理货物放行手续：

（1）主管海关按照规定已经受理减免税备案或者审批申请，尚未办理完毕的；

（2）有关进出口税收优惠政策已经国务院批准，具体实施措施尚未明确，海关总署已确认减免税申请人属于享受该政策范围的；

（3）其他经海关总署核准的情况。

国家对进出口货物有限制性规定，应当提供许可证件而不能提供的，以及法律、行政法规规定不得担保的其他情形，不得办理减免税货物凭税款担保放行手续。

减免税申请人需要办理税款担保手续的，应当在货物申报进出口前向主管海关提出申请，主管海关准予担保的，出具“中华人民共和国海关准予办理减免税货物税款担保证明”，进口地海关凭主管海关出具的准予担保证明，办理货物的税款担保和验放手续。税款担保期限不超过6个月，经直属海关关长或者其授权人批准可以予以延期，延期时间自税款担保期限届满之日起算，延长期限不超过6个月。特殊情况仍需要延期的，应当经海关总署批准。海关依照本办法规定延长减免税备案、审批手续办理时限的，减免税货物税款担保时限可以相应延长，主管海关应当及时通知减免税申请人向海关申请办理减免税货物税款担保延期的手续。

（4）在海关监管年限内，减免税申请人应当自进口减免税货物放行之日起，在每年的第1季度向主管海关递交《减免税货物使用状况报告书》，报告减免税货物使用状况。在海关监管年限及其后3年内，海关依照《海关法》和《中华人民共和国海关稽查条例》有关规定对减免税申请人进口和使用减免税货物情况实施稽查。

（5）在海关监管年限内，减免税申请人将进口减免税货物转让给进口同一货物享受同等减免税优惠待遇的其他单位的，不予恢复减免税货物转出申请人的减免税额度，减免税货物转入申请人的减免税额度按照海关审定的货物结转时的价格、数量或者应缴税款予以扣减。减免税货物因品质或者规格原因原状退运出境，减免税申请人以无代价抵偿方式进口同一类型货物的，不予恢复其减免税额度；未以无代价抵偿方式进口同一类型货物的，减免税申请人在原减免税货物退运出境之日起3个月内向海关提出申请，经海关批准，可以恢复其减免税额度。对于其他提前解除监管的情形，不予恢复减免税额度。

三、减免税货物报关程序

（一）减免税备案

减免税申请人应当向其所在地海关申请办理减免税备案、审批手续，特殊情况除外。

投资项目所在地海关与减免税申请人所在地海关不是同一海关的，减免税申请人应当向投资项目所在地海关申请办理减免税备案、审批手续。

投资项目所在地涉及多个海关的，减免税申请人可以向其所在地海关或者有关海关的共同上级海关申请办理减免税备案、审批手续。有关海关的共同上级海关可以指定相关海关办理减免税备案、审批手续。

投资项目由有投资项目单位所属非法人分支机构具体实施的，在获得投资项目单位的授权并经投资项目所在地海关审核同意后，该非法人分支机构可以向投资项目所在地海关申请办理减免税备案、审批手续。

1. 减免税备案

减免税申请人按照有关进出口税收优惠政策的规定申请减免税进出口相关货物，海关需要事先对减免税申请人的资格或者投资项目等情况进行确认的，减免税申请人应当在申请办理减免税审批手续前，向主管海关申请办理减免税备案手续。

2．减免税审批

减免税备案后，减免税申请人应当在货物申报进口前，向主管海关申请办理进口货物减免税审批手续，并同时提交下列材料：

（1）《进出口货物减免税备案申请表》；

（2）企业营业执照或者事业单位法人证书、国家机关设立文件、社团登记证书、民办非企业单位登记证书、基金会登记证书等证明材料；

（3）进出口合同、发票及相关货物产品情况资料；

（4）相关政策规定的享受进出口税收优惠政策资格的证明材料；

（5）海关认为需要提供的其他材料。

减免税申请人按照本条规定提交证明材料的，应当交验原件，同时提交加盖减免税申请人有效印章。

海关收到减免税申请人的减免税审批申请后，经审核符合相关规定的，确定其所申请货物的征税、减税或者免税的决定，签发“进出口货物征免税证明”。

“进出口货物征免税证明”的有效期按照具体政策规定签发，但最长不得超过半年，持证人应当在海关签发征免税证明的有效期内办理有关进口货物通关手续。如情况特殊，可以向海关申请延期一次，延长的期限不得超过6个月。海关总署批准的特殊情况除外。

“进出口货物征免税证明”使用一次有效，即一份征免税证明上的货物只能在一个进口口岸一次性进口。如果同一合同项下货物分口岸进口或分批到货的，应向审批海关申明，并按到货口岸、到货日期分别申领征免税证明。

（二）进口报关

政策性减免税货物进口报关程序，可参见“一般进出口货物的报关程序”中的有关内容。但是政策性减免税货物进口报关的有些具体手续与一般进出口货物的报关有所不同：

（1）特定减免税货物进口报关时，进口货物收货人或其代理人除了向海关提交报关单及随附单证以外，还应当向海关提交“进出口货物征免税证明”。海关在审单时从计算机查阅征免税证明的电子数据，核对纸质“进出口货物征免税证明”。

（2）特定减免税货物进口，填制报关单时，报关员应当特别注意报关单上“备案号”栏目的填写。“备案号”栏目的填写。“备案号”栏内填写“进出口货物征免税证明”上的12位编号，12位编号写错将不能通过海关计算机逻辑审核，或者在提交纸质报关单证时无法顺利通过海关审单。

（三）减免税货物的处置

1．变更使用地点

在海关监管年限内，减免税货物应当在主管海关核准的地点使用。需要变更使用地点的，减免税申请人应当向主管海关提出申请，说明理由，经海关批准后方可变更使用地点。减免税货物需要移出主管海关管辖地使用的，减免税申请人应当事先持有关单证以及需要异地使用的说明材料向主管海关申请办理异地监管手续，经主管海关审核同意并通知转入地海关后，减免税申请人可以将减免税货物运至转入地海关管辖地，转入地海关确认减免税货物情况后进行异地监管。

减免税货物在异地使用结束后，减免税申请人应当及时向转入地海关申请办结异地监管手续，经转入地海关审核同意并通知主管海关后，减免税申请人应当将减免税货物运回主管海关管辖地。

2．结转

在海关监管年限内，减免税申请人将进口减免税货物转让给进口同一货物享受同等减免税优惠待遇的其他单位的，应当按照下列规定办理减免税货物结转手续：

（1）减免税货物的转出申请人持有关单证向转出地主管海关提出申请，转出地主管海关审核同意后，通知转入地主管海关。

（2）减免税货物的转入申请人向转入地主管海关申请办理减免税审批手续。转入地主管海关审核无误后签发《征免税证明》。

（3）转出、转入减免税货物的申请人应当分别向各自的主管海关申请办理减免税货物的出口、进口报关手续。

（4）转出地主管海关办理转出减免税货物的解除监管手续。结转减免税货物的监管年限应当连续计算。转入地主管海关在剩余监管年限内对结转减免税货物继续实施后续监管。

（5）转入地海关和转出地海关为同一海关的，按照本条第一款规定办理。

3．转让

在海关监管年限内，减免税申请人将进口减免税货物转让给不享受进口税收优惠政策或者进口同一货物不享受同等减免税优惠待遇的其他单位的，应当事先向减免税申请人主管海关申请办理减免税货物补缴税款和解除监管手续。

4．移作他用

在海关监管年限内，减免税申请人需要将减免税货物移作他用的，应当事先向主管海关提出申请。经海关批准，减免税申请人可以按照海关批准的使用地区、用途、企业将减免税货物移作他用。主要包括以下情形：

（1）将减免税货物交给减免税申请人以外的其他单位使用；

（2）未按照原定用途、地区使用减免税货物；

（3）未按照特定地区、特定企业或者特定用途使用减免税货物的其他情形。

按照以上规定将减免税货物移作他用，减免税申请人应当按照移作他用的时间补缴相应税款；移作他用时间不能确定的，应当提交相应的税款担保，税款担保不得低于剩余监管年限应补缴税款总额。

5．变更、终止

（1）变更。在海关监管年限内，减免税申请人发生分立、合并、股东变更、改制等变更情形的，权利义务承受人应当自营业执照颁发之日起30日内，向原减免税申请人的主管海关报告主体变更情况及原减免税申请人进口减免税货物的情况。

经海关审核，需要补征税款的，承受人应当向原减免税申请人主管海关办理补税手续；

可以继续享受减免税待遇的，承受人应当按照规定申请办理减免税备案变更或者减免税货物结转手续。

（2）终止。在海关监管年限内，因破产、改制或者其他情形导致减免税申请人终止，没有承受人的，原减免税申请人或者其他依法应当承担关税及进口环节海关代征税缴纳义务的主体应当自资产清算之日起30日内向主管海关申请办理减免税货物的补缴税款和解除监管手续。

6．退运、出口

在海关监管年限内，减免税申请人要求将进口减免税货物退运出境或者出口的，应当报主管海关核准。

减免税货物退运出境或者出口后，减免税申请人应当持出口报关单向主管海关办理原进口减免税货物的解除监管手续。

减免税货物退运出境或者出口的，海关不再对退运出境或者出口的减免税货物补征相关税款。

7．贷款抵押

在海关监管年限内，减免税申请人要求以减免税货物向金融机构办理贷款抵押的，应当向主管海关提出书面申请。经审核符合有关规定的，主管海关可以批准其办理贷款抵押手续。

减免税申请人不得以减免税货物向金融机构以外的公民、法人或者其他组织办理贷款抵押。

减免税申请人以减免税货物向境内金融机构办理贷款抵押的，应当向海关提供下列形式的担保：

（1）与货物应缴税款等值的保证金；

（2）境内金融机构提供的相当于货物应缴税款的保函；

（3）减免税申请人、境内金融机构共同向海关提交"进口减免税货物贷款抵押承诺保证书"，书面承诺当减免税申请人抵押贷款无法清偿需要以抵押物抵偿时，抵押人或者抵押权人先补缴海关税款，或者从抵押物的折（变）价款中优先偿付海关税款。

减免税申请人以减免税货物向境外金融机构办理贷款抵押的，应当向海关提交与货物应缴税款等值的保证金或者境内金融机构提供的相当于货物应缴纳税款的保函。

8．解除监管

（1）自动解除监管

减免税货物海关监管年限届满时，自动解除监管，减免税申请人可以不用向海关申请领取"中华人民共和国海关进口减免税进口货物解除监管证明"，有关减免税货物自动解除监管，可以自行处置。减免税申请人需要海关出具解除监管证明的，可以自办结补缴税款和解除监管等相关手续之日或者自海关监管年限届满之日起1年内，向主管海关申请领取解除监管证明。海关审核同意后出具"中华人民共和国海关进口减免税货物解除监管证明"。

在海关监管年限内的进口减免税货物，减免税申请人书面申请提前解除监管的，应当向主管海关申请办理补缴税款和解除监管手续。按照国家有关规定在进口时免予提交许可证及的进口减免税货物，减免税申请人还应当补交有关许可证件。

（2）申请解除监管

① 期满申请解除监管。特定减免税进口货物监管期届满时，减免税申请人需要"减免税

进口货物解除监管证明”的，可以自监管年限届满之日1年内，持有关单证向海关申请领取“减免税进口货物解除监管证明”海关应当自接到特定减免税申请人的申请之日起20日内核实情况，并填发“减免税进口货物解除监管证明”。

② 期内申请解除监管。特定减免税货物在海关监管期限以内，因特殊原因出售、转让、放弃，或者企业破产清算的，原“进口货物征免税证明”的申请人在办理有关进口货物的结关手续后，应当向原签发征免税证明的海关提出解除监管申请，主管海关经审核批准后，签发“减免税进口货物解除监管证明”。

第六节 暂时进出境货物报关程序

一、暂时进出境货物概述

（一）含义

暂时进出境货物是暂时进境货物和暂时出境货物的合称。

暂时进境货物是指为了特定的目的，经海关批准暂时进境，按规定的期限原状复运出境的货物。

暂时出境货物是指为了特定的目的，经海关批准暂时出境，按规定的期限原状复运进境的货物。

（二）范围

暂时进出境货物分为两大类。

第一类暂时进出境货物，包括：

（1）在展览会、交易会、会议及类似活动中展示或者使用的货物；

（2）文化、体育交流活动中使用的表演、比赛用品；

（3）进行新闻报道或者摄制电影、电视节目使用的仪器、设备及用品；

（4）开展科研、数学、医疗活动使用的仪器、设备及用品；

（5）上述4项活动中使用的交通工具及特种车辆；

（6）货样；

（7）供安装、调试、检测设备时使用的仪器、工具；

（8）盛装货物的容器；

（9）其他同于非商业目的的货物。

第二类，是指除上述货物以外的暂时进出境货物，如工程施工中使用的设备、仪器及用品。

（三）特征

1. 有条件暂时免予缴纳税费

暂时进出境货物在向海关申报进出境时，不必缴纳进出口税费，但收发货人须向海关提供担保。

第一类暂时进出境货物，在进境或者出境时向海关缴纳相当于应纳税款的保证金或者提供其他担保的，暂时免予缴纳全部税费；第二类暂时进出境货物，应当按照该货物的完税价格和其在境内滞留时间与折旧时间的比例计算征收进口关税。

2．免予提交进出口许可证件

暂时进出境货物不是实际进出口货物，只要按照暂时进出境货物的有关法律、行政法规办理进出境手续，可以免予交验进出口许可证件。但是，涉及公共道德、公共安全、公共卫生所实施的进出境管制制度的暂时进出境货物应当凭许可证件进出境。

3．规定期限内按原状复运进出境

暂时进出境货物应当自进境或者出境之日起 6 个月内复运出境或者复运进境；经收发货人申请，海关可以根据规定延长复运出境或者复运进境的期限。

4．按货物实际使用情况办结海关手续

暂时进出境货物都必须在规定期限内，由货物的收发货人根据货物不同的情况向海关办理核销结关手续。

二、暂时进出境货物报关程序

（一）使用 ATA 单证册的暂时进出境货物

1．ATA 单证册概述

（1）含义

ATA 单证册是“暂准进口单证册”的简称，是指世界海关组织通过的《货物暂准进口公约》及其附约 A 和《关于货物暂准进口的 ATA 单证册海关公约》（以下简称《ATA 公约》）中规定使用的。用于替代各缔约方海关暂准进出口货物报关单和税费担保的国际性通关文件。

（2）格式

一份 ATA 单证册一般由 8 页 ATA 单证组成：一页绿色封面单证、一页黄色出口单证、一页白色进口单证、一页白色复出口单证、两页蓝色过境单证、一页黄色复进口单证、一页绿色封底。

我国海关只接受用中文或者英文填写的 ATA 单证册。

（3）适用

在我国，使用 ATA 单证册的范围仅限于展览会、交易会、会议及类似活动项下的货物。除此以外的货物，我国海关不接受持 ATA 单证册办理进出口申报手续。

（4）管理

1）出证担保机构。中国国际商会是我国 ATA 单证册的出证和担保机构，负责签发出境 ATA 单证册，向海关报送所签发单证册的中文电子文本，协助海关确认 ATA 单证册的真伪，并且向海关承担 ATA 单证册持证人因违反暂时进出境规定而产生的相关税费、罚款。

2）管理机构。海关总署在北京海关设立 ATA 核销中心。ATA 核销中心对 ATA 单证册的进出境凭证进行核销、统计以及追索，应成员国担保人的要求，依据有关原始凭证，提供 ATA

单证册项下暂时进出境货物已经进境或者从我国复运出境的证明，并且对全国海关ATA单证册的有关核销业务进行协调和管理。

3）延期审批。使用ATA单证册报关的货物暂时进出境期限为自货物进出境之日起6个月。超过6个月的，ATA单证册持证人可以向海关申请延期。延期最多不超过3次，每次延长期限不超过6个月。延长期届满应当复运出境、进境或者办理进出口手续。

ATA单证册项下货物延长复运出境、进境期限的，ATA单证册持证人应当在规定期限届满30个工作日前向货物暂时进出境申请核准地海关提出延期申请，并提交“货物暂时进/出境延期申请书”以及相关申请材料。

直属海关受理延期申请的，应当于受理申请之日起20个工作日内制发“中华人民共和国海关货物暂时进/出境延期申请批准决定书”或者“中华人民共和国海关货物暂时进/出境延期申请不予批准决定书”。

参加展期在24个月以上展览会的展览品，在18个月延长期届满后仍需要延期的，由主管地直属海关报海关总署审批。

ATA单证册项下暂时进境货物申请延长期限超过ATA单证册有效期的，ATA单证册持证人应当向原出证机构申请续签ATA单证册。续签的ATA单证册经主管地直属海关确认后可替代原ATA单证册。

续签的ATA单证册只能变更单证册有效期限，其他项目均应当与原单证册一致。续签的ATA单证册启用时，原ATA单证册失效。

4）追索。ATA单证册项下暂时进境货物未能按照规定复运出境或者过境的，ATA核销中心向中国国际商会提出追索。自提出追索之日起9个月内，中国国际商会向海关提供货物已经在规定期限内复运出境或者已经办理进口手续证明的，ATA核销中心可以撤销追索；9个月期满后未能提供上述证明的，中国国际商会应当向海关支付税款和罚款。

2．报关程序

（1）进出口申报

持ATA单证册向海关申报进出境货物，不需向海关提交进出口许可证件，也不需另外再提供担保。但如果进出境货物受公共道德、公共安全、公共卫生、动植物检疫、濒危野生动植物保护、知识产权保护等限制的，展览品收发货人或其代理人应当向海关提交相关的进出口许可证件。

1）进境申报。进境货物收货人或其代理人持ATA单证册向海关申报进境展览品时，先在海关核准的出证协会中国国际商会以及其他商会，将ATA单证册上的内容预录进海关与商会联网的ATA单证册电子核销系统，然后向展览会主管海关提交纸质ATA单证册、提货单等单证。

海关在白色进口单证上签注，并留存白色进口单证（正联），将存根联和ATA单证册其他各联退还给货物收货人或其代理人。

2）出境申报。出境货物发货人或其代理人持ATA单证册向海关申报出境展览品时，向出境地海关提交国家主管部门的批准文件、纸质ATA单证册、装货单等单证。

海关在绿色封面单证和黄色出口单证上签注，并留存黄色出口单证（正联），将存根联和ATA单证册其他各联退还给出境货物发货人或其代理人。

3）异地复运出境、进境申报。使用 ATA 单证册进出境的货物异地复运出境、进境申报，ATA 单证册持证人应当持主管地海关签章的海关单证向复运出境、进境地海关办理手续。货物复运出境、进境后，主管地海关凭复运出境、进境地海关签章的海关单证办理核销结案手续。

4）过境申报。过境货物承运人或其代理人持 ATA 单证册向海关申报将货物通过我国转运至第三国参加展览会的，不必填制过境货物报关单。海关在两份蓝色过境单证上分别签注后，留存蓝色过境单证（正联），将存根联和 ATA 单证册其他各联退还给运输工具承运人或其代理人。

（2）结关

1）正常结关。持证人在规定期限内将进境展览品和出境展览品复运进出境，海关在白色复出口单证和黄色复进口单证上分别签注，留存单证（正联），将存根联和 ATA 单证册其他各联退还给持证人，正式核销结关。

2）非正常结关。ATA 单证册项下暂时进境货物复运出境时，因故未经我国海关核销、签注的，ATA 核销中心凭由另一缔约国海关在 ATA 单证上签注的该批货物从该国进境或者复运进境的证明，或者我国海关认可的能够证明该批货物已经实际离开我国境内的其他文件，作为已经从我国复运出境的证明，对 ATA 单证册予以核销。

发生上述情形的，ATA 单证册持证人应当按照规定向海关交纳调整费。在我国海关尚未发出“ATA 单证册追索通知书”前，如果持证人凭其他国海关出具的货物已经运离我国关境的证明要求予以核销单证册的，海关免予收取调整费。

使用 ATA 单证册暂时进出境货物因不可抗力的原因受损，无法原状复运出境、进境的，ATA 单证册持证人应当及时向主管地海关报告，可以凭有关部门出具的证明材料办理复运出境、进境手续；因不可抗力的原因灭失或者失去使用价值的，经海关核实后可以视为该货物已经复运出境、进境。

使用 ATA 单证册暂时进出境货物因不可抗力以外的原因灭失或者受损的，ATA 单证册持证人应当按照货物进出口的有关规定办理海关手续。

（二）不使用 ATA 单证册报关的进出境展览品

进出境展览品的海关监管有使用 ATA 单证册的，也有不使用 ATA 单证册直接按展览品填制进出口货物报关单报关的。以下介绍不使用 ATA 单证册报关的展览品。

1．进出境展览品的范围

（1）进境展览品

进境展览品包含在展览会中展示或示范用的货物、物品，为示范展出的机器或器具所需用的物品，展览者设置临时展台的建筑材料及装饰材料，供展览品做示范宣传用的电影片、幻灯片、录像带、录音带、说明书、广告、光盘、显示器材等。

下列在境内展览会期间供消耗、散发的用品（以下简称展览用品），由海关根据展览会性质、参展商规模、观众人数等情况，对其数量和总值进行核定，在合理范围内的，按照有关规定免征进口关税和进口环节税：

① 在展览活动中的小件样品，包括原装进口的或者在展览期间用进口的散装原料制成的食品或者饮料的样品；

② 为展出的机器或者器件进行操作示范被消耗或者损坏的物料；

③ 布置、装饰临时展台消耗的低值货物；

④ 展览期间免费向观众散发的有关宣传品；

⑤ 供展览会使用的档案、表格及其他文件。

上述货物、物品应当符合下列条件：

① 由参展人免费提供并在展览期间专供免费分送给观众使用或者消费的；

② 单价较低，作为广告样品用的；

③ 不适用于商业用途，并且单位容量明显小于最小零售包装容量的；

④ 食品及饮料的样品虽未包装分发，但确实在活动中消耗掉的。

展览用品中的酒精饮料、烟草制品及燃料不适用有关免税的规定。

展览会期间出售的小卖品，属于一般进口货物范围，进口时应当缴纳进口关税和进口环节海关代征税，属于许可证件管理的商品，应当交验许可证件。

（2）出境展览品

出境展览品包含国内单位赴国外举办展览会或参加外国博览会、展览会而运出的展览品，以及与展览活动有关的宣传品、布置品、招待品及其他公用物品。

与展览活动有关的小卖品、展卖品，可以按展览品报关出境，不按规定期限复运进境的办理一般出口手续，交验出口许可证件，缴纳出口关税。

2．展览品的暂时进出境期限

进境展览品的暂准进境期限是6个月，即自展览品进境之日起6个月内复运出境。出境展览品的暂准出境期限为自展览品出境之日起6个月内复运进境。超过6个月的，进出境展览品的收发货人可以向海关申请延期。延期最多不超过3次，每次延长期限不超过6个月。延长期届满应当复运出境、进境或者办理进出口手续。

展览品申请延长复运出境、进境期限的，展览品收发货人应当在规定期限届满 30 个工作日前向货物暂时进出境申请核准地海关提出延期申请，并提交“货物暂时进/出境延期申请书”以及相关申请材料。

直属海关受理延期申请的，应当于受理申请之日起 20 个工作日内制发《中华人民共和国海关货物暂时进/出境延期申请批准决定书》或者《中华人民共和国海关货物暂时进/出境延期申请不予批准决定书》。

参加展期在24个月以上展览会的展览品，在18个月延长期届满后仍需要延期的，由主管地直属海关报海关总署审批。

3．展览品的进出境申报

（1）进境申报

境内展览会的办展人或者参加展览会的办展人、参展人（以下简称办展人、参展人）应当在展览品进境20个工作日前，向主管地海关提交有关部门备案证明或者批准文件及展览品清单等相关单证办理备案手续。

展览会不属于有关部门行政许可项目的，办展人、参展人应当向主管地海关提交展览会邀请函、展位确认书等其他证明文件以及展览品清单办理备案手续。

展览品进境申报手续可以在展出地海关办理。从非展出地海关进境的，可以申请在进境地海关办理转关运输手续，将展览品在海关监管下从进境口岸转运至展览会举办地主管海关办理申报手续。

展览会主办单位或其代理人应当向海关提交报关单、展览品清单、提货单、发票、装箱单等。展览品中涉及检验检疫等管制的，还应当向海关提交有关许可证件。

展览会主办单位或其代理人应当向海关提供担保。在海关指定场所或者海关派专人监管的场所举办展览会的，经主管地直属海关批准，参展的展览品可以免予向海关提供担保。

海关一般在展览会举办地对展览品进行开箱查验。展览品开箱前，展览会主办单位或其代理人应当通知海关。海关查验时，展览品所有人或其代理人应当到场，并负责搬移、开拆、封装货物。

展览会展出或使用的印刷品、音像制品及其他需要审查的物品，还要经过海关的审查，才能展出或使用。对我国政治、经济、文化、道德有害的，以及侵犯知识产权的印刷品、音像制品，不得展出，由海关没收、退运出境或责令更改后使用。

（2）出境申报

境内出境举办或者参加展览会的办展人、参展人应当在展览品出境 20 个工作日前，向主管地海关提交有关部门备案证明或者批准文件及展览品清单等相关单证办理备案手续。

展览会不属于有关部门行政许可项目的，办展人、参展人应当向主管地海关提交展览会邀请函、展位确认书等其他证明文件以及展览品清单办理备案手续。

展览品出境申报手续应当在出境地海关办理。在境外举办展览会或参加国外展览会的企业应当向海关提交国家主管部门的批准文件、报关单、展览品清单（一式两份）等单证。

展览品属于应当缴纳出口关税的，向海关缴纳相当于税款的保证金；属于核用品、核两用品及相关技术的出口管制商品的，应当提交出口许可证。

海关对展览品进行开箱查验，核对展览品清单。查验完毕，海关留存一份清单，另一份封入“关封”交还给发货人或其代理人，凭以办理展览品复运进境申报手续。

4．进出境展览品的核销结关

（1）复运进出境

进境展览品按规定期限复运出境，出境展览品按规定期限复运进境后，海关分别签发报关单证明联，展览品所有人或其代理人凭以向主管海关办理核销结关手续。

异地复运出境、进境的展览品，进出境展览品的收发货人应当持主管地海关签章的海关单证向复运出境、进境地海关办理手续。货物复运出境、进境后，主管地海关凭复运出境、进境地海关签章的海关单证办理核销结案手续。

展览品未能按规定期限复运进出境的，展览会主办单位或出国举办展览会的单位应当向主管海关申请延期，在延长期内办理复运进出境手续。

（2）转为正式进出口

进境展览品在展览期间被人购买的，由展览会主办单位或其代理人向海关办理进口申报、纳税手续，其中属于许可证件管理的，还应当提交进口许可证件。

出口展览品在境外参加展览会后被销售的，由海关核对展览品清单后要求企业补办有关正式出口手续。

（3）展览品放弃或赠送

展览会结束后，进口展览品的所有人决定将展览品放弃交由海关处理的，由海关依法变卖后将款项上缴国库。

展览品的所有人决定将展览品赠送的，受赠人应当向海关办理进口手续，海关根据进口礼品或经贸往来赠送品的规定办理。

（4）展览品毁坏、丢失、被窃

进境展览品因毁坏、丢失、被窃等原因不能复运出境的，展览会主办单位或其代理人应当向海关报告。对于毁坏的展览品，海关根据毁坏程度估价征税；对于丢失或被窃的展览品，海关按照进口同类货物征收进口税。

进出境展览品因不可抗力的原因受损，无法原状复运出境、进境的，进出境展览品的收发货人应当及时向主管地海关报告，可以凭有关部门出具的证明材料办理复运出境、进境手续；因不可抗力的原因灭失或者失去使用价值的，经海关核实后可以视为该货物已经复运出境、进境。

进出境展览品因不可抗力以外其他原因灭失或者受损的，进出境展览品的收发货人应当按照货物进出口的有关规定办理海关手续。

（三）其他暂时进出境货物

1．概述

（1）范围

可以暂不缴纳税款的上述9项暂时进出境货物，除使用ATA单证册报关的货物、不使用ATA单证册报关的展览品、集装箱箱体按各自的监管要求由海关进行监管外，其余的均按其他暂时进出境货物进行监管，均属于其他暂时进出境货物的范围。

（2）期限

其他暂时进出境货物应当自进出境之日起6个月内复运出境或复运进境。超过6个月的，收发货人可以向海关申请延期。延期最多不超过3次，每次延长期限不超过6个月。延长期届满应当复运出境、进境或者办理进出口手续。

国家重点工程、国家科研项目使用的暂时进出境货物，在18个月延长期届满后仍需要延期的，由主管地直属海关报海关总署审批。

（3）管理

其他暂时进出境货物进出境核准属于海关行政许可事项，应当按照海关行政许可的程序办理。

1）暂时进出境申请和审批。暂时进出境货物收发货人向海关提出货物暂时进出境申请时，应当按照海关要求提交《货物暂时进/出境申请书》、暂时进出境货物清单、发票、合同或者协议以及其他相关单据。

海关就暂时进出境货物的暂时进出境申请做出是否批准的决定后，应当制发《中华人民共和国海关货物暂时进/出境申请批准决定书》或者《中华人民共和国海关货物暂时进/出境申请不予批准决定书》。

2）延期申请和审批。暂时进出境货物申请延长复运出境、进境期限的，收发货人应当在规定期限届满30个工作日前向货物暂时进出境申请核准地海关提出延期申请，并提交“货物暂时进/出境延期申请书”以及相关申请材料。直属海关做出决定并制发相应的决定书。申请延长超过18个月的由海关总署做出决定。

2．报关程序

（1）进出境申报

1）进境申报。其他暂时进境货物进境时，收货人或其代理人应当向海关提交主管部门允许货物为特定目的而暂时进境的批准文件、进口货物报关单、商业及货运单据等，向海关办理暂时进境申报手续。

其他暂时进境货物不必提交进口货物许可证件，但对国家规定需要实施检验检疫的，或者为公共安全、公共卫生等实施管制措施的，仍应当提交有关的许可证件。

其他暂时进境货物在进境时，收货人或其代理人免予缴纳进口税，但必须向海关提供担保。

2）出境申报。其他暂时出境货物出境，发货人或其代理人应当向海关提交主管部门允许货物为特定目的而暂时出境的批准文件、出口货物报关单、货运和商业单据等，向海关办理暂时出境申报手续。

其他暂时进境货物，除易制毒化学品、监控化学品、消耗臭氧层物质、有关核出口、核两用品及相关技术的出口管制条例管制的商品以及其他国际公约管制的商品外，不需交验许可证件。

3）异地复运出境、进境申报。异地复运出境、进境的其他暂时进出境货物，收发货人应当持主管地海关签章的海关单证向复运出境、进境地海关办理手续。货物复运出境、进境后，主管地海关凭复运出境、进境地海关签章的海关单证办理核销结案手续。

（2）结关

1）复运进出境。其他暂时进境货物复运出境，其他暂时出境货物复运进境，进出口货物收、发货人或其代理人必须留存由海关签章的复运进出境的报关单，准备报核。

2）转为正式进出口。其他暂时进出境货物因特殊情况，改变特定的暂时进出境目的转为正式进出口，收发货人应当在货物复运出境、进境期限届满30个工作日前向主管地海关申请，经主管地直属海关批准后，按照规定提交有关许可证件，办理货物正式进口或者出口的报关纳税手续。

3）放弃。其他暂时进境货物在境内完成暂时进境的特定目的后，如货物所有人不准备将货物复运出境的，可以向海关声明将货物放弃，海关按放弃货物的有关规定处理。

4）不可抗力。因不可抗力的原因受损，无法原状复运出境、进境的，收发货人应当及时向主管地海关报告，可以凭有关部门出具的证明材料办理复运出境、进境手续；因不可抗力的原因灭失或者失去使用价值的，经海关核实后可以视为该货物已经复运出境、进境。因不可抗力以外其他原因灭失或者受损的，收发货人应当按照货物进出口的有关规定办理海关手续。

其他暂时进出境货物复运出境或进境，或者转为正式进口或出口，或者放弃后，收发货人向海关提交经海关签注的进出口货物报关单，或者处理放弃货物的有关单据，以及其他有关单证，申请报核。海关经审核，情况正常的，退还保证金或办理其他担保销案手续，予以结关。

第七节 其他进出境货物报关程序

一、退运货物报关程序

退运货物是指原出口货物或进口货物因各种原因造成退运进口或者退运出口的货物。退运货物包括一般退运货物和直接退运货物。

（一）一般退运货物

一般退运货物是指已办理申报手续且海关已放行出口或进口，因各种原因造成退运进口或退运出口的货物。

1．一般退运进口货物的海关手续

（1）报关

一般退运进口货物的报关分以下两种情况：

1）原出口货物已收汇。原出口货物退运进境时，若该批出口货物已收汇、已核销，原发货人或其代理人应填写进口货物报关单向进境地海关申报，并提供原货物出口时的出口货物报关单，现场海关应凭加盖有已核销专用章的“外汇核销单出口退税专用联”（正本），或税务部门出具的“出口商品退运已补税证明”，保险公司证明或承运人溢装、漏卸的证明等有关资料办理退运进口手续，同时签发一份进口货物报关单。

2）原出口货物未收汇。原出口货物退运进口时，若出口未收汇，原发货人或其代理人在办理退运手续时，提交原出口货物报关单、出口收汇核销单、报关单退税证明联向进口地海关申报退运进口，同时填制一份进口货物报关单；若出口货物部分退运进口，海关应在原出口货物报关单上批注退运的实际数量、金额后退回企业并留存复印件，海关核实无误后，验放有关货物进境。

（2）税收

因品质或者规格原因，出口货物自出口之日起1年内原状退货复运进境的，经海关核实后不予征收进口税，原出口时已经征收出口关税的，只要重新缴纳因出口而退还的国内环节税，自缴纳出口税款之日起1年内准予退还。

2．一般退运出口货物的海关手续

（1）报关

因故退运出口的进口货物，原收货人或其代理人应填写出口货物报关单申报出境，并提供原货物进口时的进口货物报关单、保险公司证明或承运人溢装、漏卸的证明等有关资料，经海关核实无误后，验放有关货物出境。

（2）税收

因品质或者规格原因，进口货物自进口之日起1年内原状退货复运出境的，经海关核实后可以免征出口关税，已征收的进口关税和进口环节海关代征税，自缴纳进口税款之日起 1年内准予退还。

（二）直接退运货物

直接退运货物是指在进境后、办结海关放行手续前，进口货物收发货人、原运输工具负责人或者其代理人（以下统称当事人）申请直接退运境外，或者海关根据国家有关规定责令直接退运境外的全部或者部分货物。

进口转关货物在进境地海关放行后，当事人申请办理退运手续的，不属于直接退运货物，应当按照一般退运货物办理退运手续。

1．当事人申请直接退运的货物

（1）范围

在货物进境后、办结海关放行手续前，有下列情形之一的，当事人可以向海关申请办理直接退运手续：

1）因国家贸易管理政策调整，收货人无法提供相关证件的；

2）属于错发、误卸或者溢卸货物，能够提供发货人或者承运人书面证明文书的；

3）收发货人双方协商一致同意退运，能够提供双方同意退运的书面证明文书的；

4）有关贸易发生纠纷，能够提供法院判决书、仲裁机构仲裁决定书或者无争议的有效货物所有权凭证的；

5）货物残损或者国家检验检疫不合格，能够提供国家检验检疫部门根据收货人申请而出具的相关检验证明文书的。

对在当事人申请直接退运前，海关已经确定查验或者认为有走私违规嫌疑的货物，不予办理直接退运，待查验或者案件处理完毕后，按照海关有关规定处理。

（2）报关程序

当事人向海关申请直接退运，应当按照海关要求提交“进口货物直接退运申请书”、证明进口实际情况的合同、发票、装箱清单、已报关货物的原报关单、提运单或者载货清单等相关单证、符合申请条件的相关证明文书以及海关要求当事人提供的其他文件。海关按行政许可程序受理或者不予受理，受理并批准直接退运的，制发“准予直接退运决定书”。

办理进口货物直接退运手续，应当按照《报关单填制规范》填制进出口货物报关单，并符合下列要求：

1）“标记唛码及备注”栏填写“准予直接退运决定书”编号；

2）“贸易方式”栏填写“直接退运”（代码4500）。

当事人办理进口货物直接退运的申报手续时，应当先填写出口货物报关单向海关申报，再填写进口货物报关单，并在进口货物报关单的“标记唛码及备注”栏填报关联报关单（出口报关单）号。

因进口货物收发货人或者承运人的责任造成货物错发、误卸或者溢卸，经海关批准直接退运的，当事人免予填制报关单，凭“准予直接退运决定书”向海关办理直接退运手续。

经海关批准直接退运的货物不需要交验进出口许可证或者其他监管证件，免予征收各种税费及滞报金，不列入海关统计。

对货物进境申报后经海关批准直接退运的，在办理进口货物直接退运出境申报手续前，海关应当将原进口货物报关单或者转关单数据予以撤销。

进口货物直接退运应当从原进境地口岸退运出境。对因运输原因需要改变运输方式或者由另一口岸退运出境的，应当经由原进境地海关批准后，以转关运输方式出境。

2．海关责令直接退运的货物

（1）范围

在货物进境后、办结海关放行手续前，有下列情形之一，依法应当退运的，由海关责令当事人将进口货物直接退运境外：

1）进口国家禁止进口的货物，经海关依法处理后的；

2）违反国家检验检疫政策法规，经国家检验检疫部门处理并且出具“检验检疫处理通知书”或者其他证明文书后的；

3）经许可擅自进口属于限制进口用做原料的固体废物，经海关依法处理后的；

4）违反国家有关法律、行政法规，应当责令直接退运的其他情形。

对需要责令进口货物直接退运的，由海关根据相关政府行政主管部门出具的证明文书，向当事人制发“中华人民共和国海关责令进口货物直接退运通知书”。

（2）报关程序

办理进口货物直接退运手续，应当按照报关单填制规范填制进出口货物报关单，并符合下列要求：

1）“标记唛码及备注”栏填写“责令直接退运通知书”编号；

2）“贸易方式”栏填写“直接退运”（代码4500）。

当事人办理进口货物直接退运的申报手续时，应当先填写出口货物报关单向海关申报，再填写进口货物报关单，并在进口货物报关单的“标记唛码及备注”栏填报关联报关单（出口报关单）号。

因进口货物收发货人或者承运人的责任造成货物错发、误卸或者溢卸，经海关责令直接退运的，当事人免予填制报关单，凭“责令直接退运通知书”向海关办理直接退运手续。

经海关责令直接退运的货物不需要交验进出口许可证或者其他监管证件；免予征收各种税费及滞报金，不列入海关统计。

进口货物直接退运应当从原进境地口岸退运出境。对因运输原因需要改变运输方式或者由另一口岸退运出境的，应当经由原进境地海关批准后，以转关运输方式出境。

二、货样、广告品报关程序

（一）概述

1. 含义

货样是指专供订货参考的进出口货物样品；广告品是指用以宣传有关商品的进出口广告宣传品。

2. 分类

有进出口经营权的企业价购或售出货样、广告品为货样广告品A；没有进出口经营权的企业（单位）进出口以及免费提供进出口的货样、广告品为货样广告品B。

（二）报关程序

进出口货样、广告品的报关程序除暂时进出境的货样、广告品外只有进出口报关阶段的4个环节，即申报、配合查验、缴纳税费、提取或装运货物。其要点如下：

1. 证件管理

（1）有进出口经营权的企业，在其经营范围内进口非许可证件管理的货样、广告品（不论价购、价售或免费提供），凭经营权，向海关申报。

没有进出口经营权的单位进口数量合理且价值在人民币1 000元以下的非许可证件管理的货样、广告品，凭其主管司局级以上单位证明向海关申报。数量不合理或价值在人民币1 000元以上的，凭省级商务主管部门的审批证件向海关申报。

（2）进口属于许可证管理的货样、广告品，凭进口许可证向海关申报。

（3）进口货样、广告品属自动进口许可管理的机电产品和一般商品，每批次价值人民币

5 000 元以下免领自动进口许可证。进口的货样、广告品属旧机电产品，需按程序审批并按有关旧机电产品进口的规定申报。

（4）出口货样每批次货值人民币 3 万以下免领出口许可证；运出境外的两用物项和技术的货样或实验用样品，按规定办理两用物项和技术出口许可证，凭两用物项和技术出口许可证向海关申报。

（5）列入《法检目录》范围内的进出口货样、广告品，凭货物报关地出入境检验检疫局签发的出入境货物通关单向海关申报。

2．税收管理

进出口货样、广告品，除法定减免税外，一律照章征税。

三、租赁货物报关程序

（一）概述

1．含义

租赁是指所有权和使用权之间的一种借贷关系，即由资产所有者（出租人）按契约规定，将租赁物件租给使用人（承租人），使用人在规定期限内支付租金并享有租赁物件使用权的一种经济行为。跨越国（地区）境的租赁就是国际租赁，而以国际租赁方式进出境的货物，即为租赁进出口货物。

以下介绍的主要是租赁进口货物。

2．范围

国际租赁大体上有两种，一种是金融租赁，带有融资性质；一种是经营租赁，带有服务性质。因此租赁进口货物包含金融租赁进口货物和经营租赁进口货物两类。

金融租赁进口货物一般是不复运出境的，租赁期满，以很低的名义价格转让给承租人，承租人按合同规定分期支付租金，租金的总额一般都大于货价；经营租赁进口的货物一般是暂时性质的，按合同规定的期限复运出境，承租人按合同规定支付租金，租金总额一般都小于货价。

（二）报关程序

根据《关税条例》的规定，租赁进口货物的纳税义务人对租赁进口货物应当按照海关审查确定的租金作为完税价格缴纳进口税款，租金分期支付的可以选择一次性缴纳税款或者分期缴纳税款。选择一次性缴纳税款的可以按照海关审查确定的货物的价格作为完税价格，也可以按照海关审查确定的租金总额作为完税价格。

租赁进口货物的报关程序显然要根据纳税义务人对缴纳税款的完税价格的选择来决定。

1．金融租赁进口货物的报关程序

金融租赁进口货物由于租金大于货价，纳税义务人会选择一次性按货价缴纳税款或者选择按租金分期缴纳税款，不可能选择一次性按租金的总额缴纳税款。这样，金融租赁进口货物的报关就可能出现下面两种情况：

（1）按货物的完税价格缴纳税款

收货人或其代理人在租赁货物进口时应当向海关提供租赁合同，按进口货物的实际价格向海关申报，提供相关的进口许可证件和其他单证，按海关审查确定的货物完税价格计算税款数额缴纳进口关税和进口环节海关代征税。

海关现场放行后不再对货物进行监管。

（2）按租金分期缴纳税款

收货人或其代理人在租赁货物进口时应当向海关提供租赁合同，按照第一期应当支付的租金和按照货物的实际价格分别填制报关单向海关申报，提供相关的进口许可证件和其他单证，按海关审查确定的第一期租金的完税价格计算税款数额缴纳进口关税和进口环节海关代征税，海关按照货物的实际价格统计。

海关现场放行后，对货物继续进行监管。纳税义务人在每次支付租金后的 15 日内（含第 15 日）按支付租金额向海关申报，并缴纳相应的进口关税和进口环节海关代征税，直到最后一期租金支付完毕。

需要后续监管的金融租赁进口货物租期届满之日起 30 日内，纳税义务人应当申请办结海关手续，将租赁进口货物退运出境，如不退运出境，以残值转让，则应当按照转让的价格审查确定完税价格计征进口关税和进口环节海关代征税。

2．经营租赁进口货物的报关程序

经营租赁进口货物由于租金小于货价，货物在租赁期满应当返还出境，纳税义务人只会选择按租金缴纳税款，不会选择按货物的实际价格缴纳税款。因此经营租赁进口货物的报关程序只有下面这一种：

收货人或其代理人在租赁货物进口时应当向海关提供租赁合同，按照第一期应当支付的租金或者租金总额和按照货物的实际价格分别填制报关单向海关申报，提供相关的进口许可证件和其他报关单证，按海关审查确定的第一期租金或租金总额的完税价格计算税款数额，缴纳进口关税和进口代征税，海关按照货物的实际价格统计。

海关现场放行后，对货物继续进行监管。

分期缴纳税款的，纳税义务人在每次支付租金后的15日内（含第15日）按支付租金额向海关申报，提供报关单证，并缴纳相应的进口关税和进口环节海关代征税，直到最后一期租金支付完毕。

经营租赁进口货物租期届满之日起 30 日内，纳税义务人应当申请办结海关手续，将租赁进口货物复运出境或者办理留购、续租的申报纳税手续。

四、加工贸易不作价设备报关程序

（一）概述

1．含义

加工贸易不作价设备是指与加工贸易经营企业开展加工贸易（包括来料加工、进料加工及外商投资企业履行产品出口合同）的境外厂商，免费（不需境内加工贸易经营企业付汇，也不需要加工费或差价偿还）向经营单位提供的加工生产所需设备。

加工贸易进口设备必须是不作价的，可以是由境外厂商免费提供，也可以是向境外厂商免费借用（临时进口不超过半年的单件的模具、机器除外），进口设备的一方不能以任何方式、任何途径，包括用加工费扣付、出口产品减价等方式来偿付提供设备的一方设备价款或租金。

2．范围

加工贸易境外厂商免费提供的不作价设备，如果属于国家禁止进口商品和《外商投资项目不予免税的进口商品目录》所列商品，加工贸易企业可以向海关提出加工贸易不作价设备免税进口的申请。

3．特征

加工贸易不作价设备与报税加工货物进境后虽然都用于加工贸易生产，但有明显的区别，主要区别在于：前者是加工贸易生产设备，进境后使用时一般不改变形态，国家政策不强调复运出境；后者是加工贸易生产料件，进境后使用时一般改变形态，国家政策强调加工后复运出境。

加工贸易不作价设备与特定减免税设备都是免税进境的生产设备，但在海关管理上有明显的区别：前者按保税货物管理，后者按特定减免税货物管理。

加工贸易不作价设备与保税加工货物、特定减免税货物一样，在进口放行后需要进行监管。

（二）程序

加工贸易不作价设备的报关程序，与保税货物、特定减免税货物的报关程序一样，包括备案、进口、核销 3 个阶段。

1．备案

加工贸易不作价设备的备案合同应当是订有加工贸易不作价设备条款的加工贸易合同或者加工贸易协议，单独的进口设备合同不能办理加工贸易不作价设备的合同备案。

加工贸易设备备案的加工贸易经营企业应当符合下列条件之一：

（1）设立独立专门从事加工贸易（不从事内销产品加工生产）的工厂或车间，并且不作价设备仅限在该工厂或车间使用。

（2）对未设立独立专门从事加工贸易的工厂或车间、以现有加工生产能力为基础开展加工贸易的项目，使用不作价设备的加工生产企业，在加工贸易合同（协议）期限内，其每年加工产品必须是 70%以上属出口产品。

加工贸易不作价设备的备案手续如下：

（1）凭商务主管部门批准的加工贸易合同（协议）和批准件及“加工贸易不作价设备申请备案清单”到加工贸易合同备案地主管海关办理合同备案申请手续。

（2）主管海关根据加工贸易合同（协议）、批准件和“加工贸易不作价设备申请备案清单”及其他有关单证，对照《外商投资项目不予免税的进口商品目录》，审核准予备案后，核发登记手册。

海关核发的加工贸易登记手册有效期一般为 1 年，1 年到期前，加工贸易经营企业向海关提出延期申请。

加工贸易不作价设备不纳入加工贸易银行保证金台账管理的范围，因此不需要设立台账。

海关可以根据情况对加工贸易不作价设备收取相当于进口设备应纳进口关税和进口环节海关代征税税款金额的保证金或者银行或非银行金融机构的保证函。

不在加工贸易合同或者协议里订明的单独进口的不作价设备及其零配件、零部件不予备案。

2．进口

企业凭登记手册向口岸海关办理进口报关手续，口岸海关凭登记手册验收。

加工贸易不作价设备，除国家另有规定的外，进境时免进口关税，不免进口环节增值税，如有涉及进口许可证件管理的，可免交进口许可证件。

加工贸易不作价设备进口申报时，报关单的“贸易方式”栏填“不作价设备”（代码0320）。

对临时进口（期限在6个月以内）加工贸易生产所需的不作价模具、单台设备，按暂时进境货物办理进口手续。

3．核销

加工贸易不作价设备自进口之日起至按海关规定解除监管止，属海关监管货物，企业应按海关的规定保管、使用。加工贸易不作价设备的海关监管期限是根据特定减免税货物的海关监管期限来规定的。加工贸易不作价设备海关监管期限一般是5年。

申请解除海关监管有两种情况：

（1）监管期限未满，企业申请提前解除监管，主要有5种情况：

1）结转。加工贸易不作价设备在享受同等待遇的不同企业之间结转，以及加工贸易不作价设备转为减免税设备，转入和转出企业分别填制进、出口货物报关单，报关单“贸易方式”栏根据报关企业所持加工贸易登记手册或征免税证明，分别选择填报“加工贸易设备结转”、“减免税设备结转”；报关单“备案号”栏分别填报加工贸易登记手册编号、征免税证明编号或为空；报关单其他栏目按现行《报关单填制规范》关于结转货物的要求填报。

2）转让。转让给不能享受减免税优惠或者不能进口加工贸易不作价设备的企业，必须由原备案加工贸易合同或者协议的商务主管部门审批，并按照规定办理进口海关手续，填制进口货物报关单，提供相关的许可证件，按照以下计算公式确定完税价格缴纳进口关税：

$$转让设备进口完税价格（CIF）\times\{1-[按加工贸易不作价设备规定条件使用月数\div（5\times12）]\}$$

不足15天的，不计月数，超过或者等于15天的作为1个月计算。

3）留用。监管期未满本企业移作他用或者虽未满监管期但加工贸易合同已经履约本企业留用的，必须由原备案加工贸易合同或者协议的商务主管部门审批，并按照规定办理进口海关手续，填制进口货物报关单，提供相关的许可证件，按照上述计算公式确定完税价格缴纳进口关税。

4）修理、替换。进境加工贸易不作价设备需要出境修理或者由于质量或规格不符需要出境替换的，可以使用加工贸易不作价设备登记手册申报出境和进境，也可以按照出境修理货物或者无代价抵偿货物办理海关进出境手续。

5）退运。监管期内退运应当由原备案加工贸易合同或者协议的商务主管部门审批，凭批准件和加工贸易不作价登记手册到海关办理退运出境的海关手续。

（2）监管期满

加工贸易不作价设备5年监管期满，如不退运出境，可以留用，也可以向海关申请放弃。

① 留用。监管期限已满的不作价设备，要求留着境内继续使用，企业可以向海关申请解除监管，也可以自动解除海关监管。

② 放弃。监管期满既不退运也不留用的加工贸易不作价设备，可以向海关申请放弃，海关比照放弃货物办理有关手续。放弃货物要填制进口货物报关单。

五、无代价抵偿货物报关程序

（一）概述

1．含义

无代价抵偿货物是指进出口货物在海关放行后，因残损、短少、品质不良或者规格不符，由进出口货物的发货人、承运人或者保险公司免费补偿或者更换的与原货物相同或者与合同规定相符的货物。

收发货人申报进出口的无代价抵偿货物，与退运出境或者退运进境的原货物不完全相同或者与合同规定不完全相符的，经收发货人说明理由，海关审核认为理由正当且税则号列未发生改变的，仍属于无代价抵偿货物范围。

收发货人申报进出口的免费补偿或者更换的货物，其税则号列与原进出口货物的税则号列不一致的，不属于无代价抵偿货物范围，属于一般进出口货物范围。

2．特征

无代价抵偿货物海关监管的基本特征如下：

（1）进出口无代价抵偿货物免予交验进出口许可证件。

（2）进口无代价抵偿货物，不征收进口关税和进口环节海关代征税；出口无代价抵偿货物，不征收出口关税。但是进出口与原货物或合同规定不完全相符的无代价抵偿货物，应当按规定计算与原进出口货物的税款差额，高出原征收税款数额的应当征收超出部分的税款，低于原征收税款，原进出口货物的发货人、承运人或者保险公司同时补偿货款的，应当退还补偿货款部分的税款，未补偿货款的，不予退还。

（3）现场放行后，海关不再按照无代价抵偿货物进行监管。

（二）报关程序

无代价抵偿大体上可以分为两种，一种是短少抵偿，一种是残损、品质不良或规格不符抵偿。对两种抵偿引起的两类进出口无代价抵偿货物在报关程序上有所区别。

1．残损、品质不良或规格不符引起的无代价抵偿货物进出口海关手续

残损、品质不良或规格不符引起的无代价抵偿货物，进出口前应当先办理被更换的原进出口货物中残损、品质不良或规格不符货物的有关海关手续。

（1）原进口货物退运出境，以及原出口货物退运进境。

原进口货物的收货人或其代理人应当办理被更换的原进口货物中残损、品质不良或规格不符货物的退运出境的报关手续。被更换的原进口货物退运出境时不征收出口关税。

原出口货物的发货人或其代理人应当办理被更换的原出口货物中残损、品质不良或规格不符货物的退运进境的报关手续。被更换的原出口货物退运进境时不征收进口关税和进口环节海关代征税。

（2）原进口货物不退运出境，放弃交由海关处理。

被更换的原进口货物中残损、品质不良或规格不符货物不退运出境，但原进口货物的收货人愿意放弃，交由海关处理的，海关应当依法处理并向收货人提供依据，凭以申报进口无代价抵偿货物。

（3）原进口货物不退运出境，也不放弃，以及原出口货物不退运进境。

被更换的原进口货物中残损、品质不良或规格不符货物不退运出境且不放弃交由海关处理的，原进口货物的收货人应当按照海关接受无代价抵偿货物申报进口之日适用的有关规定申报进口。并按照海关对原进口货物重新估定的价格计算的税额缴纳进口关税和进口环节海关代征税，属于许可证件管理的商品还应当交验相应的许可证件。

被更换的原出口货物中残损、品质不良或规格不符货物不退运进境，原出口货物的发货人应当按照海关接受无代价抵偿货物申报出口之日适用的有关规定申报出口，并按照海关对原出口货物重新估定的价格计算的税额缴纳出口关税，属于许可证件管理的商品还应当交验相应的许可证件。

2．向海关申报办理无代价抵偿货物进出口手续的期限

向海关申报进出口无代价抵偿货物应当在原进出口合同规定的索赔期内，而且不超过原货物进出口之日起3年。

3．无代价抵偿货物报关应当提供的单证

收发货人向海关申报无代价抵偿货物进出口时除应当填制报关单和提供基本单证外，还应当提供其他特殊单证。

（1）进口申报需要提交的特殊单证：

1）原进口货物报关单；

2）原进口货物退运出境的出口货物报关单，或者原进口货物交由海关处理的货物放弃处理证明，或者已经办理纳税手续的单证（短少抵偿的除外）；

3）原进口货物税款缴纳书或者进出口货物征免税证明；

4）买卖双方签订的索赔协议。

海关认为需要时，纳税义务人还应当提交具有资质的商品检验机构出具的原进口货物残损、短少、品质不良或者规格不符的检验证明书或者其他有关证明文件。

（2）出口申报需要提交的特殊单证：

1）原出口货物报关单；

2）原出口货物退运进境的进口货物报关单或者已经办理纳税手续的单证 （短少抵偿的除外）；

3）原出口货物税款缴纳书；

4）买卖双方签订的索赔协议。

海关认为需要时，纳税义务人还应当提交具有资质的商品检验机构出具的原出口货物残损、短少、品质不良或者规格不符的检验证明书或者其他有关证明文件。

六、进出境修理货物报关程序

（一）概述

1. 含义

进境修理货物是指运进境进行维护修理后复运出境的机械器具、运输工具或者其他货物以及为维修这些货物需要进口的原材料、零部件。出境修理货物是指运出境进行维护修理后复运进境的机械器具、运输工具或者其他货物以及为维修这些货物需要出口的原材料、零部件。

进境修理包括原出口货物运进境修理和其他货物运进境修理。出境修理包括原进口货物运出境修理和其他货物运出境修理。

原进口货物出境修理包括原进口货物在保修期内运出境修理和原进口货物在保修期外运出境修理。

2. 特征

进出境修理货物的海关监管特征如下：

（1）进境维修货物免予缴纳进口关税和进口环节海关代征税，但要向海关提供担保，并接受海关后续监管。对于一些进境维修的货物，也可以申请按照保税货物办理进境手续。

（2）出境修理货物进境时，在保修期内并由境外免费维修的，可以免征进口关税和进口环节海关代征税；在保修期外或者在保修期内境外收取维修费用的，应当按照境外修理费和材料费审定完税价格计征进口关税和进口环节海关代征税。

（3）进出境修理货物免予交验许可证件。

（二）报关程序

1. 进境修理货物

货物进境后，收货人或其代理人持维修合同或者含有保修条款的原出口合同及申报进口需要的所有单证办理货物进口申报手续，并提供进口税款担保。

货物进口后在境内维修的期限为进口之日起 6 个月，可以申请延长，延长的期限最长不超过 6 个月。在境内维修期间受海关监管。

修理货物复出境申报时应当提供原修理货物进口申报时的报关单（留存联或复印件）。

修理货物复出境后应当申请销案，正常销案的，海关应当退还保证金或撤销担保。未复出境部分货物应当办理进口申报纳税手续。

2. 出境修理货物

发货人在货物出境时，向海关提交维修合同或含有保修条款的原进口合同以及申报出口需要的所有单证，办理出境申报手续。

货物出境后，在境外维修的期限为出境之日起 6 个月，可以申请延长，延长的期限最长不超过 6 个月。

货物复运进境时应当向海关申报在境外实际支付的修理费和材料费，由海关审查确定完税价格，计征进口关税和进口环节海关代征税。

超过海关规定期限复运进境的，海关按一般进口货物计征进口关税和进口环节海关代征税。

七、集装箱箱体报关程序

（一）范围

集装箱箱体既是一种运输设备，又是一种货物。当货物用集装箱装载进出口时，集装箱箱体就作为一种运输设备；当一个企业购买进口或销售出口集装箱时，集装箱箱体就是普通的进出口货物。

集装箱箱体作为货物进出口是一次性的，而在通常情况下，是作为运输设备暂时进出境的。这里介绍的是后一种情况。

（二）报关程序

暂时进出境的集装箱箱体报关有以下两种情况：

1．境内生产的集装箱及我国营运人购买进口的集装箱在投入国际运输前，营运人应当向其所在地海关办理登记手续。

海关准予登记并符合规定的集装箱箱体，无论是否装载货物，海关准予暂时进境和异地出境，营运人或其代理人无须对箱体单独向海关办理报关手续，进出境时也不受规定的期限限制。

2．境外集装箱箱体暂准进境，无论是否装载货物，承运人或其代理人应当向海关申报，并应当于入境之日起6个月内复运出境。如因特殊情况不能按期复运出境的，营运人应当向暂准进境地海关提出延期申请，经海关核准后可以延期，但延长期最长不得超过3个月，逾期应按规定向海关办理进口报关纳税手续。

八、出料加工货物报关程序

（一）概述

1．含义

出料加工货物是指我国境内企业运到境外进行技术加工后复运进境的货物。

2．原则

出料加工的目的是为了借助国外先进的加工技术提高产品的质量和档次，因此只有在国内现有的技术手段无法或难以达到产品质量要求而必须运到境外进行某项工序加工的情况下，才可开展出料加工业务。

出料加工原则上不能改变原出口货物的物理形态。对完全改变原出口货物物理形态的出境加工，属于一般出口。

3．管理

出料加工货物自运出境之日起6个月内应当复运进境；因正当理由不能在海关规定期限

内将出料加工货物复运进境的，应当在到期之前书面向海关说明情况，申请延期。经海关批准可以延期，延长的期限最长不得超过 3 个月。

（二）报关程序

1．备案

开展出料加工的经营企业应当到主管海关办理出料加工合同的备案申请手续。海关根据出料加工的有关规定审核决定是否受理备案，受理备案的应当核发“出料加工手册”。

2．进出口报关

（1）出境申报

出料加工货物出境，发货人或其代理人应当向海关提交手册、出口货物报关单、货运单据及其他海关需要的单证申报出口，属许可证件管理的商品，免交许可证件；属征出口税的，应提供担保。

为实现有效监管，海关可以对出料加工出口货物附加标志、标记或留取货样。

（2）进境申报

出料加工货物复运进口，收货人或其代理人应当向海关提交手册、进口货物报关单、货运单据及其他海关需要的单证申报进口，海关对出料加工复进口货物以境外加工费、材料费、复运进境的运输及其相关费用和保险费审查确定完税价格征收进口关税和进口环节海关代征税。

3．核销

出料加工货物全部复运进境后，经营人应当向海关报核，海关进行核销，提供担保的，应当退还保证金或者撤销担保。

出料加工货物未按海关允许期限复运进境的，海关按照一般进出口货物办理，将货物出境时收取的税款担保金转为税款，货物进境时按一般进口货物征收进口关税和进口环节海关代征税。

九、过境、转运、通运货物报关程序

（一）过境货物

1．概述

（1）含义

过境货物是指从境外起运，在我国境内不论是否换装运输工具，通过陆路运输，继续运往境外的货物。

（2）范围

下列货物准予过境：

① 与我国签有过境货物协定的国家的过境货物；

② 在同我国签有铁路联运协定的国家收、发货的过境货物；

③ 未与我国签有过境货物协定但经国家商务、运输主管部门批准，并向入境地海关备案后准予过境的货物。

下列货物禁止过境：

① 来自或运往我国停止或禁止贸易的国家和地区的货物；

② 各种武器、弹药、爆炸品及军需品（通过军事途径运输的除外）；

③ 各种烈性毒药、麻醉品和鸦片、吗啡、海洛因、可卡因等毒品；

④ 我国法律、法规禁止过境的其他货物、物品。

（3）管理

海关对过境货物监管的目的是为了防止过境货物在我国境内运输过程中滞留在国内，或将我国货物混入过境货物随运出境，防止禁止过境货物从我国过境。

过境货物经营人应当按下列要求开展相关业务：

① 过境货物经营人应当持主管部门的批准文件和工商行政管理部门颁发的营业执照，向海关主管部门申请办理注册登记手续。

② 装载过境货物的运输工具，应当具有海关认可的加封条件或装置，海关认为必要时，可以对过境货物及其装载装置进行加封。

③ 运输部门和过境货物经营人应当负责保护海关封志的完整，任何人不得擅自开启或损毁。

④ 运输部门和过境货物经营人应当按海关规定提供担保。

对过境货物管理的其他规定如下：

① 民用爆炸品、医用麻醉品等的过境运输，应经海关总署商有关部门批准后，方可过境。

② 有伪报货名和国别，借以运输我国禁止过境货物的，以及其他违反我国法律、行政法规的，海关可依法将货物扣留处理。

③ 海关可以对过境货物实施查验，海关在查验过境货物时，经营人或承运人应当到场，负责搬移货物，开拆、封装货物。

④ 过境货物在境内发生损毁或者灭失的（不可抗力原因造成的除外），经营人应当负责向出境地海关补办进口纳税手续。

2．报关程序

（1）进出口报关

1）进境报关。过境货物进境时，过境货物经营人或报关企业应当向海关递交过境货物报关单和运单、转载清单、载货清单，以及发票、装箱清单等，办理过境手续。

过境货物经进境地海关审核无误后，进境地海关在提运单上加盖“海关监管货物”戳记，并将过境货物报关单和过境货物清单制作“关封”后加盖“海关监管货物”专用章，连同上述提运单一并交经营人或报关企业。

过境货物经营人或承运人应当负责将上述单证及时交出境地海关验核。

2）出境报关。过境货物出境时，过境货物经营人或报关企业应当及时向出境地海关申报，并递交进境地海关签发的“关封”和其他单证。

出境地海关审核有关单证：关封和货物，确认无误后，加盖放行章，监管货物出境。

（2）过境期限

过境货物的过境期限为6个月，因特殊原因，可以向海关申请延期，经海关同意后，最长可延期3个月。

过境货物超过规定期限3个月仍未过境的，海关按规定依法提取变卖，变卖后的货款按有关规定处理。

（3）在境内暂存和运输

关于过境货物在境内暂存和运输有以下规定：

① 过境货物进境后因换装运输工具等原因需卸下储存时，应当经海关批准并在海关监管下存入海关指定或同意的仓库或场所。

② 过境货物在进境以后、出境以前，应当按照运输主管部门规定的路线运输，运输部门没有规定的，由海关指定。

③ 海关可根据情况派员押运过境货物运输。

（二）转运货物

1. 概述

（1）含义

转运货物是指由境外起运，通过我国境内设立海关的地点换装运输工具，不通过境内陆路运输，继续运往境外的货物。

（2）范围

进境运输工具载运的货物具备下列条件之一的，可以办理转运手续：

① 持有转运或联运提货单的；

② 进口载货清单上注明是转运货物的；

③ 持有普通提货单，但在卸货前向海关声明转运的；

④ 误卸下的进口货物，经运输工具经理人提供确实证件的；

⑤ 因特殊原因申请转运，获海关批准的。

（3）管理

海关对转运货物实施监管的主要目的在于防止货物在口岸换装过程中误进口或误出口。

海关对转运货物有以下监管规定：

① 外国转运货物在中国口岸存放期间，不得开拆、改换包装或进行加工；

② 转运货物必须在 3 个月之内办理海关有关手续并转运出境，超出规定期限 3 个月仍未转运出境或办理其他海关手续的，海关将提取依法变卖处理；

③ 海关对转运的外国货物有权进行查验。

2. 报关程序

转运货物的报关程序如下：

（1）载有转运货物的运输工具进境后，承运人应当在进口载货清单上列明转运货物的名称、数量、起运地和到达地，并向主管海关申报进境。

（2）申报经海关同意后，在海关指定的地点换装运输工具。

（3）在规定时间内运送出境。

（三）通运货物

1. 含义

通运货物是指从境外起运，不通过我国境内陆路运输，运进境后由原运输工具载运出境的货物。

2．报关程序

通运货物的报关程序如下：

（1）运输工具进境时，运输工具的负责人应凭注明通运货物名称和数量的“船舶进口报告书”或国际民航机使用的“进口载货舱单”向进境地海关申报。

（2）进境地海关在接受申报后，在运输工具抵、离境时对申报的货物予以核查，并监管货物实际离境。

运输工具因装卸货物需搬运或倒装货物时，应向海关申请并在海关的监管下进行。

第八节 特殊报关程序

一、转关申报

（一）概述

转关货物包括进口转关、出口转关和境内转关。

（1）进口转关，是指由进境地入境，向海关申请转关、运往另一设关地点办理进口海关手续的货物。

（2）出口转关，是指在起运地已办理出口海关手续运往出境地，由出境地海关监管放行的货物。

（3）境内转关，是指从境内一个设关地点运往境内另一个设关地点，需经海关监管的货物。

进境地，是指货物进入关境的口岸。

出境地，是指货物离开关境的口岸。

指运地，是指进口转关货物运抵报关的地点。

起运地，是指出口转关货物报关发运的地点。

转关货物是海关监管货物，进出口货物均可办理转关手续。海关对进出口转关货物施加海关封志。

转关货物应由已在海关注册登记的承运人承运。海关对转关限定路线范围，限定途中运输时间，承运人应当按海关要求将货物运抵指定的场所。

海关根据工作需要，可以派员押运转关货物，货物收发货人或其代理人、承运人应当按规定向海关缴纳规费，并提供方便。

转关货物的指运地或起运地区应当设有经海关批准的监管场所。转关货物的存放、装卸、查验应在海关监管场所内进行。特殊情况需要在海关监管场所以外存放、装卸、查验货物的，应向海关事先提出申请，海关按规定监管。

海关对转关货物的查验，由指运地或起运地海关实施。进、出境地海关认为必要时也可查验或者复验。

转关货物未经海关许可，不得开拆、提取、交付、发运、调换、改装、抵押、质押、留置、转让、更换标记、移作他用或者进行其他处置。

（二）转关方式

转关货物的收发货人或代理人，可采取以下三种方式办理转关手续；

（1）在指运地或起运地海关以提前报关方式办理；

（2）在进境地或起运地海关以直接填报转关货物申报单的直接方式办理；

（3）以由境内承运人或其代理人统一向进境地或起运地海关申报的中转方式办理。

从一个设关地运往另一个设关地的海关监管货物，除另有规定外，应按进口转关方式监管。

转关货物申报的电子数据与书面单证具有同等的法律效力。

（三）进口转关货物监管

转关货物应当自运输工具申报进境之日起 14 天内向进境地海关办理转关手续，在海关限定期限内运抵指运地海关之日起 14 天内，向指运地海关办理报送手续。逾期按规定征收滞报金。

进口转关货物，按货物到达指运地海关之日的税率和汇率征税。提前报关的，其适用的税率和汇率是指运地海关接收到进境地海关传输的转关放行信息之日的税率和汇率。如货物运输途中税率和汇率发生重大调整的，以转关货物运抵指运地海关之日的税率和汇率计算。

1．提前报关转关

进口货物收货人或其代理人在进境地海关办理进口货物转关手续前，向指运地海关录入《进口货物报关单》电子数据，指运地海关提前受理电子申报，货物运抵指运地海关监管场所后，办理转关核销和接单验放等手续。

提前报关的转关货物，其收货人或代理人向指运地海关填报录入《进口货物报关单》后，计算机自动生成《进口转关货物申报单》并传输至进境地海关。

提前报关的转关货物收货人或代理人，应向进境地海关提供《进口转关货物申报单》编号，并提交下列单证办理转关手续。

（1）《进口转关货物核放单》；广东省内公路运输的，交验《进境汽车载货清单》；

（2）《中华人民共和国海关境内汽车载运海关监管货物载货登记簿》（以下简称《汽车载货登记簿》）或《船舶监管簿》；

（3）提货单。

提前报关的进口转关货物应在电子数据申报之日起的 5 日内，向进境地海关办理转关手续。超过期限仍未到进境地海关办理转关手续的，指运地海关撤销提前报关的电子数据。

2．直转转关

货物收货人或代理人在进境地录入转关申报数据，直接办理转关手续。

直转的转关货物，货物收货人或代理人应持以下单证向进境地海关办理转关手续：

（1）《进口转关货物申报表》；广东省内公路运输的，交验《进境汽车载货清单》；

（2）《汽车载货登记簿》或《船舶监管簿》。

3．中转的转关

具有全程提运单、需换装境内运输工具的中转转关货物，收货人或其代理人向指运地海关办理进口报送手续后，由境内承运人或其代理人，批量办理货物转关手续。

中转的转关货物，运输工具代理人应持以下单证向进境地海关办理转关手续：

（1）《进口转关货物申报单》；

（2）《进口货物中转通知书》；

（3）进口中转货物的按指运地目的港分列的纸质舱单；

以空运方式进境的中转货物，提交联程运单。

（四）出口转关货物的监管

1．出口提前报关转关

由货物发货人或其代理人在货物未运抵起运地海关监管场所前，向起运地海关填报录入《出口货物报关单》电子数据，起运地海关提前受理电子申报。货物应于电子数据申报之日起5日内，运抵起运地海关监管场所，办理转关和验放等手续。超过期限的，起运地海关撤销提前报关的电子数据。

2．出口直转转关

由货物发货人或其代理人在货物运抵起运地海关监管场所后，向起运地海关填报录入《出口货物报关单》电子数据，起运地海关受理电子申报，办理转关和验放等手续。

提前报关和直转的出口转关货物，其发货人或代理人应在起运地填报录入《出口货物报关单》，在起运地海关办理出口通关手续后，计算机处自动生成《出口转关货物申报单》数据，传送至出境地海关。

提前报关和直转的出口转关货物发货人或代理人应持以下单证在起运地海关办理出口转关手续：

（1）《出口货物报关单》；

（2）《汽车载货登记簿》或《船舶监管簿》；

（3）广东省内公路运输的，还应递交《出境汽车载货清单》。

提前报关和直转的出口转关货物到达出境地后，发货人或代理人应持《汽车载货登记簿》或《船舶监管簿》和起运地海关签发的《出口货物报关单》和《出口转关货物申报单》或《出境汽车载货清单》（广东省内公路运输），向出境地海关办理转关货物的出境手续。

3．出口中转转关

具有全程提运单、需换装境内运输工具的出口中转货物，发货人向起运地海关办理出口报送手续后，由承运人或其代理人按出境运输工具分列舱单，批量办理货物转关手续。

出口中转货物，其发货人或代理人向起运地海关办理出口通关手续后，运输工具代理人向起运地海关录入并提交下列单证：

（1）《出口转关货物申报单》；

（2）按出境运输工具分列的电子或纸质舱单；

（3）《汽车载货登记簿》或《船舶监管簿》。

经起运地海关核准后，签发《出口货物中转通知书》。出境地海关验核上述单证，办理中转货物的出境手续。

对需运抵出境地后才能确定出境运输工具，或原定的运输工具名称、航班（次）、提单号发生变化的，可在出境地补录或修改相关数据，办理出境手续。

（五）核销

进口转关货物在运抵指运地海关监管场所后，指运地海关方可办理转关核销。

对于进口大宗散装转关货物分批运输的，在第一批货物运抵指运地海关监管场所后，指运地海关办理整批货物的转关核销手续，发货人或代理人同时办理整批货物的进口报关手续。指运地海关按规定办理余下货物的验放。最后一批货物到齐后，指运地海关完成整批货物核销。

出口转关货物在运抵出境地海关监管场所后，出境地海关方可办理转关核销。货物实际离境后，出境地海关核销清洁舱单并反馈起运地海关，起运地海关凭以签发有关报关单证明联。

转关工具未办结转关核销的，不得再次承运转关货物。

二、属地申报，口岸验放

（一）概述

“属地申报，口岸验放”，是指符合海关规定条件的守法水平较高的AA类及A类企业，在其货物进出口时，可自主选择向其属地海关申报，在货物实际进出境地的口岸海关办理货物验放手续的一种通关方式。

企业所在地直属海关负责确定适用“属地申报，口岸验放”方式的企业名单，并承担对这些企业的完全管理责任。

海关对适用“属地申报，口岸验放”方式企业的进出口货物，无走私违规嫌疑的，一般不实施查验，但属地海关要设定随机查验比率进行抽查。随机查验比率由属地的直属海关和口岸的直属海关协商一致后确定。

适用企业参数数据库和随机查验比率的维护由属地的直属海关监管职能部门负责。

对因海关规定或国家进出口许可证件管理，须在属地或口岸进行申报并办理验放手续的进出口货物，暂不适用于“属地申报，口岸验放”通关方式。

注：“进出口许可证件”不包括“入（出）境货物通关单”。

（二）属地海关和口岸海关的职责分工

1. 属地海关职责

负责按照《海关通关作业审单操作规范》实施报关单电子数据审核；

负责维护管理企业参数数据库以及随机查验比率；

办理纸质报关单证审核、税费征收、海关统计、查验布控、报关单证明联签发等，承担单单相符及单机相符的责任；

办理报关单修改或撤销以及海关估价、退补税等；

承担在接单环节中发现的有走私违规嫌疑情事的移交；

办理按进口转关运输方式监管至属地实施查验的货物的验放手续；

承担相关单证的传输，保证数据的正确；

核注口岸进口舱单电子数据，并可办理出口清洁舱单核销手续；

承担相关报关单证的理单归档管理；

负责实施企业守法管理，对所在地企业实施稽查。

2. 口岸海关职责

承担口岸物流监控和舱单管理；

办理货物放行或将进口货物转关至属地海关办理查验手续；

原则上凭报关单电子数据实施查验，不能满足作业要求的，联络属地海关传输相关随附单证；

根据随机布控查验要求实施查验；

承担口岸查验环节中查获的有走私违规嫌疑情事的移交；

根据属地海关授权，修改相关报关单电子数据；

负责对需在口岸才能办理的报关单证（例如“通关单”）的验核、理单归档管理；

承担相关单证的传输，保证数据的正确；

办理进口舱单和出口清洁舱单的核销手续。

（三）进口通关作业

运输工具进境前（时），在海关规定的时间内，运输工具负责人或其代理人向口岸海关传输进口舱单电子数据。口岸海关接受舱单数据并确认后，将有关内容进行网上公布。

进口货物的收货人或其代理人在口岸海关接受进口舱单数据申报后（海关另有规定的除外），即可选择“属地申报、口岸验放”方式，录入《进口货物报关单》电子数据，向属地海关进行申报。

属地海关按现行规程进行集中审单、接单审核/征收税费、选择查验作业和海关统计。其中，进口货物到达口岸前，属地海关已接受申报的，海关应当按照装载该货物的运输工具申报进境之日实施的税率和汇率征收税费。

属地海关审单时，核注口岸海关进口舱单电子数据，接单审核/征收税费和选择查验作业完成后，对报关单数据做放行操作处理。

对实行“属地申报、口岸验放”的进口货物，属地海关审单和接单环节提出验估要求的，按现行通关流程，实施布控操作。

对货物查验的实施条件、范围由属地海关和口岸海关协商制定。属地海关实施查验的，由口岸海关按进口转关运输（转关方式为“转关查验”）将货物监管至属地海关，属地海关负责对该类货物实施重点监控；口岸海关认为需要凭报关单及随附单证实施查验的，属地海关应根据口岸海关的要求，负责将相关单证扫描（传真）传输至口岸海关。

口岸海关选择查验/放行岗位根据收货人或其代理人提供的《进口货物报关单》（含担保验放报关单）复印件，按下列规则进行作业：

（1）对不需查验且税费正常核注的，由口岸海关关员对报关单数据进行卡口放行处理，核销进口舱单电子数据，办理放行手续。

（2）对在口岸海关实施查验的货物，查验结束后，由口岸海关在H2000查验子系统中录入查验结果，确认放行的货物，比照第1项操作。

（3）对实施属地海关查验的货物，由口岸海关选查/放行岗位进行计算机确认后，提交转关岗位办理进口转关运输监管手续。

（4）货物放行后，《进口货物报关单》复印件、口岸出入境检验检疫部门出具的《入境货物通关单》正本以及在口岸海关实施查验的《查验记录单》由口岸海关理单归档。

（四）出口通关作业

出口货物的发货人或其代理人在取得出口口岸订舱数据后（海关另有规定的除外），即可选择“属地申报、口岸验放”方式，录入《出口货物报关单》电子数据向属地海关进行申报。

属地海关按现行规则程序进行集中审单、接单审核/征收税费、选择查验作业和海关统计。

属地海关审单环节的出口预配舱单或出口运抵报告的控制条件，由口岸海关进行设定并告知属地海关对外公布。

出口货物，属地海关审单和接单环节提出验估要求的，由属地海关按现行规定办理。

出口货物，由口岸海关实施查验，口岸海关认为需要凭报关单及随附单证实施查验的，属地海关应根据口岸海关的要求，负责将查验所需的相关单证扫描（传真）至口岸海关。如在属地海关实施查验的，则按出口转关运输的规定办理海关手续。

出口货物运抵口岸海关监管场所后，口岸海关选择查验/放行岗位人员根据发货人或其代理人提供的《出口货物报关单》（含担保验放报关单）复印件，按下列规则进行作业：

（1）对无须查验的货物，由口岸海关关员对报关单数据做放行操作，办理货物放行手续；

（2）对在口岸实施查验的出口货物，查验结束后，由口岸海关在H2000查验子系统中录入查验结果，确认放行的货物，比照第1项操作；

（3）出口货物放行后，《出口货物报关单》复印件、口岸出入境检验检疫部门出具的《出境货物通关单》正本以及在口岸实施查验的《查验记录单》由口岸海关理单归档。

运输工具实际离境后，由口岸海关负责将属地海关的报关单数据与舱单数据进行计算机核销，完成出口货物的结关手续（经双方海关商定，可以由属地海关进行出口货物结关作业）。

出口货物运抵口岸海关监管场所后，发生退关的，由发货人或其代理人向属地海关申请，属地海关审核无误后，出具出口退关证明（注明报关单、手册等删改情况等）交发货人提交口岸海关办理退关手续。

三、集中申报

（一）概述

集中申报是指经海关备案，进出口货物收发货人在同一口岸多批次进出口规定范围内货物，可以先以《中华人民共和国海关进口货物集中申报清单》或者《中华人民共和国海关出口货物集中申报清单》申报货物进出口，再以报关单集中办理海关手续的特殊通关方式。

进出口货物收发货人可以委托B类以上管理类别（含B类）的报关企业办理集中申报有关手续。

经海关备案，下列进出口货物可以适用集中申报通关方式：

（1）图书、报纸、期刊类出版物等时效性较强的货物；

（2）危险品或者鲜活、易腐、易失效等不宜长期保存的货物；

（3）公路口岸进出境的保税货物。

收发货人应当在货物所在地海关办理集中申报备案手续，加工贸易企业应当在主管地海关办理集中申报备案手续。

收发货人申请办理集中申报备案手续的，应当向海关提交《适用集中申报通关方式备案表》，同时提供符合海关要求的担保，担保有效期最短不得少于3个月。

收发货人有下列情形之一的，停止适用集中申报通关方式：

（1）担保情况发生变更，不能继续提供有效担保的；

（2）涉嫌走私或者违规，正在被海关立案调查的；

（3）进出口侵犯知识产权货物，被海关依法给予行政处罚的；

（4）海关分类管理类别被降为C类或者D类的。

收发货人可以在备案有效期内主动申请终止适用集中申报通关方式。

（二）报关程序

以集中申报通关方式办理海关手续的收发货人，应当在载运进口货物的运输工具申报进境之日起14日内，出口货物在运抵海关监管区后、装货的24小时前填制《集中申报清单》向海关申报。

收货人在运输工具申报进境之日起14日后向海关申报进口的，不适用集中申报通关方式。收货人应当以报关单向海关申报。

海关审核集中申报清单电子数据时，对保税货物核扣加工贸易手册（账册）或电子账册数据；对一般贸易货物核对集中申报备案数据。

经审核，海关发现集中申报清单电子数据与集中申报备案数据不一致的，应当予以退单。收发货人应当以报关单方式向海关申报。

收发货人应当自海关审结集中申报清单电子数据之日起3日内，持《集中申报清单》及随附单证到货物所在地海关办理交单验放手续。属于许可证件管理的，收发货人还应当提交相应的许可证件，海关应当在相关证件上批注并留存复印件。

收发货人未在本条第一款规定期限办理相关海关手续的，海关删除集中申报清单电子数据，收发货人应当重新向海关申报。重新申报日期超过运输工具申报进境之日起14日的，应当以报关单申报。

收发货人应当对一个月内以《集中申报清单》申报的数据进行归并，填制进出口货物报关单，一般贸易货物在次月10日之前、保税货物在次月底之前到海关办理集中申报手续。

一般贸易货物集中申报手续不得跨年度办理。

《集中申报清单》归并为同一份报关单的，各清单中的进出境口岸、经营单位、境内收发货人、贸易方式（监管方式）、起运国（地区）、装货港、运抵国（地区）、运输方式栏目以及适用的税率、汇率必须一致。

各清单中本条前款规定项目不一致的，收发货人应当分别归并为不同的报关单进行申报。对确实不能归并的，应当填写单独的报关单进行申报。

各清单归并为同一份报关单时，各清单中载明的商品项在商品编号、商品名称、规格型号、单位、原产国（地区）、单价和币制均一致的情况下可以进行数量和总价的合并。

收发货人对《集中申报清单》申报的货物以报关单方式办理海关手续时，应当按照海关规定对涉税的货物办理税款缴纳手续。涉及许可证件管理的，应当提交海关批注过的相应许可证件。

对适用集中申报通关方式的货物，海关按照接受清单申报之日实施的税率、汇率计征税费。

收发货人办结集中申报海关手续后，海关按集中申报进出口货物报关单签发报关单证明联。"进出口日期"以海关接受报关单申报的日期为准。

海关对集中申报的货物以报关单上的"进出口日期"为准列入海关统计。

四、进出境快件申报

（一）概述

进出境快件是指进出境快件运营人以向客户承诺的快速商业运作方式承揽、承运的进出境货物、物品。

进出境快件的分类：

进出境快件分为三类：文件类、个人物品类和货物类。

文件类进出境快件是指法律、法规规定予以免税且无商业价值的文件、单证、票据及资料。

个人物品类进出境快件是指海关法规规定自用、合理数量范围内的进出境的旅客分离运输行李物品、亲友间相互馈赠物品和其他个人物品。

货物类进出境快件是指文件类进出境快件和个人物品类进出境快件以外的快件。

（二）进出境快件的申报

运营人办理进出境快件报关手续时，应当按照进出境快件的分类分别向海关提交有关报关单证并办理相应的报关、纳税手续。

1．文件类进出境快件的申报

运营人应当向海关提交《中华人民共和国海关进出境快件 KJ1 报关单》、总运单（副本）和海关需要的其他单证。

2．个人物品类进出境快件的申报

运营人应当向海关提交《中华人民共和国海关进出境快件个人物品申报单》、每一进出境快件的分运单、进境快件收件人或出境快件发件人身份证影印件和海关需要的其他单证。

3．货物类进境快件的申报

进出口无商业价值的货样和广告品准予免征关税和进口环节海关代征税，其他进出口货样和广告品一律照章征税。

（1）货物类进境快件报关时，运营人应当按下列情形分别向海关提交报关单证：

对关税税额在《中华人民共和国进出口关税条例》规定的关税起征数额以下的货物和海关规定准予免税的货样、广告品，应提交《中华人民共和国海关进出境快件 KJ2 报关单》、每一进境快件的分运单、发票和海关需要的其他单证。

对应予征税的货样、广告品（法律、法规规定实行许可证件管理的、需进口付汇的除外），应提交《中华人民共和国海关进出境快件 KJ3 报关单》、每一进境快件的分运单、发票和海关需要的其他单证。

对上述以外的其他货物，按照海关对进口货物通关的规定办理。

（2）货物类出境快件报关时，运营人应当按下列情形分别向海关提交报关单证：

对货样、广告品（法律、法规规定实行许可证件管理的、应征出口关税的、需出口收汇的、需出口退税的除外），应提交《中华人民共和国海关进出境快件 KJ2 报关单》，每一出境快件的分运单、发票和海关需要的其他单证。

对上述以外的其他货物，按照海关对出口货物通关的规定办理。

4．货物类出境快件的申报

运营人根据不同的情形分别向海关提交报关单证：对货样、广告品（法律、法规规定实行许可证件管理的，需出口收汇的、需出口退税的除外），应提交《中华人民共和国海关进出境快件 KJ2 报关单》、每一出境快件的分运单、发票和海关需要的其他单证。

对除货样、广告品以外的其他货物，包括法律、法规规定实行许可证件管理的、需出口收汇、需出口退税的货样、广告品，按照海关对出口货物通关的规定办理。

第二章　报关单填制知识及技术

第一节　进出口货物报关单概述

一、报关单概述

进出口货物报关单是指进出口货物的收发货人或其代理人按照海关的要求，对进出口货物的实际情况做出书面申明，凭以要求海关对其货物按适用的海关制度办理通关手续的法律文书。

纸质进出口货物报关单上共有 47 个栏目，除“税费征收情况”及“海关审单、批注及放行日期签字”等栏目外，均应由收、发货人或其代理人填写。

二、报关单的类别

常用的有纸质进口货物报关单、出口货物报关单和进料加工进（出）口货物报关单、进出境货物备案清单等。

三、报关单各联的用途

纸质进口货物报关单一式五联，分别是：海关作业联、海关留存联、企业留存联、海关核销联、进口付汇证明联；纸质出口货物报关单一式六联，分别是：海关作业联、海关留存联、企业留存联、海关核销联、出口收汇证明联、出口退税证明联。

（一）进出口货物报关单海关作业联和留存联

进出口货物报关单海关作业联和留存联是报关员配合海关查验、缴纳税费、提取或装运货物的重要单据，也是海关查验货物、征收税费、编制海关统计以及处理其他海关事务的重要凭证。

（二）进出口货物报关单收、付汇证明联

进口货物报关单付汇证明联和出口货物报关单收汇证明联，是海关对已实际进出境的货物所签发的证明文件，是银行和国家外汇管理部门办理售汇、付汇和收汇及核销手续的重要依据之一。

对需办理进口付汇核销或出口收汇核销的货物，进出口货物的收、发货人或其代理人应当在海关放行货物或结关以后，向海关申领进口货物报关单进口付汇证明联或出口货物报关单出口收汇证明联。

1．进口付汇证明

对需要在银行或国家外汇管理部门办理进口付汇核销的进口货物，报关员应当向海关

申请签发“进口货物报关单”付汇证明联。海关经审核，对符合条件的，即在“进口货物报关单”上签名、加盖海关验讫章，作为进口付汇证明联签发给报关员。同时，通过电子口岸执法系统向银行和国家外汇管理部门发送证明联电子数据。

2．出口收汇证明

对需要在银行或国家外汇管理部门办理出口收汇核销的出口货物，报关员应当向海关申请签发“出口货物报关单”收汇证明联。海关经审核，对符合条件的，即在“出口货物报关单”上签名、加盖海关验讫章，作为出口收汇证明联签发给报关员。同时，通过电子口岸执法系统向银行和国家外汇管理部门发送证明联电子数据。

（三）进出口货物报关单加工贸易核销联

进出口货物报关单海关核销联是指口岸海关对已实际申报进口或出口的货物所签发的证明文件，是海关办理加工贸易合同核销、结案手续的重要凭证。加工贸易的货物进出口后，申报人应向海关领取进出口货物报关单海关核销联，并凭以向主管海关办理加工贸易合同核销手续。

（四）出口货物报关单出口退税证明联

出口货物报关单出口退税证明联是海关对已实际申报出口并已装运离境的货物所签发的证明文件，是国家税务部门办理出口货物退税手续的重要凭证之一。

对可办理出口退税的货物，出口货物发货人或其代理人应当在载运货物的运输工具实际离境，海关收到载货清单办理结关手续后，向海关申领出口货物报关单出口退税证明联。对不属于退税范围的货物，海关均不予签发该联。

出口退税证明是对需要在国家税务机构办理出口退税的出口货物，报关员应当向海关申请签发“出口货物报关单”退税证明联。海关经审核，对符合条件的，予以签发并在证明联上签名、加盖海关验讫章，交给报关员。同时，通过电子口岸执法系统向国家税务机构发送证明联电子数据。

四、进出口货物报关单的法律效力

进出口货物报关单及其他进出境报关单（证），是货物的收、发货人向海关报告其进出口货物实际情况及适用海关业务制度、申请海关审查并放行货物的必备法律文书。它既是海关对进出口货物进行监管、征税、统计以及开展稽查、调查的重要依据，又是出口退税和外汇管理的重要凭证，也是海关处理进出口货物走私、违规案件及税务、外汇管理部门查处骗税、逃套汇犯罪活动的重要凭证。因此，申报人对所填报的进出口货物报关单的真实性和准确性应承担法律责任。

五、海关对进出口货物报关单填制的一般要求

进出境货物的收、发货人或其代理人向海关申报时，必须填写并向海关递交进出口货物

报关单。申报人在填制报关单时，应当依法如实向海关申报，对申报内容的真实性、准确性、完整性和规范性承担相应的法律责任。

（1）要做到如实、真实申报。做到单、证相符，单、货相符。即所填报关单各栏目的内容必须与合同、发票、装箱单、提单以及批文等随附单据相符；所填报关单各栏目的内容必须与实际进出口货物情况相符。

（2）不同批文或合同的货物、同一批货物中不同贸易方式的货物、不同备案号的货物、不同提运单的货物、不同征免性质的货物、不同运输方式或相同运输方式但不同航次的货物等，均应分单填报。一份原产地证书只能对应一份报关单。同一份报关单上的商品不能同时享受协定税率和减免税。在一批货物中，对于实行原产地证书联网管理的，如涉及多份原产地证书或含非原产地证书商品，亦应分单填报。

（3）如填报内容与实际进出口货物不一致而又有正当理由的，申报人应向海关递交书面更正申请，经海关核准后，对原填报的内容进行更改或撤销。

海关接受进出口货物申报后，电子数据和纸质的进出口货物报关单不得修改或者撤销；确有正当理由的，经海关审核批准，可以修改或撤销。

进出口货物收发货人或其代理人确有如下正当理由的，可以向原接受申报的海关申请修改或者撤销进出口货物报关单：

1）由于报关人员操作或书写失误造成所申报的报关单内容有误，并且未发现有走私违规或者其他违法嫌疑的；

2）出口货物放行后，由于装运、配载等原因造成原申报货物部分或全部退关、变更运输工具的；

3）进出口货物在装载、运输、存储过程中因溢短装、不可抗力的灭失、短损等原因造成原申报数据与实际货物不符的；

4）根据贸易惯例先行采用暂时价格成交、实际结算时按商检品质认定或国际市场实际价格付款方式需要修改申报内容的；

5）由于计算机、网络系统等方面的原因导致电子数据申报错误的；

6）其他特殊情况经海关核准同意的。

海关已经决定布控、查验的，以及涉及有关案件的进出口货物的报关单在“办结”前不得修改或者撤销。

海关发现进出口货物报关单需要进行修改或者撤销，但进出口货物收发货人或者其代理人未提出申请的，海关应当通知进出口货物的收发货人或者其代理人。

因修改或者撤销进出口货物报关单导致需要变更、补办进出口许可证件的，进出口货物收发货人或其代理人应当向海关提交相应的进出口许可证件。

第二节　报关单编号

一、预录入编号

预录入编号是指预录入单位预录入报关单的编号，用于申报单位与海关之间引用其申报后尚未接受申报的报关单。由预录入单位填写。

二、海关编号

海关编号是海关接受申报时给予报关单的编号，进口报关单和出口报关单分别编号。

报关单海关编号为18位数字，其中第1—4位为接受申报海关的编号，第5—8位为海关接受申报的公历年份，第9位为进出口标志（“1”为进口，“0”为出口），后9位为顺序编号。

【小贴士】

中国电子口岸系统

进出口货物收发货人或其代理人应当采用纸质报关单形式和电子报数据报关单形式向海关申报，即进出口货物收发货人或其代理人先向海关计算机系统发送电子数据报关单，接收到海关计算机系统发送的“接受申报”电子报文后，凭以打印纸质报关单，附必需的其他单证，提交给海关。

在特殊情况下，进出口货物收发货人或其代理人也可以单独使用纸质报关单或单独使用电子数据报关单向海关申报。

中国电子口岸系统又称口岸电子执法系统，简称电子口岸，是与进出口贸易管理有关的国家12个部委利用现代计算机信息技术，将各部委分别管理的进出口业务信息电子底账数据集中存放在公共数据中心，为政府管理机关提供跨部门、跨行业联网数据核查，为企业提供网上办理各种进出口业务的国家信息系统。

电子口岸系统和海关通关系统，尤其是和H2000通关系统连接起来，构成了覆盖全国的进出口贸易服务和管理的信息网络系统。进出口企业在其办公室就可以上网向海关及国家其他有关部委办理与进出口贸易有关的各种手续；与进出口贸易有关的海关及国家各有关部委也能在网上对出口贸易进行有效管理。

进出口货物收发货人或其代理人的申报数据自被海关接受之日起，其申报的数据就产生法律效力，即进出口货物收发货人或其代理人应当向海关承担“如实申报”、“如期申报”等法律责任。

电子数据报关单经过海关计算机检查被退回的，视为海关不接受申报，进出口货物收发货人或其代理人应当按照要求修改后重新申报。

第三节 进出口货物报关单填制技术

一、进口口岸/出口口岸

进口口岸/出口口岸，是指货物实际进出我国关境口岸海关的名称。应根据相应的口岸海关名称及代码填报。

对进口转关运输货物，该栏应填报货物进境地海关名称及代码。

对出口转关运输货物，该栏应填报货物出境地海关名称及代码。

按转关运输方式监管的跨关区深加工结转货物，出口报关单的该栏应填报转出地海关名称及代码，进口报关单的该栏应填报转入地海关名称及代码。

在不同出口加工区之间转让的货物，填报对方出口加工区海关名称及代码。其他无实际进出境的货物，填报接受申报的海关名称及代码。

【小贴士】

关　境

关境是指适用于同一海关法或实行同一关税制度的领域。

在一般情况下，关境的范围等于国境，但对于关税同盟，其成员国之间货物进出国境不征收关税，只对来自和运往非同盟国的货物在进出共同关境时征收关税，因而对于每个成员国来说，其关境大于国境，如欧盟。若在国内设立自由港、自由贸易区等特定区域，因进出这些特定区域的货物都是免税的，因而该国的关境小于国境。关境同国境一样，包括其领域内的领水、领陆和领空，是一个立体的概念。

我国的关境范围是除享有单独关境地位的地区以外的中华人民共和国的全部领域，包括领水、领陆和领空。目前我国的单独关境有香港、澳门和台、澎、金、马单独关税区。在单独关境内，各自实行单独的海关制度。

我国海关的设关原则

《海关法》以法律形式明确了海关的设关原则："国家在对外开放的口岸和海关监管业务集中的地点设立海关。海关的隶属关系，不受行政区划的限制。"对外开放的口岸是指由国务院批准，允许运输工具及所载人员、货物、物品直接出入国（关）境的港口、机场、车站以及允许运输工具、人员、货物、物品出入国（关）境的边境通道。国家规定，在对外开放的口岸必须设置海关、出入境检验检疫机构。海关监管业务集中的地点是指虽非国务院批准对外开放的口岸，但是海关某类或者某几类监管业务比较集中的地方，如转关运输监管、保税加工监管等。

"海关的隶属关系，不受行政区划的限制"，表明了海关管理体制与一般性的行政管理体制的区域划分无必然联系，如果海关监督管理需要，国家可以在现有的行政区划之外考虑和安排海关的上下级关系和海关的相互关系。

中 国 海 关

海关是国家的行政机关之一，是国务院的直属机构，从属于国家行政管理体制。海关对内、对外代表国家依法独立行使行政管理权。

《海关法》规定："中华人民共和国海关是国家的进出关境监督管理机关。海关依照本法和其他有关法律、行政法规，监管进出境的运输工具、货物、行李物品、邮递物品和其他物品，征收关税和其他税、费，查缉走私，并编制海关统计和办理其他海关业务。"

《海关法》明确规定海关有四项基本任务，即监管进出境的运输工具、货物、行李物品、邮递物品和其他物品（以下简称"监管"），征收关税和其他税费（以下简称"征税"），查缉走私（以下简称"缉私"）和编制海关统计（以下简称"统计"）。

1. **监管**

海关监管是指海关运用国家赋予的权力，通过一系列管理制度与管理程序，依法对进出境运输工具、货物、物品的进出境活动所实施的一种行政管理。海关监管是一项国家职能，其目的在于保证一切进出境活动符合国家政策和法律的规范，维护国家主权和利益。海关监管不是海关监督管理的简称，而海关监督管理则是海关全部行政执法活动的统称。

根据监管对象的不同，海关监管分为运输工具监管、货物监管和物品监管。

监管是海关最基本的任务，海关的其他任务都是在监管工作的基础上进行的。除了通过备案、审单、查验、放行、后续管理等方式对进出境运输工具、货物、物品的进出境活动实施监管外，海关监管还要执行或监督执行国家其他对外贸易管理制度的实施，如进出口许可制度、外汇管理制度、进出口商品检验检疫制度、文物管理制度等，从而在政治、经济、文化道德、公众健康等方面维护国家利益。

2. **征税**

代表国家征收关税和其他税、费是海关的另一项重要任务。“关税”是指由海关代表国家，按照《海关法》和进出口税则，对准许进出口的货物、进出境物品征收的一种税。“其他税、费”指海关在货物进出口环节，按照关税征收程序征收的有关国内税、费，目前主要有增值税、消费税等。

关税是国家财政收入的重要来源，也是国家宏观经济调控的重要工具。关税的征收主体是国家，《海关法》明确将征收关税的权力授予海关，由海关代表国家行使征收关税职能。因此，未经法律授权，其他任何单位和个人均不得行使征收关税的权力。

海关征税工作的基本法律依据是《海关法》、《中华人民共和国进出口关税条例》（以下简称《关税条例》）。海关通过执行国家制定的关税政策，对进出口货物、进出境物品征收关税，起到保护国内工农业生产、调整产业结构、组织财政收入和调节进出口贸易活动的作用。

多年来，为了进一步适应我国改革开放的需要和履行加入世界贸易组织的承诺，促进对外经济贸易的快速发展，鼓励我国企业参与国际竞争，国务院关税税则委员会曾几次对税率做出重大调整，使我国关税的平均税率进一步降低。

3. **缉私**

走私是指进出境活动的当事人或相关人违反《海关法》及有关法律、行政法规，逃避海关监管，偷逃应纳税款、逃避国家有关进出境的禁止性或者限制性管理，非法运输、携带、邮寄国家禁止、限制进出口或者依法应当缴纳税款的货物、物品进出境，或者未经海关许可并且未缴应纳税款、交验有关许可证件，擅自将保税货物、特定减免税货物以及其他海关监管货物、物品、进境的境外运输工具在境内销售的行为。

查缉走私是海关为保证顺利完成监管和征税等任务而采取的保障措施。查缉走私是指海关依照法律赋予的权力，在海关监管场所和海关附近的沿海沿边规定地区，为发现、制止、打击、综合治理走私活动而进行的一种调查和惩处活动。

4. **统计**

海关统计是以实际进出口货物作为统计和分析的对象，通过搜集、整理、加工处理进出口货物报关单或经海关核准的其他申报单证，对进出口货物的品种、数（重）量、价格、国别（地区）、经营单位、境内目的地、境内货源地、贸易方式、运输方式、关别等项目分别进行统计和综合分析，全面、准确地反映对外贸易的运行态势，及时提供统计信息和咨询，实施有效的统计监督，开展国际贸易统计的交流与合作，促进对外贸易的发展。我国海关的统计制度规定，实际进出境并引起境内物质存量增加或者减少的货物，列入海关统计；进出境物品超过自用、合理数量的，列入海关统计。对于部分不列入海关统计的货物和物品，则根据我国对外贸易管理和海关管理的需要，实施单项统计。

海关统计是海关依法对进出口货物贸易的统计，是国民经济统计的组成部分，是国家制定对外经济贸易政策、进行宏观经济调控、实施海关严密高效管理的重要依据，是研究我国对外贸易经济发展和国际经济贸易关系的重要资料。

近几年来国家通过有关法律、行政法规赋予了海关一些新的职责，比如知识产权海关保护、海关对反倾销及反补贴的调查等，这些新的职责也是海关的任务。

5. **海关的组织机构**

中华人民共和国海关实行垂直管理体制，海关机构的设置为海关总署、直属海关和隶属海关三级。隶属海关由直属海关领导，向直属海关负责；直属海关由海关总署领导，向海关总署负责。

（1）海关总署

海关总署是中国海关的领导机关，是中华人民共和国国务院下属的正部级直属机构，统一管理全国海关机构、人员编制、经费物资和各项海关业务，是海关系统的最高领导部门。海关总署下设广东分署，在上海和天津设立特派员办事处，作为其派出机构。海关总署的基本任务是在国务院领导下，领导和组织全国海关正确贯彻实施《海关法》和国家的有关政策、行政法规，积极发挥依法行政、为国把关的职能，服务、促进和保护社会主义现代化建设。

1998 年，根据党中央、国务院决定，海关总署的机构、职能和人员编制作了重大调整，增加了统一负责打击走私及反走私综合治理工作、口岸规划、出口商品原产地规则的协调管理、关税立法调研、税法起草和执行过程中的一般性解释工作等职能。设立走私犯罪侦查机构，组建海关缉私警察队伍。按照精简、统一、效能的原则，并充分吸收现代海关制度建设及通关作业改革、口岸体制改革、缉私体制改革的成果，实施了机构改革。

（2）直属海关

直属海关是指直接由海关总署领导，负责管理一定区域范围内海关业务的海关。目前直属海关共有 41 个，除香港、澳门、台湾地区外，分布在全国 30 个省、自治区、直辖市。直属海关就本关区内的海关事务独立行使职责，向海关总署负责。直属海关承担着在关区内组织开展海关各项业务和关区集中审单作业、全面有效地贯彻执行海关各项政策、法律、法规、管理制度和作业规范的重要职责，在海关三级业务职能管理中发挥着承上启下的作用。

（3）隶属海关

隶属海关是指由直属海关领导，负责办理具体海关业务的海关，是海关进出境监督管理职能的基本执行单位，一般都设在口岸和海关业务集中的地点。

（4）海关缉私警察机构

《海关法》规定：“国家实行联合缉私、统一处理、综合治理的缉私体制。海关负责组织、协调、管理查缉走私工作。”为了打击走私犯罪活动，我国组建了专司打击走私犯罪的海关缉私警察队伍，负责对走私犯罪案件的侦查、拘留、执行逮捕和预审工作。

根据我国的缉私体制，除了海关以外，公安、工商、税务、烟草专卖等部门也有查缉走私的权力，但这些部门查获的走私案件，必须按照法律规定，统一处理。各有关行政部门查获的走私案件，应当给予行政处罚的，移送海关依法处理；涉嫌犯罪的，应当移送海关侦查走私犯罪公安机构、地方公安机关依据案件管辖分工和法定程序办理。

海关缉私警察是专司打击走私犯罪活动的警察队伍。1998 年，根据党中央、国务院的决定，由海关总署、公安部联合组建走私犯罪侦查局，设在海关总署。走私犯罪侦查局既是海关总署的一个内设局，又是公安部的一个序列局，实行海关总署和公安部双重领导，以海关领导为主的体制。走私犯罪侦查局在广东分署和全国各直属海关设立走私犯罪侦查分局，在部分隶属海关设立走私犯罪侦查支局。各级走私犯罪侦查机关负责其所在海关业务管辖区域内的走私犯罪案件的侦查工作。

为了更好地适应反走私斗争新形势的要求，充分发挥海关打击走私的整体效能，从2003年起，海关对部分打私办案职能进行了内部调整，走私犯罪侦查机构增加了行政执法职能。从2003年1月1日开始，各级海关走私犯罪侦查部门统一更名，其中，海关总署走私犯罪侦查局更名为海关总署缉私局；海关总署走私犯罪侦查局广东分局更名为海关总署广东分署缉私局；各直属海关走私犯罪侦查分局更名为各直属海关缉私局；各隶属海关走私犯罪侦查支局更名为各隶属海关缉私分局。

海关关区代码表

代码	海关名称	代码	海关名称	代码	海关名称	代码	海关名称
100	北京关区	202	新港海关	609	满铁路	930	丹东海关
101	机场单证	203	津开发区	700	呼特关区	940	营口海关
102	京监管处	204	东港海关	701	呼和浩特	950	鲅鱼圈关
103	京关展览	205	津塘沽办	702	二连海关	960	大东港关
104	京一处	206	津驻邮办	703	包头海关	980	鞍山海关
105	京二处	207	津机场办	704	呼关邮办	1500	长春关区
106	京关关税	208	津保税区	705	二连公路	1501	长春海关
107	机场库区	209	蓟县海关	800	沈阳关区	1502	长开发区
108	京通关处	210	武清海关	801	沈阳海关	1503	长白海关
109	机场旅检	211	津加工区	802	锦州海关	1504	临江海关
110	平谷海关	220	津关税处	803	沈驻邮办	1505	图们海关
111	京五里店	400	石家庄区	804	沈驻抚顺	1506	集安海关
112	京邮办处	401	石家庄关	805	沈开发区	1507	珲春海关
113	京中关村	402	秦皇岛关	806	沈驻辽阳	1508	吉林海关
114	京国际局	403	唐山海关	807	沈机场办	1509	延吉海关
115	京东郊站	404	秦关廊办	808	沈集装箱	1511	长春机办
116	京信	405	保定海关	809	沈阳东站	1515	图们车办
117	京开发区	500	太原海关	810	葫芦岛关	1516	集海关村
118	十八里店	600	满洲里关	900	大连海关	1517	珲长岭子
119	机场物流	601	海拉尔关	901	大连码头	1519	延吉三合
124	北京站	602	额尔古纳	902	大连机场	1521	一汽场站
125	西客站	603	满十八里	903	连开发区	1525	图们桥办
126	京加工区	604	满赤峰办	904	连加工区	1526	集安青石
127	京快件	605	满通辽办	906	连保税区	1527	珲春圈河
128	京顺义办	606	满哈沙特	907	大连新港	1529	延吉南坪
200	天津关区	607	满室韦	908	连大窑湾	1531	长春东站
201	天津海关	608	满互贸区	909	大连邮办	1537	珲沙坨子

（续）

代码	海关名称	代码	海关名称	代码	海关名称	代码	海关名称
1539	延开山屯	2207	沪稽查处	2308	新生圩关	2919	杭富阳办
1547	珲加工区	2208	宝山海关	2309	盐城海关	2920	金华海关
1549	延古城里	2209	龙吴海关	2310	扬州海关	2931	温关邮办
1559	延吉邮办	2210	浦东海关	2311	徐州海关	2932	温经开关
1591	长春邮办	2211	卢湾监管	2312	江阴海关	2933	温关机办
1593	长白邮办	2212	奉贤海关	2313	张保税区	2934	温关鳌办
1595	图们邮办	2213	莘庄海关	2314	苏工业区	2981	嘉关乍办
1596	集安邮办	2214	漕河泾发	2315	淮安海关	3100	宁波关区
1900	哈尔滨区	2215	虹桥开发	2316	泰州海关	3101	宁波海关
1901	哈尔滨关	2216	沪金山办	2317	禄口机办	3102	镇海海关
1902	绥关铁路	2217	嘉定海关	2318	南京现场	3103	甬开发区
1903	黑河海关	2218	外高桥关	2321	常溧阳办	3104	北仑海关
1904	同江海关	2219	杨浦监管	2322	镇丹阳办	3105	甬保税区
1905	佳木斯关	2220	金山海关	2324	苏常熟办	3106	大榭海关
1906	牡丹江关	2221	松江海关	2325	苏昆山办	3107	甬驻余办
1907	东宁海关	2222	青浦海关	2326	苏吴江办	3108	甬驻慈办
1908	逊克海关	2223	南汇海关	2327	苏太仓办	3109	甬机场办
1909	齐齐哈尔	2224	崇明海关	2328	苏吴县办	3300	合肥海关
1910	哈大庆办	2225	外港海关	2329	通启东办	3301	芜湖海关
1911	密山海关	2226	贸易网点	2330	扬泰兴办	3302	安庆海关
1912	虎林海关	2227	普陀区站	2331	锡宜兴办	3303	马鞍山关
1913	富锦海关	2228	长宁区站	2332	锡锡山办	3304	黄山海关
1914	抚远海关	2229	航交办	2333	南通关办	3305	蚌埠海关
1915	漠河海关	2230	徐汇区站	2335	昆山加工	3306	铜陵海关
1916	萝北海关	2232	船监管处	2336	苏园加工	3307	阜阳海关
1917	嘉荫海关	2233	浦东机场	2337	连开发办	3310	合肥现场
1918	饶河海关	2234	沪钻交所	2338	苏关邮办	3500	福州关区
1919	哈内陆港	2235	松江加工	2900	杭州关区	3501	马尾海关
1920	哈开发区	2241	沪业一处	2901	杭州海关	3502	福清海关
1922	哈关邮办	2242	沪业二处	2903	温州海关	3503	宁德海关
1923	哈关车办	2243	沪业三处	2904	舟山海关	3504	三明海关
1924	哈关机办	2244	上海快件	2905	海门海关	3505	福保税区
1925	绥关公路	2300	南京海关	2906	绍兴海关	3506	莆田海关
2200	上海海关	2301	连云港关	2907	湖州海关	3507	福关机办
2201	浦江海关	2302	南通海关	2908	嘉兴海关	3508	福榕通办
2202	吴淞海关	2303	苏州海关	2909	杭经开关	3509	福关邮办
2203	沪机场关	2304	无锡海关	2910	杭关机办	3510	南平海关
2204	闵开发区	2305	张家港关	2911	杭关邮办	3511	武夷山关
2205	沪车站办	2306	常州海关	2912	杭关萧办	3513	福保税处
2206	沪邮局办	2307	镇江海关	2918	杭关余办	3518	福监管处

（续）

代码	海关名称	代码	海关名称	代码	海关名称	代码	海关名称
3519	福关马港	4204	威海海关	4605	郑州邮办	5116	南海业务
3700	厦门关区	4205	济南海关	4606	郑铁东办	5117	南海车场
3701	厦门海关	4206	潍坊海关	4607	郑安阳办	5118	平洲旅检
3702	泉州海关	4207	淄博海关	4700	武汉海关	5119	南海三山
3703	漳州海关	4208	青开发区	4701	宜昌海关	5120	广州内港
3704	东山海关	4209	石岛海关	4702	荆州海关	5121	内港芳村
3705	石狮海关	4210	青保税区	4703	襄阳海关	5122	内港洲嘴
3706	龙岩海关	4211	济宁海关	4704	黄石海关	5123	内港四仓
3710	厦特区处	4212	泰安海关	4705	武汉沌口	5124	内石榴岗
3711	厦东渡办	4213	临沂海关	4706	宜三峡办	5125	从化海关
3712	厦海沧办	4214	青前湾港	4707	鄂加工区	5126	内港赤航
3713	厦行邮处	4215	青菏泽办	4708	武关江办	5127	内大干围
3714	象屿保税	4216	东营海关	4710	武关货管	5130	广州石牌
3715	厦机场办	4217	青枣庄办	4711	武关江岸	5131	花都海关
3716	厦同安办	4218	青岛大港	4712	武关机场	5132	花都码头
3717	东办集司	4219	蓬莱海关	4713	武关邮办	5134	穗保税处
3718	东办同益	4220	青机场关	4900	长沙关区	5135	穗稽查处
3720	泉州货征	4221	烟机场办	4901	衡阳海关	5136	穗统计处
3721	泉紫帽山	4222	莱州海关	4902	岳阳海关	5137	穗价格处
3730	漳州货征	4223	青邮局办	4903	衡关郴办	5138	穗调查局
3731	漳州角美	4224	龙长岛办	4904	常德海关	5139	穗监管处
3732	漳州石码	4225	威开发区	4905	长沙海关	5140	穗关税处
3740	东山货征	4226	青聊城办	4906	湘株洲办	5141	广州机场
3741	漳浦办	4227	青关查验	4907	韶山海关	5142	民航快件
3742	诏安监管	4228	烟关快件	5100	广州海关	5143	广州车站
3750	石狮货征	4229	德州海关	5101	广州新风	5144	穗州头咀
3760	龙岩业务	4231	烟开发区	5102	新风罗冲	5145	广州邮办
3777	厦稽查处	4232	日岚山办	5103	清远海关	5146	穗交易会
3788	厦侦查局	4233	济机场办	5104	清远英德	5147	穗邮办监
4000	南昌关区	4235	济邮局办	5105	新风白云	5148	穗大郎站
4001	南昌海关	4236	石龙眼办	5106	小虎码头	5149	大铲海关
4002	九江海关	4237	济通关处	5107	肇庆封开	5150	顺德海关
4003	赣州海关	4240	青保税处	5108	肇庆德庆	5152	顺德食出
4004	景德镇关	4241	烟加工区	5109	新风窖心	5153	顺德车场
4005	吉安海关	4242	威加工区	5110	南海海关	5154	北窖车场
4006	昌北机办	4600	郑州关区	5111	南海官窑	5155	顺德旅检
4200	青岛海关	4601	郑州海关	5112	南海九江	5158	顺德勒流
4201	烟台海关	4602	洛阳海关	5113	南海北村	5160	番禺海关
4202	日照海关	4603	南阳海关	5114	南海平洲	5161	沙湾车场
4203	龙口海关	4604	郑州机办	5115	南海盐步	5162	番禺旅检

（续）

代码	海关名称	代码	海关名称	代码	海关名称	代码	海关名称
5163	番禺货柜	5204	东莞海关	5328	深规范处	6007	汕关业务
5164	番禺船舶	5205	太平海关	5329	深保税处	6008	汕保税区
5165	南沙旅检	5206	惠州海关	5330	盐保税关	6009	汕关邮包
5166	南沙货柜	5207	凤岗海关	5331	三门岛办	6011	榕城海关
5167	南沙货港	5208	埔开发区	5332	深财务处	6012	汕关普宁
5168	沙湾联运	5209	埔保税区	5333	深侦查局	6013	外砂海关
5169	番禺东发	5210	埔红海办	5334	深稽查处	6014	广澳海关
5170	肇庆海关	5211	河源海关	5335	深技术处	6015	南澳海关
5171	肇庆高要	5212	新沙海关	5336	深办公室	6018	汕关惠来
5172	肇庆车场	5213	埔长安办	5337	大亚湾核	6019	汕关联成
5173	肇庆保税	5214	常平办事处	5338	淡水办	6020	汕关港口
5174	肇庆旅检	5215	黄埔加工	5339	深加工区	6021	潮州海关
5175	肇庆码头	5300	深圳海关	5340	深关现场	6022	饶平海关
5176	肇庆四会	5301	皇岗海关	5700	拱北关区	6028	潮阳海关
5177	肇庆三榕	5302	罗湖海关	5701	拱稽查处	6031	汕尾海关
5178	云浮海关	5303	沙头角关	5710	拱关闸办	6032	汕关海城
5179	罗定海关	5304	蛇口海关	5720	中山海关	6033	汕关陆丰
5180	佛山海关	5305	上步业务	5721	中山港	6041	梅州海关
5181	高明海关	5306	笋岗海关	5724	中石岐办	6042	梅州兴宁
5182	佛山澜石	5307	南头海关	5725	坦洲货场	6400	海口关区
5183	三水码头	5308	沙湾海关	5727	中小揽办	6401	海口海关
5184	佛山窖口	5309	布吉海关	5730	拱香洲办	6402	三亚海关
5185	佛山石湾	5310	惠州港关	5740	湾仔海关	6403	八所海关
5186	佛山保税	5311	深关车站	5750	九洲海关	6404	洋浦海关
5187	佛山车场	5312	深监管处	5760	拱白石办	6405	海保税区
5188	佛山火车	5313	深调查局	5770	斗门海关	6406	清澜海关
5189	佛山新港	5314	深关邮办	5771	斗井岸办	6407	美兰机场
5190	韶关海关	5315	惠东办	5772	斗平沙办	6700	湛江关区
5191	韶关乐昌	5316	大鹏海关	5780	高栏海关	6701	湛江海关
5192	三水海关	5317	深关机场	5790	拱监管处	6702	茂名海关
5193	三水车场	5318	梅林海关	5792	拱保税区	6703	徐闻海关
5194	三水港	5319	同乐海关	5793	万山海关	6704	湛江南油
5195	审单中心	5320	文锦渡关	5795	横琴海关	6705	湛江水东
5196	云浮六都	5321	福保税关	5799	拱行监处	6706	湛江吴川
5197	机场旅检	5322	沙保税关	6000	汕头海关	6707	湛江廉江
5199	穗技术处	5323	深审单处	6001	汕关货一	6708	湛江高州
5200	黄埔关区	5324	深审价办	6002	汕关货二	6709	湛江信宜
5201	埔老港办	5325	深综合处	6003	汕关行邮	6710	东海岛组
5202	埔新港办	5326	深数统处	6004	汕关机场	6711	霞山海关
5203	新塘海关	5327	深监控处	6006	汕关保税	6712	湛江霞海

（续）

代码	海关名称	代码	海关名称	代码	海关名称	代码	海关名称
6713	湛江机场	6871	阳江码头	8002	南坪开发	8800	拉萨海关
6800	江门关区	6872	阳江车场	8003	重庆机办	8801	聂拉木关
6810	江门海关	6873	阳江港	8004	重庆邮办	8802	日喀则关
6811	江门高沙	6874	阳江东平	8005	万县海关	8803	狮泉河关
6812	江门外海	6875	阳江闸坡	8006	重庆东站	8804	拉萨机办
6813	江门旅检	6876	阳江溪头	8007	九龙坡港	8805	拉萨现场
6817	江门保税	6877	阳江稽查	8300	贵阳海关	9000	西安关区
6820	新会海关	6878	阳江沙扒	8301	贵阳总关	9001	西安海关
6821	新今古洲	7200	南宁关区	8600	昆明关区	9002	咸阳机场
6823	新会车场	7201	南宁海关	8601	昆明海关	9003	宝鸡海关
6824	新会旅检	7202	北海海关	8602	畹町海关	9400	乌关区
6825	新会港	7203	梧州海关	8603	瑞丽海关	9401	乌鲁木齐
6827	新会稽查	7204	桂林海关	8604	章凤海关	9402	霍尔果斯
6830	台山海关	7205	柳州海关	8605	盈江海关	9403	吐尔朵特
6831	台公益港	7206	防城海关	8606	孟连海关	9404	阿拉山口
6832	台烽火角	7207	东兴海关	8607	南伞海关	9405	塔城海关
6833	台山旅检	7208	凭祥海关	8608	孟定海关	9406	伊宁海关
6837	台山稽查	7209	贵港海关	8609	打洛海关	9407	吉木乃办
6840	三埠海关	7210	水口海关	8610	腾冲海关	9408	喀什海关
6841	三埠码头	7211	南靖西办	8611	沧源海关	9409	红其拉甫
6842	三埠水口	7212	钦州海关	8612	勐腊海关	9411	塔克什肯
6843	三埠旅检	7213	桂林机办	8613	河口海关	9412	乌拉斯太
6847	三埠稽查	7900	成都关区	8614	金水河关	9413	老爷庙
6850	恩平海关	7901	成都海关	8615	天保海关	9414	红山嘴
6851	恩平车场	7902	成关机办	8616	田蓬海关	9415	伊尔克什
6852	恩平港	7903	乐山海关	8617	大理海关	9500	兰州关区
6857	恩平稽查	7904	攀枝花关	8618	芒市海关	9501	兰州海关
6860	鹤山海关	7905	绵阳海关	8619	保山监管	9502	青监管组
6861	鹤山车场	7906	成关邮办	8620	昆明机场	9600	银川海关
6862	鹤山码头	7907	成都自贡	8621	昆明邮办	9700	西宁关区
6863	鹤山旅检	7908	成都加工	8622	西双版纳		
6867	鹤山稽查	8000	重庆关区	8623	昆丽江办		
6870	阳江海关	8001	重庆海关	8624	思茅海关		

二、备案号

进出口企业在海关办理加工贸易合同备案或征、减、免税审批备案等手续时，海关给予《中华人民共和国海关进料加工登记手册》、《中华人民共和国海关加工装配和中小型补偿贸易登记手册》、《中华人民共和国海关对外商投资企业履行产品出口合同所需要进口料件加工复出口登记手册》、电子账册及其分册、《进出口货物征免税证明》或其他有关备案审批文件的编号。

本栏目填报登记手册、征免税证明的编号。

无备案审批文件的报关单，本栏目免予填报。

例如：一般进出口货物没有前期备案过程，因此申报一般进出口货物时，“备案号”栏为空。

三、进口日期/出口日期

（1）进口日期，是指运载所申报货物的运输工具申报进境的日期。本栏目填报的日期必须与相应的运输工具进境日期一致。无法确知相应的运输工具的实际进境日期时，免予填报。

（2）出口日期，是指运载所申报货物的运输工具办结出境手续的日期。

本栏目供海关打印报关单证明联用，在申报时免予填报。

（3）无实际进出境的报关单填报办理申报手续的日期，以海关接受申报的日期为准。

（4）在 H2000 通关系统中，日期均为 8 位数字，顺序为年（4 位）、月（2 位）、日（2 位）。例如：2014 年 4 月 15 日进口一批货物，运输工具申报进境日期为 4 月 15 日，“进口日期”栏填报为：“20140415”。

四、申报日期

申报日期指海关接受进出口货物的收、发货人或受其委托的报关企业申请的日期。

以电子数据报关单方式申报的，申报日期为海关计算机系统接受申报数据时记录的日期。

以纸质报关单方式申报的，申报日期为海关接受纸质报关单并对报关单进行登记处理的日期。

【小贴士】

1. **申报日期**

申报日期是指申报数据被海关接受的日期。

不论以电子数据报关单方式申报还是以纸质报关单方式申报，海关接受申报数据的日期即为接受申报的日期。

以电子数据报关单方式申报的，申报日期为海关计算机系统接受申报数据时记录的日期，该日期将反馈给原数据发送单位，或公布于海关业务现场，或通过公共信息系统发布。电子数据报关单经过海关计算机检查被退回的，视为海关不接受申报，进出口货物收发货人或其代理人应当按照要求修改后重新申报，申报日期为海关接受重新申报的日期。

在采用先电子数据报关单申报，后提交纸质报关单申报的情况下，海关接受申报的时间以海关接受电子数据报关单申报的日期为准。

在不使用电子数据报关单只提供纸质报关单申报的情况下，海关工作人员在报关单上作登记处理的日期，为“海关接受申报”的日期。

2. **申报期限**

进口货物的申报期限为自装载货物的运输工具申报进境之日起 14 日内。申报期限的最后一天是法定节假日或休息日的，顺延至法定节假日或休息后的第一个工作日。

出口货物的申报期限为货物运抵海关监管区后、装货的 24 小时以前。

经海关批准准予集中申报的进口货物，自装载货物的运输工具申报进境之日起 1 个月内办理申报手续。

经电缆、管道或其他特殊方式进出境的货物，进出口货物收发货人或其代理人应当按照海关的规定定期申报。

进口货物自装载货物的运输工具申报进境之日起超过 3 个月仍未向海关申报的，货物由海关提取依法变卖处理。对属于不宜长期保存的货物，海关可以根据实际情况提前处理。

3. **滞报金**

进口货物收货人未按规定期限向海关申报产生滞报的，由海关按照规定征收滞报金。

进口货物滞报金应当按日计征。计征起始日为运输工具申报进境之日起第 15 日，截止日为海关接受申报之日（即申报日期）。起始日和截止日均计入滞报期间。

进口货物收货人在向海关传送报关单电子数据申报后，未在规定期限或核准的期限内提交纸质报关单，海关予以撤销电子数据报关单处理、进口货物收货人重新向海关申报，产生滞报的，滞报金的征收，以自运输工具申报进境之日起第 15 日为起始日，以海关重新接受申报之日为截止日。

进口货物收货人申报并经海关依法审核，必须撤销原电子数据报关单重新申报，产生滞报的，经进口货物收货人申请并经海关审核同意，滞报金的征收，以撤销原电子数据报关单和日期第 15 日为起始日，以海关重新接受申报之日为截止日。

进口货物因收货人在运输工具申报进境之日起超过 3 个月未向海关申报，被海关提取作变卖处理后，收货人申请发还余款的，滞报金的征收。以自运输工具申报进境之日起第 15 日为起始日，以该 3 个月期限的最后一日为截止日。

滞报金的日征收金额为进口货物完税价格的 0.5‰，以人民币“元”为计征单位，不足人民币 1 元的部分免征。

滞报天数，从运输工具申报日的第二天开始计算，即运输工具申报日并不计入。

滞报天数，从撤销原电子数据报关单当日的第二天开始计算，即撤销原电子数据报关单的当日并不计入。

征收滞报金的计算公式：

滞报金金额=进口货物完税价格×0.5‰×滞报期间（滞报天数）

滞报金的起征点为人民币 50 元。

滞报金的计征起始日如遇法定节假日，则顺延至其后第一个工作日。

根据海关规定，因不可抗力特殊情况产生的滞报可以向海关申请减免滞报金。

五、经营单位

经营单位指对外签订并执行进出口贸易合同的中国境内企业、单位或个体工商户。

本栏目应填报经营单位名称及经营单位在海关办理注册登记的10位编码。

1．经营单位编码的结构如下：

（1）第一至第四位数为进出口单位属地的行政区划代码，其中第一、二位数表示省、自治区、直辖市；第三、四位数表示省辖市（地区、省直辖行政单位），如第三、四位用“90”的，则表示未列名的省直辖行政单位。

（2）第五位数为市经济区划代码：

“1”表示经济特区；

“2”表示经济技术开发区和上海浦东新区、海南洋浦经济开发区；

“3”表示高新技术产业开发区；

“4”表示保税区；

“5”表示出口加工区；

“6”表示保税港区/综合保税区；

“7”表示物流园区；

“8”表示综合实验区；

“9”表示其他；

“A”表示国际边境合作中心；

“W”表示保税物流中心。

（3）第六位数为进出口企业经济类型编码：

“1”表示有进出口经营权的国有企业；

“2”表示中外合作企业；

“3”表示中外合资企业；

“4”表示外商独资企业；

“5”表示集体企业；

“6”表示民营企业；

“7”表示个体工商户；

“8”表示有报关权而没有进出口经营权的企业；

“9”表示其他，包括外国驻华企事业机构、外国驻华使领馆和临时有进出口经营权的单位。

（4）第七位数为企业注册用海关经营类别代码，表示海关行政管理相对人的类别：

“0-9”表示进出口货物收发货人和报关企业；

“D-I”表示各类保税仓库；

“L”表示临时注册登记单位；

“Z”表示报关企业分支机构；

“J”表示国内结转型出口监管仓库；

“P”表示出口配送型出口监管仓库。

（5）第八至第十位数为注册流水编号。

2．外商投资企业委托外贸企业进口投资设备、物品的，“经营单位”栏填报外商投资企业的中文名称及编码，并在“标记唛码及备注”栏注明“委托××公司进口”。

3．企业编码第六位为“8”的企业为只有报关权而没有进出口权的企业，不能填入此栏。

六、运输方式

运输方式是指载运货物进出关境所使用的运输工具的分类，包括实际运输方式和海关规定的特殊运输方式。

本栏目应根据实际运输方式按海关规定的《运输方式代码表》（表 2-1）选择填报相应的运输方式。

表 2-1 运输方式代码表

代 码	名 称	运输方式说明
0	非保税区	非保税区运入保税区和保税区退区
1	监管仓库	境内存入保税仓库和出口监管仓库退仓
2	江海运输	
3	铁路运输	
4	汽车运输	
5	航空运输	
6	邮件运输	
7	保税区	保税区运往非保税区
8	保税仓库	保税仓库转内销
9	其他运输	人扛、驮畜、输水管道、输油管道、输电网等方式
W	物流中心	从中心外运入保税物流中心或从保税物流中心运往中心外
X	物流园区	从境内（指国境内特殊监管区域之外）运入园区内或从保税物流园区运往境内
Y	保税港区	保税港区（不包括直通港区）运送以外和区外运入保税港区的货物
Z	出口加工	出口加工区运往区外和区外运入出口加工区（区外企业填报）

七、运输工具名称

运输工具名称是指载运货物进出境的运输工具的名称或运输工具编号。

本栏目填报内容应与运输部门向海关申报的载货清单所列相应内容一致。

一份报关单只允许填报一个运输工具名称。

H2000 系统中，此栏应填报为：“运输工具名称/航次号”。

“航次号”是指载运货物进出境的运输工具的航次编号。

例如：“HUAILAIHE”号轮 V1408E 航次，在“运输工具名称”栏填报为：HULAIHE/1408E。

八、提运单号

提运单号是指进出口货物提单或运单的编号。

本栏目填报的内容应与运输部门向海关申报的载货清单所列相应内容一致。

一份报关单只允许填报一个提运单号，一票货物对应多个提运单时，应分单填报。

九、收货单位/发货单位

收货单位指已知的进口货物在境内的最终消费、使用单位，包括：

1）自行从境外进口货物的单位。

2）委托进出口企业进口货物的单位。

发货单位指出口货物在境内的生产或销售单位，包括：

1）自行出口货物的单位。

2）委托进出口企业出口货物的单位。

备有海关注册编号或加工生产企业编号的收、发货单位，本栏目必须填报其经营单位编码或加工生产企业编号；否则填报其中文名称。加工贸易报关单的收、发货单位应与《加工贸易手册》的“货主单位”一致；减免税货物报关单的收、发货单位应与“征免税证明”的“申请单位”一致。

十、贸易方式（海关监管方式）

本栏目应根据实际情况按海关规定的代码填报相应的贸易方式简称或代码。一份报关单只允许填报一种贸易方式。

出口加工区内企业填制的《出口加工区进（出）境货物备案清单》应选择填报适用于出口加工区货物的监管方式简称或代码。

进出口货物报关单上所列的贸易方式专指以国际贸易中进出口货物的交易方式为基础，结合海关对就出口货物监督管理综合设定的对进出口货物的管理方式，即海关监管方式。

监管方式代码为 4 位数字。前两位按照海关监管业务分类，例如 02～08、44、46 表示加工贸易货物，11～12 表示保税仓储、转口货物，20～22 表示外商投资企业进口货物，45 表示退运货物，50～53 表示特殊区域货物。后两位以海关统计方式为基础分类，其中 10～39 表示列入海关贸易统计，41～66 表示列入单项统计；00 表示不列入海关贸易统计和单项统计。

常见贸易方式的名称、代码、适用范围及主要填报要求如下：

（一）一般贸易

一般贸易是指我国境内有进出口经营权的企业单位进口或单边出口的贸易。

本监管方式代码“0110”，简称“一般贸易”，适用范围包括：

（1）以正常交易方式成交的进出口货物；

（2）货款援助的进出口货物；

（3）外商投资企业为加工内销产品而进口的料件；

（4）外商投资企业用国产原材料加工成品出口或采购产品出口；

（5）供应外国国籍船舶、飞机等运输工具的国产燃料、物料及零配件；

（6）保税仓库进口供应给中国籍国际航行运输工具使用的燃料、物料等保税货物；

（7）境内企业在境外投资以实物投资进出口的设备、物资；

（8）来料养殖、来料种植进出口货物；

（9）国有公益性收藏单位通过合法途径从境外购入的藏品。

（二）加工贸易项下进口料件和出口成品

1．来料加工

来料加工是指进口料件由境外企业提供，经营企业不需要付汇进口，按照境外企业的要求进行加工或装配，只收取加工费，制成品由境外企业销售的经营活动。

本监管方式代码“0214”，简称“来料加工”，主要适用于来料加工项下进口的料件和加工出口的成品。

来料加工进出口货物报关单“备案号”栏目应填报加工贸易手册或电子账册编号。出口成品报关单“征免”栏方式应填报“全免”，应征出口税的，应填报“照章征税”。

2．进料加工

进料加工贸易是指进口料件由经营企业付汇进口，制成品由经营企业外销出口的经营活动。进料加工对口合同是指买卖双方分别签订进出口对口合同，料件进口时，我方先付料件款，加工成品出口时在向对方收取出口成品款项的交易方式，包括动用外汇的对口合同或不同客户的对口联号合同，以及对开信用证的对口合同。

本监管方式代码“0615”，简称“进料对口”，主要适用于进料加工项下进口料件和出口成品，以及进料加工贸易中外商免费提供进口的主、辅料和零部件。

进料加工进出口货物报关单“备案号”栏目应填报加工贸易手册或电子账册编号，成品出口报关单“征免”栏方式应填报“全免”，应征出口税的，应填报“照章征税”。

（三）加工贸易项下其他货物

1．结转

加工贸易经营企业将保税进口料件所加工的产品在境内结转给另一个加工贸易企业，用于在加工后复出口的，转入、转出的企业分别填制进、出口报关单，监管方式填报“来料余料结转”（0258）或“进料余料结转”（0657）。

2．内销

（1）料件内销。加工贸易加工过程产生的剩余料件、制成品、半成品、残次品及受灾保税货物，经批准转为国内销售，不再加工复出口的，以及海关事后发现擅自转内销并准予补办进口补税手续商务加工贸易项下货物，应填制进口报关单，监管方式填报“来料料件内销”（0245）或“进料料件内销”（0644）。

（2）边角料内销。加工贸易过程中有形损耗产生的边角料，以及加工副产品，有商业价值且经批准在境内销售的，应填制进口报关单，监管方式填报“来料边角料内销”（0845）或“进料边角料内销”（0844）。

3．退运（复出）

加工贸易进口料件因品质、规格等原因退运出境，或加工过程中产生的剩余料件、边角料退运出境，且不再更换同类货物进口的，分别填报“来料料件复出”（0265）、“来料边角料复出”（0865）、“进料料件复出”（0664）、“进料边角料复出”（0864）。

4．退换

（1）料件退换。加工贸易保税料件因品质、规格等原因退运出境，更换料件后复进口的，退运出境报关单和复运进境报关单的监管方式应填报为“来料料件退换”（0300）或“进料料件退换”（0700）。

（2）成品退换。加工贸易出口成品因品质、规格等原因退运出境，经加工、维修或更换同类商品复出口的，退运进境报关单和复运出境报关单的监管方式应填报为“来料成品退换”（4400）或“进料成品退换”（4600）。

5．放弃

加工贸易进口料件或加工成品不再用于出口，主动放弃交由海关处理，应填制进口报关单，监管方式填报“料件放弃”（0200）或“成品放弃”（0400）。

加工贸易项下各类货物报关单填制的常见内容及栏目对应关系参照本章第五节对应表格内容。

（四）加工贸易进口设备

1．加工贸易设备

加工贸易设备，指来料加工、进料加工贸易项下外商作价提供、不扣减企业投资总额的进口设备，以及服务外包企业履行国际服务外包合同，由国际服务外包业务境外发包方免费提供的进口设备。

本监管方式代码“0420”，对应征免性质为“一般征税”（101）或“加工设备”（501）。

2．不作价设备

加工贸易项下外商提供的不作价设备，指境外企业与境内企业开展来料、进料业务，外商免费向境内加工贸易经营单位提供加工生产所需设备，境内经营单位不需支付外汇、不需用加工费或差价偿还。

本监管方式代码“0320”，简称“不作价设备”，对应征免性质为“加工设备”（501）。

加工贸易进口不作价设备由加工贸易合同备案地海关办理备案手续，核发加工贸易手册，手册编号第一位标记为“D”。进口《外商投资项目不予免税的进口商品目录》所列商品范围外的不作价设备，且符合规定条件的，免征进口关税，与加工贸易免税进口不作价设备相关的监管方式有：

（1）加工设备内销，指海关监管期内的加工贸易免税进口设备经批准转售给境内非加工企业，代码“0446”。

（2）加工设备结转，指海关监管期内的加工贸易免税进口设备经批准转让给另一加工企业，或从本企业一本加工贸易手册结转入另一本加工贸易手册，代码“0456”。

（3）加工设备退运指加工贸易免税进口设备退运出境，代码“0466”。

（五）外商投资企业进口自用设备、物品

1．投资总额内进口设备、物品

外商投资企业作为投资进口的设备、物品，是指外商投资企业投资总额内的资金（包括

中方投资）进口的机器设备、零部件和其他建厂（场）物料，安装、加固机器所需材料，以及本企业自用合理数量的交通工具，生产用车辆、办公用品（设备）。

中外合资、合作企业进口设备、物品，监管方式代码“2025”，简称“合资合作设备”；外商独资企业（以下简称外资企业）进口设备、物品，监管方式代码“2225”，简称“外资设备物品”。

2．投资总额外自有资金免税进口设备

鼓励类和限制类外商投资企业、外商投资研究开发中心、先进技术型和产品出口型外商投资型企业，以及符合中西部利用外资优势产业和优势项目目录的项目，利用投资总额以外的自有资金，在原批准的生产经营范围内，对设备进行更新维修，进口国内不能生产或性能不能满足需要的自用设备及其配套的技术、配件、备件，进口报关单监管方式应为“一般贸易”（0110），对应正面性质为“自有资金”（799）。

3．减免税设备结转

这是指海关监管年限内的减免税设备，从进口企业结转到另一享受减免税待遇的企业，监管方式代码“0500”，简称“减免税设备结转”，减免设备结转的转入、转出企业应分别填写进、出口报关单向海关申报，具体栏目填制要求见本章第五节对应表格内容。

需注意的是，加工贸易项下免税进口的不作价设备结转给另一加工贸易企业，不适用本贸易方式，应适用“加工设备结转”（0456）。

（六）暂时进出境货物

1．进出境展品

进出境展品是指外国为来华或我国到外国举办经济、文化、科技等展览或参加博览会而进出境的展览品，以及与展览品有关的宣传品、布置品、招待品、小卖品和其他物品。

本监管方式代码“2700”，简称“展览品”，对应征免性质为“其他法定”（299）。

进出境展览品的范围主要包括在展览会、交易会、会议及类似活动中展示或者使用的货物，详见教材第三章第六节，不复运出入境而留在境内外销售的进出境展览品，应按实际监管方式填报，不适用本监管方式。ATA单证册项下的暂准进出展览品，持证人免填报关单，无须使用本监管方式。

2．暂时进出境货物

暂时进出境货物是指经海关批准，暂时进出关境并且在规定的期限内复运出境或进境的货物，包括国际组织、外国政府或外国和我国香港、澳门及台湾地区的企业、群众团体及个人为开展经济、技术、科学、文化合作交流而暂时运出我国关境及复运出入境的货物。

本监管方式代码“2600”，简称“暂时进出货物”，对应征免性质为“其他法定”（299）。

（七）租赁贸易

租赁贸易是指经营租赁业务的企业与外商签订国际租赁合同项下境内企业租赁进口或出租出口业务。

相关贸易方式包括：租赁期在一年及以上的进出口货物，监管方式代码“1523”，简称

"租赁贸易"；租赁期在一年及以上的进出口货物分期办理征税手续时，每期征税适用监管方式代码"9800"，简称"租赁征税"；租赁期不满一年的进出口货物，监管方式代码"1500"，简称"租赁不满一年"。

上述贸易的使用范围不包括：经营租赁业务的企业进口自用的设备、办公用品，监管方式为"一般贸易"（0110）；加工贸易租赁进口的机器设备，监管方式应为"加工贸易设备"（0420）。

租赁贸易货物报关单的主要填制要求如下：

（1）首次进口时，分期支付租金的，应填制两份报关单，一份监管方式为"租赁贸易"（1523）或"租赁不满一年"（1500），申报租赁业务的全值，用于监管和统计；另一监管方式为"租赁征税"（9800），用于计征税款。纳税义务人申请一次性缴纳税款的，可以选择申请按照依次审查确定该货物的完税价格的方法，或者按照海关审查确定的租金总额作为完税价格。

（2）进口后，按合同约定支付各期租金并征税的，报关单监管方式均为"租赁征税"（9800），并将首次进口的报关单号作为"关联报关单号"填报在"标记唛码及备注"栏。

（3）退运时"租赁贸易"（1523）期满复运出（进）口的货物，监管方式为"退运货物"（4561）；"租赁不满一年"（1500）期满复运出（进）口的货物，监管方式为"租赁不满一年"（1500）。

（八）修理货物

进出境修理货物是指进境或出境维护修理的货物、物品。

本监管方式代码"1300"简称"修理货物"。

本监管方式适用于各类进出境维修的货物，以及修理货物维修所用的原材料、零部件，但不包括：按加工贸易保税货物管理的进境维修业务，以及加工贸易项下进口料件和出口成品的进出境维修退换（0300、0700、4400、4600）业务。

维修物品进口报关单对应征免性质为"一般征税"（101）或"其他法定"（299）。进出境维修货物复运出进境，进出口报关单需将关联的进、出口报关单号作为关联报关单号填报在"标记唛码及备注"栏。

（九）无代价抵偿进出口货物

无代价抵偿进出口货物是指进出口货物经海关征税或免税放行后，发现货物残损、短少或品质不良及规格不符等原因，而由进出口货物的发货人、承运人或保险公司免费补偿或更换的与原货物相同或者与合同规定相符的货物。

本监管方式代码"3100"，简称"无代价抵偿"。

无代价抵偿进出口货物相关申报要求如下：

（1）如原进出口货物退运出进境，其报关单的"贸易方式"栏应填报为"其他"（9900）。补偿货物的报关单监管方式填报"无代价抵偿"（3100），"征免性质"填报"其他法定"（299）。

（2）退运出进境报关单（9900），及补偿进出口货物报关单（3100），均应在"标记唛码及备注"栏内填报原进出口货物报关单号。

（十）退运货物

退运货物是指原进、出口货物因残损、缺少、品质不良、规格不符、延误交货或其他原因退运出、进境的货物。

本监管方式代码“4561”，简称“退运货物”。

1. 适用范围

本监管方式适用于以下货物的退运进、出境：一般贸易（0110）、易货贸易（0130）、旅游购物商品（0139）、租赁贸易（1523）、寄售代销（1616）、外商投资企业设备物品（2020）/（2225）、外汇免税商品（1831）、货样广告品（3010）/（3039）、其他进出口免费（3339）、承包工程进口（3422）、无偿援助（3511）、捐赠物资（3612）、边境小额（4019）、其他贸易（9739）。

本监管方式不适用于以下货物：

（1）加工贸易项下料件、成品维修退换、监管方式为“来料料件退换”（0300）、“进料料件退换”（0700）、“来料成品退换”（4400）、“进料成品退换”（4600）。

（2）加工贸易项下料件、边角料退运，监管方式为“来料料件复出”（0265）、“来料边角料复出”（0865）、“进料料件复出”（0664）、“进料边角料复出”（0864）。

（3）加工贸易设备退运，监管方式为“加工设备退运”（0466）。

（4）货物进境后、放行结关前退运的货物，监管方式为“直接退运”（4500）。

（5）“租赁不满一年”货物退运，监管方式为“租赁不满一年”（1500）。

（6）进出口无代价抵偿货物，被更换的原进口货物退运出境，监管方式为“其他”（9900）。

2. 相关申报要求

退运货物进出口时，应随附原出（进）口货物报关单，并将原出（进）口货物报关单号填报在“标记唛码及备注”栏内。

（十一）直接退运货物

直接退运货物是指进口货物收发货人、原运输工具负责人或者其代理人在货物进境后、办结海关放行手续前，因海关责令或有正当理由获准退运境外的货物。

本监管方式代码“4500”，简称“直接退运”。

1. 直接退运货物适用范围

（1）在货物进境后、办结海关手续前，由于客观原因向海关申请办理直接退运手续的，包括错发、误卸、溢卸货物、残损货物等。

（2）在货物进境后，办结海关手续前，由于不符合相关法令，依法应当退运的，由海关责令当事人将进口货物直接退运境外的，包括违反有关进口法令，经海关处理后责令退运境外的。

（3）保税区、出口加工区及其他海关特殊监管区域和保税监管场所进口货物直接退运的。

2. 直接退运货物除外范围

海关放行后需办理退运出境的进口货物，以及进口转关货物在进境地海关放行后申请办理退运手续的货物。两者均应按“退运货物”（4561）手续办理报关手续。

3．直接退运货物相关申报要求

按照“先报出、后报进”的原则先办理出口手续，后办理进口手续，进口报关单“标记唛码及备注”栏将对应的出口报关单号作为“关联报关单号”填报，进出口报关单监管方式均为“直接退运货物”，“标记唛码及备注”栏均应填报“海关准予进口货物直接退运货物决定书”或“海关责令进口货物直接退运通知书”的编号。

（十二）国家或国际组织无偿援助和赠送的物资

国家或国际组织无偿援助和赠送的物资，是指我国根据两国政府间的协议或临时决定，对外提供无偿援助的物资、捐赠品，或我国政府、组织基于友好关系向对方国家政府、组织赠送的物资，以及我国政府、组织接受国际组织、外国政府或组织无偿援助、捐赠或赠送的物资。

本监管方式代码“3511”，简称“无偿援助物资”。本监管方式对应征免性质为“无偿援助”（201）。

（十三）进出口捐赠物资

进出口捐赠物资是指境外捐赠人以扶贫、慈善、救灾为目的向我国境内捐赠的直接用于扶贫、救灾、兴办公益福利事业的物资，以及境内捐赠人以扶贫、慈善、救灾为目的向境外捐赠的直接用于扶贫、救灾、兴办公益福利事业的物资。

本监管方式代码“3612”，简称“捐赠物资”。对应征免性质为“救灾捐赠”（801）、“扶贫慈善”（802）、“公益收藏”（698）、“科教用品”（401）、“残疾人”（413）等。

（十四）其他免费提供的进出口货物

其他免费提供的进出口货物指已具体列明的礼品、无偿援助和赠送物资、捐赠物资、无代价抵偿进口货物、国外免费提供的货样、广告品等归入列明监管方式的免费提供货物以外，进口其他免费提供的货物。

（十五）保税仓库进出境仓储、转口货物

保税进出境仓储及转口货物，指从境外进口直接存入保税仓库、保税仓库出境的仓储、转口货物，以及出口监管仓库出境的货物。相关申报要求：

（1）保税仓库进境货物销往境内，按货物运出保税仓库的实际用途填报相应的监管方式，运输方式为“保税仓库”（8）。

（2）境内存入出口监管仓库和出口监管仓库退仓货物，按实际监管方式填报，运输方式为“监管仓库”（1）。

（3）保税仓库货物出仓运往境内其他地方转为正式进口的，在仓库主管海关办结出仓报关手续，填制出口报关单，监管方式填写“1200”，进口报关单按实际进口监管方式填报。

（十六）物流中心进出境货物

保税物流中心进出境仓储货物是指从境外直接存入保税物流中心运出境的仓储、转口货物。

相关申报要求如下：

（1）从境内（海关特殊监管区域除外）运入保税物流中心应填制出口报关单，从保税物流中心提取运往境内的货物应填制进口报关单，监管方式按实际情况选择填报。

（2）保税物流中心与保税区、出口加工区、保税物流园区、保税仓库、出口监管仓库及保税物流中心之间等海关特殊监管区域或保税监管场所之间往来的货物，监管方式填报“保税间货物”（1200）。

（十七）保税区进出境仓储、转口货物

保税区进出境仓储、转口货物是指境外存入保税区、保税物流园区和从保税区、保税物流园区进出境的仓储、转口货物。

保税区、保税物流园区进出境仓储、转口货物实行“备案制”区内企业凭“保税区、保税物流园区进（出）境货物备案清单”向保税区、保税物流园区海关办理申报手续。保税区仓储、转口货物无须填报征免性质。

相关申报要求如下：

（1）保税区、保税物流园区除仓储、转口货物以外的其他进出境货物，应按实际监管方式填报。如区内企业开展加工贸易业务所需进口料件和制成品出口，监管方式应填报为“来料加工”（0214）或“进料对口”（0615）。

（2）保税区、保税物流园区运往境内非海关特殊监管区域、保税监管场所的货物，按实际监管方式填报，运输方式为“保税区”（7）。

（3）从境内非特殊监管区域、保税监管场所运入保税区、保税物流园区的货物，以及从境内非海关特殊监管区域、保税监管场所运入保税区、保税物流园区后又退回境内的货物，按实际监管方式填报，运输方式为“非保税区”（0）。

（十八）保税区加工贸易内销货物

保税区进料加工、来料加工成品不复运出境，转为国内使用，按征税方式区分适用以下监管方式：

（1）区内加工企业来料、进料加工全部用于境外运入料件加工的制成品销往非保税区，以及来料、进料加工内销制成品所含进口料件的品名、数目、价值难以区分的，按照制成品征税。监管方式为“保税来料成品”（0445）和“保区进料成品”（04444）。

（2）区内企业来料、进料加工用含有部分境外运入料件加工的制成品销往非保税区时，对其制成品按照所含进口料件征税，监管方式为“保区来料料件”（0545）和“保区进料料件”（0544）。

（十九）海关特殊监管区域、保税监管场所往来的货物

这是指保税区、保税物流园区、出口加工区、出口监管仓库、保税仓库、保税物流中心

等海关特殊监管区域、保税监管场所间往来的货物。

（二十）海关特殊监管区域进出境货物

下述 5014、5015、5034、5335、5361、5010 六种监管方式，适用于保税港区、综合保税区、出口加工区、珠澳跨境工业园区（珠海园区）、中哈霍尔果斯边境合作区（中方配套区）内企业申报使用，不适用于区外企业和保税区、保税物流园区内企业。

（1）5014“区内来料加工”指海关特殊监管区域与境外之间进出的来料加工货物，适用于海关特殊监管区域内企业在来料加工贸易项下的料件从境外进口及制成品出境。

（2）5015“区内进料加工货物”指海关特殊监管区域与境外之间进出的进料加工货物，适用于海关特殊监管区域内企业在进料加工贸易项下的料件从境外进口及制成品出境。

（3）5034“区内物流货物”指海关特殊监管区域与境外之间进出的物流货物，适用于海关特殊监管区域内企业从境外运进或运往境外的仓储、分拨、配送、转口货物，包括流通领域的物流货物及供区内加工生产用的仓储货物。

（4）5335“境外设备进区”指海关特殊监管区域从境外进口的设备及货物，适用于海关特殊监管区域内企业从境外进口用于区内业务所需的设备、物资，以及区内企业和行政管理机构自用合理数量的办公用品等。

（5）5361“区内设备退运”指海关特殊监管区域设备及货物退运境外，适用于海关特殊监管区域内企业将监管方式代码“5335”项下的设备、物资退运境外。

（6）5010“特殊区域研发货物”指海关特殊监管区域与境外之间进出的研发货物，适用于海关特殊监管区域内企业从境外购进的用于研发的材料、成品，或研发后将上述货物退回境外，但不包括企业自用或其他用途的设备。

上述监管方式中，“区内进料加工企业”（5015）适用征免性质代码“进料加工”（503），监管方式“区内物流货物”（5034）无须填报征免性质代码。

（二十一）海关特殊监管区域进出区货物

下述 5000、5100、5300 三种监管方式适用于保税区、综合保税区、出口加工区、珠澳跨境工业园区（珠海园区）、中俄霍尔果斯边境合作区（中方配套区）内企业申报适用，不适用于区外企业和保税区、保税物流园区内企业。

（1）5000“来料进料区”指料件进出海关特殊监管区域，适用于海关特殊监管区域内保税加工、保税物流或研发企业境内（区外）之间进出的料件，包括此类料件在境内的退运、退换。

（2）5100“成品进出区”指成品进出海关特殊监管区域，适用于海关特殊监管区域内保税加工、保税物流或研发企业境内（区外）之间进出的成品，包括此类料件在境内的退运、退换。

（3）5300“设备进出区”指设备及物资进出海关特殊监管区域，适用于海关特殊监管区域企业从境内（区外）购进的自用设备、物资，或将设备、物资销往区外，结转到同一海关特殊监管区域的企业，以及在境内的退运、退换。贸易方式代码见表 2-2。

表 2-2 贸易方式（监管方式）代码

代码	简称	全称
0110	一般贸易	一般贸易
0130	易货贸易	易货贸易
0139	旅游购物商品	用于旅游者5万美元以下的出口小批量订货
0200	料件放弃	主动放弃由海关处理的来料或进料加工料件
0214	来料加工	来料加工装配贸易进口料件及加工出口货物
0245	来料料件内销	来料加工料件转内销
0255	来料深加工	来料深加工结转货物
0258	来料余料结转	来料加工余料结转
0265	来料料件复出	来料加工复运出境的原进口料件
0300	来料料件退换	来料加工料件退换
0314	加工专用油	国有贸易企业代理来料加工企业进口柴油
0320	不作价设备	加工贸易外商提供的不作价进口设备
0345	来料成品减免	来料加工成品凭征免税证明转减免税
0400	成品放弃	主动放弃交由海关处理的来料或进料加工成品
0420	加工贸易设备	加工贸易项下外商提供的进口设备
0444	保区进料成品	按成品征税的保税区进料加工成品结转内销货物
0445	保区来料成品	按成品征税的保税区来料加工成品结转内销货物
0446	加工设备内销	加工贸易免税进口设备转内销
0456	加工设备结转	加工贸易免税进口设备结转
0466	加工设备退运	加工贸易免税进口设备退运出境
0500	减免设备结转	用于监管年限内减免设备的结转
0513	补偿贸易	补偿贸易
0544	保区进料料件	按料件征税的保税区进料加工成品转内销货物
0545	保区来料料件	按料件征税的保税区来料加工成品转内销货物
0615	进料对口	进料加工
0642	进料以产顶进	进料加工成品以产顶进
0644	进料料件内销	进料加工料件转内销
0654	进料深加工	进料深加工结转货物
0657	进料余料结转	进料加工余料结转
0664	进料料件复出	进料加工复运出境的原进口料件
0700	进料料件退换	进料加工料件退换
0744	进料成品减免	进料加工成品凭征免税证明转减免税
0815	低值辅料	低值辅料
0844	进料边角料内销	进料加工贸易项下边角料转内销
0845	来料边角料内销	来料加工贸易项下边角料内销
0864	进料边角料复出	进料加工项下边角料复出口
0865	来料边角料复出	来料加工项下边角料复出口
1139	国轮油物料	中国籍运输工具境内添加的保税油料、物料
1200	保税间货物	海关保税场所及保税区域之间往来的货物
1233	保税仓库货物	保税仓库进出境货物
1234	保税区仓储转口	保税区进出境仓储转口货物
1300	修理物品	进出境修理物品
1427	出料加工	出料加工
1500	租赁不满一年	租赁不满一年的贸易货物
1523	租赁贸易	租期在一年及以上的租赁贸易业务
1616	寄售代销	寄售、代销贸易

（续）

代码	简称	全称
1741	免税品	免税品
1831	外汇商品	免税外汇商品
2025	合资合作设备	合资合作企业作为投资进口设备物品
2225	外资设备物品	外资企业作业投资进口设备物品
2439	常驻机构公用	外商常驻机构进口办公用品
2600	暂时进出货物	暂时进出口货物
2700	展览品	进出境展览品
2939	陈列样品	驻华商业机构不复运出口的进口陈列样品
3010	货样广告品 A	有经营权单位进出口的货样广告品
3100	无代价抵偿	无代价抵偿进出口货物
3339	其他进出口免费	其他进出口免费提供货物
3410	承包工程进口	对外承包工程进口物资
3422	对外承包出口	对外承包工程出口物资
3511	援助物资	国家和国际组织无偿援助物资
3612	捐赠物资	进出口捐赠物资
4019	边境小额	边境小额贸易（边民互市贸易除外）
4039	对台小额	对台小额贸易
4139	对台小额商品交易市场	进入对台小额商品交易专用市场的货物
4200	驻外机构运回	我驻外机构运回旧公用物品
4239	驻外机构购进	我驻外机构境外购买运回国的公用物品
4400	来料成品退换	来料加工成品退换
4500	直接退运	直接退运
4539	进口溢误卸	进口溢卸、误卸货物
4561	退运货物	因质量不符、延误交货等原因退运进出境货物
4600	进料成品退换	进料成品退换
5000	料件进出区	料件进出海关特殊监管区域
5010	特殊区域研发货物	海关特殊监管区域与境外之间进出的研发货物
5014	区内来料加工	海关特殊监管区域与境外之间进出的来料加工货物
5015	区内进料加工货物	海关特殊监管区域与境外之间进出的进料加工货物
5034	区内物流货物	海关特殊监管区域与境外之间进出的物流货物
5100	成品进出区	成品进出海关特殊监管区域
5300	设备进出区	设备及物资进出海关特殊监管区域
5335	境外设备进区	海关特殊监管区域从境外进口的设备及物资
5361	区内设备退运	海关特殊监管区域设备及物资退运境外
6033	物流中心进出境货物	保税物流中心与境外之间进出仓储货物
9600	内贸货物跨境运输	内贸货物跨境运输
9639	海关处理货物	海关变卖处理的超期未报货物、走私违规货物
9700	后续补税	无原始报关单的后续补税
9739	其他贸易	其他贸易
9800	租赁征税	租赁期 1 年及以上的租赁贸易货物的租金
9839	留赠转卖物品	外交机构转售境内或国际活动留赠放弃特批货物
9900	其他	其他

十一、征免性质

征免性质是指海关对进出口货物实施征、减、免税管理的性质类别。

本栏目应按照海关核发的“征免税证明”中批注的征免性质填报，或根据实际情况按海关规定的《征免性质代码表》选择填报相应的征免性质简称或代码。

一份报关单只允许填报一种征免性质。征免性质代码见表2-3。

表2-3 征免性质代码表

征免性质代码	征免性质简称	征免性质全称
101	一般征税	一般征税进出口货物
118	整车征税	构成整车特征的汽车零部件纳税
119	零部件征税	不构成整车特征的汽车零部件纳税
201	无偿援助	无偿援助进出口物资
299	其他法定	其他法定减免税进出口货物
301	特定区域	特定区域进口自用物资及出口货物
307	保税区	保税区进口自用物资
399	其他地区	其他执行特殊政策地区出口货物
401	科教用品	大专院校及科研机构进口科教用品
403	技术改造	企业技术改造进口货物
406	重大项目	国家重大项目进口货物
412	基础设施	通信、港口、铁路、公路、机场建设进口设备
413	残疾人	残疾人组织和企业进出口货物
417	远洋渔业	远洋渔业自捕水产品
418	国产化	国家定点生产小轿车和摄录机企业进口散件
419	整车特征	构成整车特征的汽车零部件进口
420	远洋船舶	远洋船舶及设备部件
421	内销设备	内销远洋船用设备及关键部件
422	集成电路	集成电路生产企业进口货物
423	新型显示器件	新型显示器件生产企业进口物资
499	ITA产品	非全税号信息技术产品
501	加工设备	加工贸易外商提供的不作价进口设备
502	来料加工	来料加工装配和补偿贸易进口料件及出口成品
503	进料加工	进料加工贸易进口料件及出口成品
506	边境小额	边境小额贸易进口货物
510	港澳OPA	港澳在内地加工的纺织品获证出口
601	中外合资	中外合资经营企业进出口货物
602	中外合作	中外合作经营企业进出口货物
603	外资企业	外商独资企业进出口货物
605	勘探开发煤层气	勘探开发煤层气
606	海洋石油	勘探、开发海洋石油进口货物
608	陆上石油	勘探、开发陆上石油进口货物
609	贷款项目	利用贷款进口货物
611	贷款中标	国际金融组织贷款、外国政府贷款中标机电设备零部件
789	鼓励项目	国家鼓励发展的内外资项目进口设备
799	自有资金	外商投资额度外利用自有资金进口设备、备件、配件
801	救灾捐赠	救灾捐赠进口物资
802	扶贫慈善	境外向我境内无偿捐赠用于扶贫慈善的免税进口物资
888	航材减免	经核准的航空公司进口维修用航空器材
898	国批减免	国务院特准减免税的进出口货物
997	自贸协定	
998	内部暂定	享受内部暂定税率的进出口货物
999	例外减免	例外减免税进出口货物

十二、征税比例/结汇方式

“征税比例”栏，现免于填报。

出口报关单应填报结汇方式，即出口货物的发货人或其代理人收结外汇的方式。

本栏目应按海关规定的《结汇方式代码表》（表 2-4）选择填报相应的结汇方式名称或代码。

表 2-4　结汇方式代码表

代　码	结 汇 方 式	英 文 缩 写	英 文 名 称
1	信汇	M/T	Mail Transfer
2	电汇	T/T	Telegraphic Transfer
3	票汇	D/D	Remittance by Banker 's Demand Draft
4	付款交单	D/P	Documents against Payment
5	承兑交单	D/A	Documents against Acceptance
6	信用证	L/C	Letter of Credit
7	先出后结		
8	先结后出		
9	其他		

十三、进出口许可

进出口许可是国家对进出口的一种行政管理制度，既包括准许进出口有关证件的审批和管理制度本身的程序，也包括以国家各类许可为条件的其他行政管理手续，这种行政管理制度称为进出口许可制度。进出口许可制度作为一项非关税措施，是世界各国管理进出口贸易的一种常见手段。

货物、技术进出口许可管理制度是我国进出口许可管理制度的主体，是国家对外贸易管制中极其重要的管理制度。其管理范围包括禁止进出口货物和技术、限制进出口货物和技术、自由进出口的技术以及自由进出口中部分实行自动许可管理的货物。

十四、国别（地区）

起运国（地区）是指进口货物直接运抵或者在运输中转国（地）未发生任何商业性交易的情况下运抵我国的起始发出的国家（地区）。

运抵国（地区）是指出口货物离开我国关境直接运抵或者在运输中转国（地）未发生任何商业性交易的情况下最后运抵的国家（地区）。

对发生运输中转的货物，如中转地未发生任何商业性交易，则起、抵地不变，如中转地发生商业性交易，则以中转地作为起运/运抵国（地区）填报。

无实际进出境的，本栏目填报“中国”（代码 0142）。

原产国（地区）是指进口货物的生产、开采或加工制造国家（地区）。

最终目的国（地区）是指已知的出口货物的最终实际消费、使用或进一步加工制造国家（地区）。

上述栏目应按海关规定的《国别（地区）代码表》（见表 2-5）选择填报相应的国家（地区）名称或代码。

表 2-5 《国别（地区）代码表》

代 码	中文名称	代 码	中文名称
110	中国香港	307	意大利
116	日本	331	瑞士
121	中国澳门	344	俄罗斯联邦
132	新加坡	501	加拿大
133	韩国	502	美国
142	中国	601	澳大利亚
143	台澎金马关税区	609	新西兰
303	英国	701	国（地）别不详的
304	德国	702	联合国及机构和国际组织
305	法国	999	中性包装原产国别

根据发票判定起运国、运抵国和是否发生中转

发票由出口企业自行拟制，无统一格式，但基本栏目大致相同。一般标明“发票”（Invoice）或“商业发票”（Commercial Invoice）字样，用粗体字印刷在单据的明显位置。发票的主要栏目内容如下：

1）出票人的名称与地址。发票的出票人一般为出口人，其名称和地址相对固定，故出口商通常将此项内容事先印制在发票的正上方或右下方。这个栏目是判断进口货物中转时是否发生买卖关系的指标之一。如果出票人的地址与进口货物起运地一致，则说明进口货物中转时没有发生买卖关系；如果出票人的地址与进口货物运输的中转地一致，与起运地不一致，则说明进口货物中转时发生了买卖关系。

2）起运及目的地。该栏标明了货物运输的实际起止地点。如货物需要转运，则注明转运地。有的还注明运输方式。例如 FORM TIANJIN TO HAMBURG VIA HONGKONG（从天津经香港到达汉堡）。

3）收货人。此栏前通常印有“To”，“Sold to Messer’s”或者“For Account and Risk of Messer’s”等字样，在这些字样后，一般注明买方的名称和地址。

这个栏目是判断出口货物中转时是否发生买卖关系的指标之一。如果收货人的地址与出口货物运输的目的地一致，则说明出口货物中转时没有发生买卖关系；如果收货人的地址与出口货物运输的中转地一致，与目的地不一致，则说明出口货物中转时发生了买卖关系。

十五、装货港/指运港

装货港是指进口货物在运抵我国关境前的最后一个境外装运港。

指运港是指出口货物运往境外的最终目的港；最终目的港不可预知的，可按尽可能预知的目的港填报。

本栏目应根据实际情况按海关规定的《港口航线代码表》选择填报相应的港口中文名称或代码。

无实际进出境的，本栏目填报“中国境内”（代码 0142）。

十六、境内目的地/境内货源地

境内目的地是指已知的进口货物在国内的消费、使用地或最终运抵地。

境内货源地是指出口货物在国内的产地或原始发货地。

本栏目应根据进口货物的收货单位、出口货物生产厂家或发货单位所属国内地区，并按海关规定的《国内地区代码表》选择填报相应的国内地区名称或代码。

代码含义与经营单位代码前 5 位的定义相同。

十七、批准文号

出口报关单本栏目用于填报“出口收汇核销单”编号。

进口报关单，此栏免于填报。

【小贴士】

进出口货物收、付汇管理制度

对外贸易经营者在对外贸易经营活动中，应当依照国家有关规定结汇、用汇。这里所提的国家有关规定就是我国的外汇管理制度，即国家外汇管理局、中国人民银行及国务院其他有关部门，依据国务院《外汇管理条例》及其他有关规定，对包括经营项目外汇业务、资本项目外汇业务、金融机构外汇业务、人民币汇率的生成机制和外汇市场等领域实施的监督管理进出口货物收付汇管理是我国实施外汇管理的主要手段，也是我国外汇管理制度的重要组成部分。

1．出口货物收汇管理

我国对出口收汇管理采取的是外汇核销形式。国家为了防止出口单位将外汇截留境外，提高收汇率，国家外汇管理局先后颁布了《出口收汇核销管理办法》和《出口收汇核销管理办法实施细则》，规定了出口外汇核销单管理的方式，对出口货物实施直接收汇控制。“出口外汇核销单”是跟踪、监督出口单位出口后收汇核销和出口单位办理货物出口手续的重要凭证之一。该控制方式的具体内容是：国家外汇管理局制发出口外汇核销单，由货物的发货人或其代理人填写，外汇管理部门凭海关签注的出口外汇核销单和出口货物报关单出口收汇核销联及其相关电子数据核销收汇。

2．进口货物付汇管理

进口货物付汇管理与出口货物收汇管理均采取外汇核销形式，国家为了防止汇出外汇而实际不进口商品的逃汇行为的发生，通过海关对进口货物的实际监管来监督进口付汇情况。其具体程序为：进口企业在进口付汇前需向付汇银行申请国家外汇管理局统一制发的“贸易进口付汇核销单”，凭以办理付汇。货物进口后，进口单位或其代理人凭海关出具的进口货物报关单付汇证明联及其相关电子数据向国家外汇管理局指定银行办理核销付汇。

十八、成交方式

本栏目应根据实际成交价格条款按海关规定的《成交方式代码表》选择填报相应的成交方式代码，见表 2-6。

无实际进出境的，进口填报 CIF 价，出口填报 FOB 价。

表 2-6 《成交方式代码表》

成交方式代码	成交方式名称
1	CIF
2	CFR/C&F/CNF
3	FOB

【小贴士】

1. 成交方式中有关贸易术语的国际贸易惯例主要有以下三种：

1）《1932 年华沙—牛津规则》；

2）《美国对外贸易定义 1941 年修订本》；

3）《2000 年国际贸易术语解释通则》（简称《2000 年通则》）。

《2000 年通则》将全部贸易术语按不同类别分 E、F、C、D 四个组，见下表：

组别	贸易术语	中文
E 组 起运	EXW Ex Works	工厂交货
F 组 主运费未付	FCA Free Carrier FAS Free Alongside Ship FOB Free On Board	货交承运人 装运港船边交货 装运港船上交货
C 组 主运费已付	CFR Cost and Freight CIF Cost Insurance and Freight CPT Carriage Paid To CIP Carriage and Insurance Paid To	成本加运费 成本保险费加运费 运费付至 运费保险费付至
D 组 到达	DAF Delivered At Frontier DES Delivered Ex Ship DEQ Delivered Ex Quay DDU Delivered Duty Unpaid DDP Delivered Duty Paid	边境交货 目的港船上交货 目的港码头交货 未完税交货 完税后交货

2. 常见的成交方式

在我国进出口贸易活动中常见的成交方式有：CIF、CFR、FOB、CPT、CIP 等。值得注意的是，报关单填制中的诸如“CIF、CFR、FOB”等成交方式是中国海关规定的《成交方式代码表》中所指定的成交方式，与《2000 年通则》中的贸易术语并非完全同一内涵。这里的“CIF、CFR、FOB”并不仅限于水路而适用于任何运输方式，主要体现成本、运费、保险费等成交价格构成因素，目的在于方便海关税费的计算。

《2000 年通则》常见成交方式中英文对照表

成交方式	原名	中译名	解释
FOB	FREE ON BOARD （…named port of shipment）	装货港船上交货 （……指定装运港）	卖方在约定的装货港将货物交到买方指定船上。买卖双方费用和风险的划分，以装货港船舷为界。
CFR	COST AND FREIGHT （…named port destination）	成本加运费 （……指定目的港）	卖方必须负担货物运至约定目的港所需的成本和运费。
CIF	COST, INSURANCE AND FREIGHT （named port of destination）	成本加运费加保险费 （……指定目的港）	货价构成因素中包括从装运港至约定目的港的通常费用和约定的保险费。

十九、运费

本栏目用于成交价格中不包含运费的进口货物或成交价格中含有运费的出口货物，应填报该份报关单所含全部货物的国际运输费用。可按运费单价、总价或运费率3种方式之一填报，同时注明运费标记，并按海关规定的《货币代码表》选择填报相应的币种代码。

运保费合并计算的，运保费填报在本栏目。

运费标记“1”表示运费率，“2”表示每吨货物的运费单价，“3”表示运费总价。

填制纸质报关单时，“运费”栏不同的运费标记填报如下：

1）运费率：直接填报运费率的数值，如5%的运费率填报为“5”。

2）运费单价：填报运费币值代码+“/”+运费单价的数值+“/”+运费单价标记，如：24美元的运费单价填报为“502/24/2”。

3）运费总价：填报运费币值代码+“/”+运费总价的数值+“/”+运费总价标记，如：7 000美元的运费总价填报为“502/7000/3”。

4）运保费合并计算的，运保费填报在“运费”栏中。

二十、保险费

“本栏目用于成交价格中不包含保险费的进口货物或成交价格中含有保险费的出口货物，应填报该份报关单所含全部货物国际运输的保险费用。可按保险费总价或保险费率两种方式之一填报，同时注明保险费标记，并按海关规定的《货币代码表》选择填报相应的币种代码。

运保费合并计算的，运保费填报在运费栏目中，本栏目免予填报。

保险费标记“1”表示保险费率，“3”表示保险费总价。

填制纸质报关单时，“保费”栏不同的保费标记填报如下：

1）保费率：直接填报保费率的数值，如：3‰的保险费率填报为“0.3”。

2）保费总价：填报保费币值代码+“/”+保费总价的数值+“/”+保费总价标记，如：10 000港元保险费总价填报为“110/10000/3”。

二十一、杂费

杂费是指成交价格以外的、按照《中华人民共和国进出口关税条例》相关规定应计入完税价格或应从完税价格中扣除的费用，可按杂费总价或杂费率两种方式之一填报，同时注明杂费标记，并按海关规定的《货币代码表》选择填报相应的币种代码。

应计入完税价格的杂费填报为正值或正率，应从完税价格中扣除的杂费填报为负值或负率。

1）杂费率：直接填报杂费率的数值，如：应计入完税价格的1.5%的杂费率填报为“1.5”；应从完税价格中扣除的1%的回扣率填报为“–1”。

2）杂费总价：填报杂费币值代码+“/”+杂费总价的数值+“/”+杂费总价标记，如：应计入完税价格的500英镑杂费总价填报为“303/500/3”。

3）“THC”费应当计入进出口货物的价格中，在本栏填报。

【小贴士】

1．计入完税价格的项目

下列项目若由买方支付，必须计入完税价格，这些项目包括：

1）除购货佣金以外的佣金和经纪费

佣金通常可分为购货佣金和销售佣金。

购货佣金指买方向其采购代理人支付的佣金，按照规定购货佣金不应该计入进口货物的完税价格中。

销售佣金指卖方向其销售代理人支付的佣金，但上述佣金如果由买方直接付给卖方的代理人，按照规定应该计入完税价格中。

经纪费指委托人向自己的经纪人支付的劳务费用，根据规定应计入完税价格中。

2）与进口货物作为一个整体的容器费与有关货物归入同一个税号的容器可以理解为与有关货物作为一个整体，比如说酒瓶与酒构成一个不可分割的整体，两者归入同一税号，如果没有包括在酒的完税价格中间，则应该计入。

3）包装费，这里应注意包装费既包括材料费，也包括劳务费。

4）协助的价值

在国际贸易中，买方以免费或以低于成本价的方式向卖方提供了一些货物或者服务，这些货物或服务的价值被称为协助的价值。

协助价值计入进口货物完税价格中应满足的条件：

—由买方以免费或低于成本价的方式直接或间接提供；

—未包括在进口货物的实付或应付价格之中；

—与进口货物的生产和向中华人民共和国境内销售有关；

—可按适当比例分摊。

下列四项协助费用应计入：

—进口货物所包含的材料、部件、零件和类似货物的价值；

—在生产进口货物过程中使用的工具、模具和类似货物的价值；

—在生产进口货物过程中消耗的材料的价值；

—在境外完成的为生产该货物所需的工程设计、技术研发、工艺及制图等工作的价值。

5）特许权使用费

特许权使用费是指进口货物的买方为取得知识产权权利人及权利人有效授权人关于专利权、商标权、专有技术、著作权、分销权或者销售权的许可或者转让而支付的费用。

以成交价格为基础审查确定进口货物的完税价格时，未包括在该货物实付、应付价格中的特许权使用费需计入完税价格，但是符合下列情形之一的除外：

—特许权使用费与该货物无关；

—特许权使用费的支付不构成该货物向中华人民共和国境内销售的条件。

6）返回给卖方的转售收益

如果买方在货物进口之后，把进口货物的转售、处置或使用的收益一部分返还给卖方，这部分收益的价格应该计入完税价格中。

上述所有项目的费用或价值计入完税价格中，必须同时满足三个条件：由买方负担；未包括在进口货物的实付或应付价格中；有客观量化的数据资料。如果纳税义务人不能提供客观量化的数据资料，海关与纳税义务人进行价格磋商后，完税价格由海关依次采用其他估价方法估定。

2．**扣减项目**（不计入完税价格）

进口货物的价款中单独列明的下列税收、费用，不计入该货物的完税价格：

1）厂房、机械或者设备等货物进口后发生的建设、安装、装配、维修或者技术援助费用，但是保修费用除外；

2）货物运抵境内输入地点起卸后发生的运输及其相关费用、保险费；

3）进口关税、进口环节税及其他国内税；

4）为在境内复制进口货物而支付的费用；

5）境内外技术培训及境外考察费用。

此外，同时符合下列条件的利息费用不计入完税价格：

1）利息费用是买方为购买进口货物而融资所产生的；

2）有书面的融资协议的；

3）利息费用单独列明的；

4）纳税义务人可以证明有关利率不高于在融资当时当地此类交易通常具有的利率水平，且没有融资安排的相同或者类似进口货物的价格与进口货物的实付、应付价格非常接近的。

二十二、合同协议号

本栏目应填报进（出）口货物合同（协议）的全部字头和号码。

二十三、件数

本栏目应填报有外包装的进（出）口货物的实际件数。特殊情况填报要求如下：

1）舱单件数为集装箱的，填报集装箱个数。

2）舱单件数为托盘的，填报托盘数。

本栏目不得填报为零。

（1）裸装、散装货物，“件数”栏填报为“1”

（2）有关单据仅列明托盘件数，或者既列明托盘件数，有列明单件包装件数的，本栏填报托盘件数。例如“2 PALLETS 100 CTNS”，件数应填报为2。

二十四、包装种类

填报相应的包装种类中文名称，如托盘、木箱、纸箱、铁桶、散装、裸装、辆、包、捆、卷及其他等。

二十五、重量

毛重（公斤）是指货物及其包装材料的重量之和。

净重（公斤）是指货物的毛重减去外包装材料后的重量，即商品本身的实际重量。

二十六、集装箱号

集装箱号是在每个集装箱箱体两侧标示的全球唯一的编号。

本栏目用于填报和打印集装箱编号及数量。

H2000系统中，填报为“集装箱号”+“/”+“规格”+“/”+“自重”。

多个集装箱的，第一个集装箱号填报在“集装箱号”栏中，其余的依次填报在“标记唛码及备注”栏中。

非集装箱货物，填报为“0”。

【小贴士】

集装箱箱体

1．含义

集装箱箱体既是一种运输设备，又是一种货物。当货物用集装箱装载进出口时，集装箱箱体就作为一种运输设备；当一个企业购买进口或销售出口集装箱时，集装箱箱体又与普通的进出口货物一样了。

集装箱箱体作为货物进出口是一次性的，而在通常情况下，是作为运输设备暂时进出境的。这里介绍的是后一种情况。

2．暂时进出境集装箱箱体的报关

暂时进出境的集装箱箱体报关有两种情况：

1）境内生产的集装箱及我国营运人购买进口的集装箱在投入国际运输前，营运人应当向其所在地海关办理登记手续。

海关准予登记并符合规定的集装箱箱体，无论是否装载货物，海关准予暂时进境和异地出境，营运人或其代理人无需对箱体单独向海关办理报关手续，进出境时也不受规定的期限限制。

2）境外集装箱箱体暂时进境，无论是否装载货物，承运人或其代理人应当对箱体单独向海关申报，并应当于入境之日起6个月内复运出境。如因特殊情况不能按期复运出境的，营运人应当向“暂时进境地”海关提出延期申请，经海关核准后可以延期，但延长期最长不得超过3个月，逾期应按规定向海关办理进口报关纳税手续。

二十七、随附单据

随附单据是指随进（出）口货物报关单一并向海关递交的单证或文件。合同、发票、装箱单、进出口许可证等必备的随附单证不在本栏目填报。

H2000系统中，填报为：监管证件的代码+“：”+监管证件编号。

所申报货物涉及多个监管证件的，第一个监管证件代码和编号填报在“随附单据”栏，其余监管证件代码（见表2-7）和编号填报在“标记唛码及备注”栏中。

表 2-7　监管证件代码表

许可证或批文代码	许可证或批文名称
1	进口许可证
2	两用物项和技术进口许可证
3	两用物项和技术出口许可证
4	出口许可证
5	纺织品临时出口许可证
6	旧机电产品禁止进口
7	自动进口许可证
8	禁止出口商品
9	禁止进口商品
A	入境货物通关单
B	出境货物通关单
D	出/入境货物通关单（毛坯钻石用）
E	濒危物种出口允许证
F	濒危物种进口允许证
G	两用物项和技术出口许可证（定向）
I	精神药物进（出）口准许证
J	金产品出口证或人总行进口批件
O	自动进口许可证（新旧机电产品）
P	进口废物批准证书
Q	进口药品通关单
S	进出口农药登记证明
T	银行调运外币现钞进出境许可证
W	麻醉药品进出口准许证
X	有毒化学品环境管理放行通知单
Z	进口音像制品批准单或节目提取单
e	关税配额外优惠税率进口棉花配额证
r	预归类标志
s	适用 ITA 税率的商品用途认定证明
t	关税配额证明
v	自动进口许可证（加工贸易）
x	出口许可证（加工贸易）
y	出口许可证（边境小额贸易）

【小贴士】

报 关 单 证

准备申报的单证是报关员开始进行申报工作的第一步，是整个报关工作能否顺利进行的关键一步。申报单证可以分为主要单证、随附单证两大类，其中随附单证包括基本单证、特殊单证和预备单证。

主要单证就是报关单（证）。报关单（证）是由报关员按照海关规定格式填制的申报单。

基本单证是指进出口货物的货运单据和商业单据，主要有进口提货单据、出口装货单据、商业发票、装箱单等。

特殊单证主要是指进出口许可证件、加工贸易登记手册（包括纸质手册和电子账册）、特定减免税证明、作为有些货物进出境证明的原进出口货物报关单证、出口收汇核销单、原产地证明书等。

预备单证主要是指贸易合同、进出口企业的有关证明文件等。这些单证，海关在审单、征税时可能需要调阅或者收取备案。

进出口货物收发货人或其代理人应向报关员提供基本单证、特殊单证、预备单证，报关员审核这些单证后据此填制报关单。

准备申报单证的原则是：基本单证、特殊单证、预备单证必须齐全、有效、合法；填制报关单必须真实、准确、完整；报关单与随附单证数据必须一致。

二十八、用途/生产厂家

进口货物填报用途，应根据进口货物的实际用途按海关规定的《用途代码表》选择填报相应的用途代码。

生产厂家是指出口货物的境内生产企业。

二十九、标记唛码及备注

H2000系统中，此栏填报为：

1）标记唛码中除图形以外的文字、数字。

2）受外商投资企业委托代理进口投资设备、物品的进出口企业名称，格式为：“委托××公司进口”。

3）所申报货物涉及多个监管证件的，除第一个监管证件以外的其余监管证件和代码。格式为：监管证件的代码＋“：”＋监管证件编号。

4）所申报货物涉及多个集装箱的，除第一个集装箱号以外的其余的集装箱号。格式为：“集装箱号”+“/”+“规格”+“/”+“自重”。

三十、项号

每项商品的“项号”栏分两行填报。

1）第一行填报货物在报关单中的商品排列序号。

2）第二行专用于加工贸易和实行原产地证书联网管理等已备案的货物，填报该项货物在加工贸易手册中的项号或对应的原产地证书上的商品项号。

加工贸易合同项下进出口货物，必须填报与加工贸易手册一致的商品项号，所填报项号用于核销对应项号下的料件或成品数量。

如一张加工贸易料件进口报关单上某项商品的项号是上“01”、下“10”，说明其列此报关单申报商品的第1项，且对应加工贸易手册备案料件第10项。

三十一、商品编号

应填报申报货物的10位海关商品编号。

详见“第三章进出口商品归类知识及技术”。

三十二、商品名称、规格型号

本栏目分两行填报及打印。

第一行打印进出口货物规范的中文商品名称，第二行打印规格型号，必要时可加注原文。

如果发票中的商品名称为非中文名称，则需翻译成规范的中文名称填报，仅在必要时加注原文。

三十三、数量及单位

数量及单位是指进出口商品的实际数量及计量单位。

本栏目分三行填报及打印。

具体填报要求如下：

1）进出口货物必须按海关法定计量单位填报，法定第一计量单位及数量打印在本栏目第一行。

2）凡海关列明第二计量单位的，必须报明该商品第二计量单位及数量，打印在本栏目第二行。无第二计量单位的，本栏目第二行为空。

3）成交计量单位及数量应当填报并打印在第三行。

三十四、单价、总价、币制

1）单价

应填报同一项号下进出口货物实际成交的商品单位价格。

海关估价时，应在H2000通关系统“海关单价”栏修改。

（1）填报同一项号下进出口货物实际成交的商品单位价格的金额。单价如非整数，其小数点后保留4位，第五位及以后略去。

（2）无实际成交价格的，填报货值。

2）总价

应填报同一项号下进出口货物实际成交的商品总价。

海关估价时，应在H2000通关系统“海关总价”栏修改。

无实际成交价格的，本栏目填报货值。

（1）填报同一项号下进出口货物实际成交的商品总价。总价如非整数，其小数点后保留4位，第五位及以后略去。

（2）无实际成交价格的，填报货值。

3）币制

币制是指进出口货物实际成交价格的币种。

本栏目应根据实际成交情况按海关规定的“货币代码表”（见表2-8）选择填报相应的货

币名称或代码，如《货币代码表》中无实际成交币种，需转换后填报。

表 2-8　常用币制代码表

币值代码	币值符号	币值名称	币值代码	币值符号	币值名称	币值代码	币值符号	币值名称
110	HKD	港币	300	EUR	欧元	344	SUR	俄罗斯卢布
116	JPY	日元	302	DKK	丹麦克朗	501	CAD	加拿大元
132	SGD	新加坡元	303	GBP	英镑	502	USD	美元
133	KRW	韩国元	330	SEK	瑞典克朗	601	AUD	澳大利亚元
142	CHY	人民	331	CHF	瑞士法郎	609	NZD	新西兰元

三十五、征免

征免是指海关对进出口货物进行征税、减税、免税或特案处理的实际操作方式。

本栏目应按照海关核发的“征免税证明”或有关政策规定，对报关单所列每项商品选择填报海关规定的《征减免税方式代码表》中相应的征减免税方式。

加工贸易报关单应根据《加工贸易手册》中备案的征免规定填报。

《加工贸易手册》中备案的征免规定为“保金”或“保函”的，不能按备案的征免规定填报，而应填报“全免”。

三十六、税费征收情况

本栏目供海关批注进（出）口货物税费征收及减免情况。

三十七、录入员

本栏目用于记录预录入操作人员的姓名并打印。

三十八、录入单位

本栏目用于记录并打印电子数据报关单的录入单位名称。

三十九、填制日期

指报关单的填制日期。电子数据报关单的填制日期由计算机自动打印。

1）在H883/EDI通关系统中，本栏目为6位数，顺序为年、月、日各2位。

2）在H2000通关系统中，本栏目为8位数字，顺序为年（4位）、月（2位）日（2 位）。

四十、海关审单批注栏

本栏目指供海关内部作业时签注的总栏目，由海关关员手工填写在预录入报关单上。其中“放行”栏填写海关对接受申报的进出口货物做出放行决定的日期。

本规范所述尖括号（< >）、逗号（,）、连接符（—）、冒号（:）等标点符号及数字都必须使用非中文状态下的半角字符。

第四节 海关特殊监管区域报关单、货物备案清单填制技术

一、海关特殊监管区域（以下简称特殊区域）企业向海关申报货物进出境、进出区，以及在同一特殊区域内或者不同特殊区域之间流转货物的双方企业，应填制《中华人民共和国海关进（出）境货物备案清单》。特殊区域与境内（区外）之间进出的货物，区外企业应同时填制《中华人民共和国海关进（出）口货物报关单》，向特殊区域主管海关办理进出口报关手续。

货物在同一特殊区域企业之间、不同特殊区域企业之间或特殊区域与区外之间流转的，应先办理进口报关手续，后办理出口报关手续。

二、《中华人民共和国海关进（出）境货物备案清单》原则上按《中华人民共和国海关进出口货物报关单填制规范》的要求填制。部分栏目有所不同：

（一）进口口岸/出口口岸

实际进出境货物，填报实际进（出）境的口岸海关名称及关区代码；

特殊区域与区外之间进出的货物，填报本特殊区域海关名称及关区代码；

在特殊区域内流转的货物，填报本特殊区域海关名称及关区代码；

不同特殊区域之间、特殊区域与保税监管场所之间相互流转的货物，填报对方特殊区域或保税监管场所海关名称及关区代码。

（二）备案号

进出特殊区域的保税货物，应填报标记代码为H的电子账册备案号；

进出特殊区域的企业自用设备、基建物资、自用合理数量的办公用品，应填报标记代码为H的电子账册（第六位为D）备案号。

（三）运输方式

实际进出境货物，应根据实际运输方式，按海关规定的《运输方式代码表》选择填报相应的运输方式；

同一特殊区域或不同特殊区域之间、特殊区域与保税监管场所之间流转的货物，区内企业填报“其他运输”（代码9）；

特殊区域与境内（区外）（非特殊区域、保税监管场所）之间进出的货物，区内、区外企业应根据实际运输方式分别填报，“保税港区/综合保税区”（代码 Y），“出口加工区”（代码Z）。

（四）运输工具名称

同一特殊区域或不同特殊区域之间、特殊区域与保税监管场所之间流转的货物，在出口备案清单本栏目填报转入方关区代码（前两位）及进口报关单（备案清单）号，即转入××（关区代码）××××××××××（报关单/备案清单号）。

（五）贸易方式（监管方式）

特殊区域企业根据实际情况，区内企业选择填报下列不同性质的海关监管方式：

1．下列进出特殊区域的货物，填报“料件进出区”（代码5000）：

（1）区内物流、加工企业与境内（区外）之间进出的料件（不包括经过区内企业实质性加工的成品）；

（2）上述料件因故退运、退换的。

2．区内企业从境外购进的用于研发的料件、成品，或者研发后将上述货物、物品退回境外，但不包括企业自用或其他用途的设备，填报“特殊区域研发货物”（代码5010）。

3．区内加工企业在来料加工贸易业务项下的料件从境外进口及制成品申报出境的，填报“区内来料加工”（代码5014）；

4．区内加工企业在进料加工贸易业务项下的料件从境外进口及制成品申报出境的，填报“区内进料加工”（代码5015）。

5．下列进出特殊区域的货物，填报“区内物流货物”（代码5034），不得再使用“5033”填报：

（1）区内物流企业与境外进出的用于仓储、分拨、配送、转口的物流货物；

（2）区内加工企业将境内入区且未经加工的料件申报出境。

6．下列进出特殊区域的成品，填报“成品进出区”（代码5100）：

（1）区内企业加工后的成品（包括研发成品和物流企业简单加工的成品）进入境内（区外）的；

（2）上述成品因故在境内（区外）退运、退换的。

7．下列进出特殊区域的企业自用设备、物资，填报“设备进出区”（代码5300）：

（1）区内企业从境内（区外）购进的自用设备、物资，以及将上述设备、物资从特殊区域销往境内（区外）、结转到同一特殊区域或者另一特殊区域的企业，或在境内（区外）退运、退换；

（2）区内企业从境外进口的自用设备、物资，申报进入境内（区外）。

8．区内企业从境外进口的用于区内业务所需的设备、基建物资，以及区内企业和行政管理机构自用合理数量的办公用品等，填报“境外设备进区”（代码5335）。

9．区内企业将监管方式代码“5335”项下的货物退运境外，填报“区内设备退运”（代码5361）。

10．区内企业经营来料加工业务，从境外进口的料件复出境的，填报“来料料件复出”（代码0265）。

11．区内企业经营来料加工业务，进境的料件出境退换的，填报“来料料件退换”（代码

0300）。

12．区内企业经营来料加工业务，出境的成品返回区内退换的，填报“来料成品退换”（代码 4400）。

13．区内企业经营进料加工业务，从境外进口的料件复出境的，填报“进料料件复出”（代码 0664）。

14．区内企业经营进料加工业务，进境的料件出境退换的，填报“进料料件退换”（代码 0700）。

15．区内企业经营进料加工业务，出境的成品返回区内退换的，填报“进料成品退换”（代码 4600）。

16．特殊区域与境外之间进出的检测、维修货物，以及特殊区域与境内（区外）之间进出的检测、维修货物，区内企业填报“修理物品”（代码 1300）。

17．区内企业将来料加工项下的边角料销往境内（区外）的，填报“来料边角料内销”（代码“0844”），将进料加工项下的边角料销往境内（区外）的，填报“进料边角料内销”（代码“0845”），不得再使用“5200”填报。

18. 区内企业将来料加工项下的边角料复出境的，填报“来料边角料复出”（代码“0864”），将进料加工项下的边角料复出境的，填报“进料边角料复出”（代码“0865”）。

19．区内企业产品、设备运往境内（区外）测试、检验或委托加工产品，以及复运回区内，填报“暂时进出货物”（代码“2600”）。

20．区内企业产品运出境内（区外）展览及展览完毕运回区内，填报“展览品”（代码“2700”）。

21．无原始报关单的后续补税，填报“后续补税”（代码“9700”）。

第三章　进出口商品归类知识及技术

第一节　商品归类概述

进出口商品归类是指在《商品名称及编码协调制度公约》（以下简称《协调制度公约》）商品分类目录体系下，以《中华人民共和国进出口税则》（以下简称《进出口税则》）为基础，按照《进出口税则商品及品目注释》（以下简称《商品及品目注释》）、《中华人民共和国进出口税则本国子目注释》（以下简称《本国子目注释》）以及海关总署发布的关于商品归类的行政裁定、商品归类决定的要求，确定进出口货物商品编码的活动。

进出口商品归类是海关监管、海关征税及海关统计的基础，归类的正确与否直接关系到进出口货物能否顺利通关，进出口商品归类与报关单位的切身利益也密切相关。因此，进出口商品归类知识是报关员必须掌握的基本技能之一。

一、协调制度基本结构

《协调制度》主要有三部分组成：

（1）按系统顺序排列的商品编码表。

（2）类注释、章注释及子目注释。

（3）归类总规则。

二、商品编码表

商品编码表由商品编码和商品名称组成。《协调制度》将国际贸易商品分为 21 类、97 章，其中第 77 章是空章。为方便海关统计，在海关统计目录中增设了第 22 类，即第 98 章和第 99 章，主要包括的商品有特殊交易品和未分类商品以及新疆棉。《协调制度》最主要内容是品目（税目）和子目。

2002 年版的《协调制度》中前四位编码（品目）共有 1 244 个，四位数级货品名称称为品目条文（税目条文），主要限定了四位编码所包括商品的名称、规格、成分、用途、加工程度或方式等，是《协调制度》具有法律效力的归类依据。前六位编码共有 5 225 个，5、6 位数级货品名称称为子目条文，主要限定了税目条文项下子目所包括具体的商品名称、规格、成分等，也是具有法律效力的归类依据。

为保护我国的民族工业，促进对外贸易向着有利于我国工业的方向发展，中国海关在《协调制度》六位编码的基础上增设了第 7、8 位编码，即我国的本国子目。对一些有特殊规定的商品，我国又增设了 9、10 位编码。

《协调制度》编码是一种结构性编码，前两位即 1、2 位是章目（即章号），第 3、4 位是税目（即章里的税号），第 5 位是一级子目，也称第五位数级编码，第 6 位是二级子目，也称第六位数级编码。同理，第 7、8 位是三、四级子目，也称第七、第八位数级编码。

第 5～8 位上出现数字“9”，则通常情况下代表未具体列名的商品，即在“9”的前面一般留有空序号以便用于修订时增添新商品。

三、注释

协调制度中的注释是解释说明性的规定。

这些注释主要是对子目进行规定、限制和说明的，称为子目注释，它一般位于类注、章注或章标题下；对章进行规定、限制和说明的，称为章注，位于章标题下；对类进行规定限制和说明的，称为类注，位于类标题下。

注释是为限定协调制度中各类、章、品目和子目所属货品的准确范围，简化品目和子目条文文字，杜绝商品分类的交叉，保证商品归类的正确而设立的。

注释主要单独或综合运用下列方式：

1）详列货品名称、加工方式等，用提示的方法方便归类。采用此种方式的注释主要有两种表现形式，分别起到限定品目及子目货品范围或避免归类错误等作用。为限定货品范围而设定的注释通常采用逐一列举某一（或某些）品目包括的所有货品的方式，例如第 31 章章注 2 逐一列举了品目 3102 只适用于的四类货品，从而限定了品目 3102 所属化肥的品种范围。为发挥预警作用，避免产生错误归类而设的注释通常采用详细列举某一（或某些）品目包括的容易发生归类错误的货品，如第 7 章章注 2 详细列举了品目 0709、0710、0711 及 0712 包括的容易发生归类错误的蔬菜名称，从而起到了预警作用，减少了发生归类错误的可能。前者在表述时多有“仅”、“只”等限定性字眼；后者常用“包括”等词汇。

2）列举典型货品名称或允许加工方式等，用以说明货品含义，以便用类比的方法进行商品归类。如第 49 章章注 4（1）列举了品目 4901 包括的货品，使归类时有了参照物。

3）用排他条款详列或列举不得归入本类、章、品目及子目的货品名称，或不允许采用的加工方式等，杜绝商品错误归类现象的发生。如第 67 章章注 1 详列了不得归入该章的六类货品；第 48 章章注 1（15）列举了不得归入该章的第 95 章货品玩具等。

4）用定义形式明确商品法律归类时的含义。此定义常常与传统的商品定义不完全相同。如第 52 章子目注释对粗斜纹布所下的定义。

5）改变货品名称概念，扩大或缩小货品范围。如第 5 章章注 4 改变了马毛的概念，扩大了本目录中马毛的范围。

6）解释类、章及品目和子目条文中使用的名词。如第十一类子目注释解释了该类子目中使用的十个名词。

7）阐述货品归类规定。如第十一类类注二，规定了由两种或两种以上纺织材料混合制成的货品的归类原则。

注释也是具有法律效力的商品归类依据，除另有说明外，一般只限于使用在相应的类、章、品目及子目。需要注意，在有说明时注释可超出通常的使用范围，例如第十五类类注二规定了通用零件的范围和应归入的品目，该注释所述通用零件即使只适合使用于其他类的机器，也应归入第十五类相应品目。

运用注释解决品目商品归类时，注释和品目条文居于同等优先使用的地位。需要注意的是子目归类、子目注释是优先使用的注释，其次是章注和类注。即三者发生矛盾时服从于子目注释。

要想将变化无穷、种类繁多的进出口商品准确无误地归入到一个恰当税目项下，就需要将《协调制度》中商品分类的普遍规律加以归纳总结，并作为规则列出，《协调制度》又专门列出了归类总规则，这些规则共有六条，作为指导整个《协调制度》商品分类的总原则。

四、目录号列介绍

《中华人民共和国进出口税则》中的商品号列被称为税号，为满足征税需要，每项税号后列出了该商品的税率；《中华人民共和国海关统计商品目录》中的商品号列被称为商品编号，为满足统计需要，每项商品编号后列出了该商品的计量单位。

海关商品分类目录以《协调制度》为基础，在商品的分类和编排上具有一定的规律。从类来看，基本上是按照社会生产的分工（或生产部类）划分的，即：将属于同一生产部类的产品归在同一类中。从章来看，基本上是按照商品的属性、功能和用途划分。每章中各税（品）目的排列顺序一般按照动物、植物、矿物质产品或原材料、半制品、制成品的顺序编排。

目录采用结构号列，即税（品）目的号列不是简单的顺序号，而是具有一定含义的编码。《协调制度》中的编码只有6位数，而我国进出口税则中的编码为8位数，其中第7、第8位是我国根据实际情况加入的“本国子目”。

五、归类的依据

进出口货物的商品归类应当遵循客观、准确、统一的原则。

具体来说，对进出口货物进行商品归类的依据是：

（1）《进出口税则》；

（2）《商品及品目注释》；

（3）《本国子目注释》；

（4）海关总署发布的关于商品归类的行政裁定；

（5）海关总署发布的商品归类决定。

第二节 归类总规则

货品在协调制度中的归类，应遵循以下规则：

规则一

条文内容

类、章及分章的标题，仅为查找方便而设；具有法律效力的归类，应按品目条文和有关类注或章注确定，如品目、类注或章注无其他规定，则按以下规则确定。

注释

1．本协调制度系统地列出了国际贸易的货品，将这些货品分为类、章及分章，每类、章或分章都有标题，尽可能确切地列明所包括货品种类的范围。但在许多情况下，归入某类或某章的货品种类繁多，类、章标题不可能将其一一列出，全都包括进去。

2．因此，本规则一开始就说明，标题“仅为查找方便而设”。据此，标题对商品归类不具有法律效力。

3．本规则第二部分规定，商品归类应按以下原则确定：

（1）按照品目条文及任何相关的类、章注释确定；

（2）如品目条文或类、章注释无其他规定，则按规则二、三、四及五的规定确定。

4．以上三（一）所规定的已很明确，许多货品无须借助归类总规则的其他条款即可归入协调制度中[例如，活马（品目 01.01）、第三十章注释四所述的医药用品（品目 30.06）]。

5．以上三（二）所称“如品目和类、章注释无其他规定”，旨在明确品目条文及任何相关的类、章注释是最重要的，换言之，它们是在确定归类时应首先考虑的规定。例如，第三十一章的注释规定该章某些品目仅包括特定的货品，因此，这些品目就不能够扩大为包括根据规则二（二）的规定可归入这些品目的货品。

规则二

条文内容

（一）品目所列货品，应视为包括该项货品的不完整品或未制成品，只要在报验时该项不完整品或未制成品具有完整品或制成品的基本特征；还应视为包括该项货品的完整品或制成品（或按本款规则可作为完整品或制成品归类的货品）在报验时的未组装件或拆散件。

（二）品目中所列材料或物质，应视为包括该种材料或物质与其他材料或物质混合或组合的物品。品目所列某种材料或物质构成的货品，应视为包括全部或部分由该种材料或物质构成的货品。由一种以上材料或物质构成的货品，应按规则三的原则归类。

注释

1．规则二（一）（不完整品或未制成品）

（1）规则二（一）第一部分将所有列出某一些物品的品目范围扩大为不仅包括完整的物品，而且还包括该物品的不完整品或未制成品，只要报验时它们具有完整品或制成品的基本特征。

（2）本款规则的规定也适用于毛坯，除非该毛坯已在某一品目具体列名。所称“毛坯”，是指已具有制成品或零件的大概形状或轮廓，但还不能直接使用的物品。除极个别的情况外，它们仅可用于加工成制成品或零件（例如，初制成型的塑料瓶，为管状的中间产品，其一端封闭而另一端为带螺纹的瓶口，瓶口可用带螺纹的盖子封闭，螺纹瓶口下面的部分准备膨胀成所需尺寸和形状）。

尚未具有制成品基本形状的半制成品（例如，常见的杆、盘、管等）不应视为“毛坯”。

（3）鉴于第一类至第六类各品目的商品范围，本款规则这一部分的规定一般不适用于这六类所包括的货品。

（4）运用本款规则的几个实例，参见有关类、章（例如，第十六类和第六十一章、第六十二章、第八十六章、第八十七章及第九十章）的相关提示。

2．**规则二（一）**（物品的未组装件或拆散件）

（1）规则二（一）的第二部分规定，完整品或制成品的未组装件或拆散件应归入已组装物品的同一品目。货品以未组装或拆散形式报验，通常是由于包装、装卸或运输上的需要，或是为了便于包装、装卸或运输。

（2）本款规则也适用于以未组装或拆散形式报验的不完整品或未制成品，只要按照本规则第一部分的规定，它们可作为完整品或制成品看待。

（3）本款规则所称“报验时的未组装件或拆散件”，是指其各种部件仅仅通过紧固件（螺钉、螺母、螺栓等），或通过铆接、焊接等组装方法即可装配起来的物品。

组装方法的复杂性可不予考虑，但其各种部件无须进一步加工成制成品。

某一物品的未组装部件如超出组装成品所需数量的，超出部分应单独归类。

3．**规则二（二）**（不同材料或物质的混合品或组合品）

（1）规则二（二）是关于材料或物质的混合品及组合品，以及由两种或多种材料或物质构成的货品。它所适用的品目是列出某种材料或物质的品目（例如，品目05.07列出“象牙”）和列出某种材料或物质制成的货品的品目（例如，品目45.03列出“天然软木制品”）。应注意到，只有在品目条文和类、章注释无其他规定的情况下才能运用本款规则（例如，品目15.03列出“液体猪油，未经混合”，这就不能运用本款规则）。

在类、章注释或品目条文中列为调制品的混合物，应按规则一的规定进行归类。

（2）本款规则旨在将列出某种材料或物质的任何品目扩大为包括该种材料或物质与其他材料或物质的混合品或组合品，同时旨在将列出某种材料或物质构成的货品的任何品目扩大为包括部分由该种材料或物质构成的货品。

（3）但是，不应将这些品目扩大到包括按规则一的规定不符合品目条文要求的货品；当添加了另外一种材料或物质，使货品丧失了原品目所列货品特征时，就会出现这种情况。

（4）本规则最后规定，不同材料或物质的混合品及组合品，以及由一种以上材料或物质构成的货品，如果看起来可归入两个或两个以上品目的，必须按规则三的原则进行归类。

规则三

条文内容

当货品按规则二（二）或由于其他原因看起来可归入两个或两个以上品目时，应按以下规则归类：

（一）列名比较具体的品目，优先于列名一般的品目。但是，如果两个或两个以上品目都仅述及混合或组合货品所含的某部分材料或物质，或零售的成套货品中的部分货品，即使其中某个品目对该货品描述得更为全面、详细，这些货品在有关品目的列名应视为同样具体。

（二）混合物、不同材料构成或不同部件组成的组合物以及零售的成套货品，如果不能按照规则三（一）归类时，在本款可适用的条件下，应按构成货品基本特征的材料或部件归类。

（三）货品不能按照规则三（一）或（二）归类时，应按号列顺序归入其可归入的最末一个品目。

注释

1．对于根据规则二（二）或由于其他原因看起来可归入两个或两个以上品目的货品，本规则规定了三种归类方法。这三种方法应按其在本规则的先后次序加以运用。据此，只有在不能按照规则三（一）归类时，才能运用规则三（二）；不能按照规则三（一）和（二）归类时，才能运用规则三（三）。因此，它们的优先次序为：（1）具体列名；（2）基本特征；（3）从后归类。

2．只有在品目条文和类、章注释无其他规定的情况下，才能运用本规则。例如，第九十七章章注四（二）规定，根据品目条文既可归入品目 97.01 至 97.05 中的一个品目，又可归入品目 97.06 的货品，应归入品目 97.01 至 97.05 中的其中一个品目。这些货品应按第九十七章注释四（二）的规定归类，而不应根据本规则进行归类。

3．规则三（一）

（1）规则三（一）规定了第一种归类方法，它规定列名比较具体的品目优先于列名一般的品目。

（2）通过制订几条一刀切的规则来确定哪个品目比其他品目列名更为具体是行不通的。但作为一般原则可以这样说：

一是列出品名比列出类名更为具体（例如，电动剃须刀及电动理发推子应归入品目 85.10，而不应作为本身装有电动机的手提式工具归入品目 84.67 或作为家用电动机械器具归入品目 85.09）。

二是如果某一品目所列名称更为明确地述及某一货品，则该品目要比所列名称不那么明确述及该货品的其他品目更为具体。

后一类货品举例如下：

① 确定为用于小汽车的簇绒地毯，不应作为小汽车附件归入品目 87.08，而应归入品目 57.03，因品目 57.03 所列地毯更为具体。

② 钢化或层压玻璃制的未镶框安全玻璃，已制成一定形状并确定用于飞机上。该货品不应作为品目 88.01 或 88.02 所列货品的零件归入品目 88.03，而应归入品目 70.07，因品目 70.07 所列安全玻璃更为具体。

（3）但是，如果两个或两个以上品目都仅述及混合或组合货品所含的某部分材料或物质，或零售成套货品中的部分货品，即使其中某个品目比其他品目描述得更为全面、详细，这些货品在有关品目的列名应视为同样具体。在这种情况下，货品的归类应按规则三（二）或（三）的规定加以确定。

4．规则三（二）

（1）第二种归类方法仅涉及：

① 混合物。

② 不同材料的组合货品。

③ 不同部件的组合货品。

④ 零售的成套货品。

只有在不能按照规则三（一）归类时，才能运用本款规则。

（2）无论如何，在本款可适用的条件下，这些货品应按构成货品基本特征的材料或部件归类。

（3）对于不同的货品，确定其基本特征的因素会有所不同。例如，可根据其所含材料或部件的性质、体积、数量、重量或价值来确定货品的基本特征，也可根据所含材料对货品用途的作用来确定货品的基本特征。

（4）本款规则所称“不同部件组成的组合物”，不仅包括各部件相互固定组合在一起，构成了实际不可分离整体的货品，还包括其部件可相互分离的货品，但这些部件必须是相互补足，配合使用，构成一体并且通常不单独销售的。

后一类货品举例如下：

① 由一个带活动烟灰盘的架子构成的烟灰盅。

② 由一个特制的架子（通常为木制的）及几个形状、规格相配的装调味料的空瓶子组成的家用调味架。

这类组合货品的各件一般都装于同一包装内。

（5）本款规则所称“零售的成套货品”，是指同时符合以下三个条件的货品：

① 由至少两种看起来可归入不同品目的不同物品构成的。因此，例如，六把乳酪叉不能视为本款规则所称的成套货品；

② 为了迎合某项需求或开展某项专门活动而将几件产品或物品包装在一起的；

③ 其包装形式适于直接销售给用户而无须重新包装的（例如，装于盒、箱内或固定于板上）。

据此，它包括由不同食品搭配而成，配在一起调制后可成为即食菜或即食饭的成套食品。

可按规则三（二）的规定进行归类的成套货品举例如下：

例1 由一个夹牛肉（不论是否夹奶酪）的小圆面包构成的三明治（品目16.02）和法式炸土豆片（品目20.04）包装在一起的成套货品。

该货品应归入品目16.02。

例2 配制一餐面条的成套货品，由装于一纸盒内的一包未煮的面条（品目19.02）、一小袋乳酪粉（品目04.06）及一小罐番茄酱（品目21.03）组成。

该货品应归入品目19.02。

但本规则不适用于将可选择的不同产品包装在一起组成的货品。例如：

一罐小虾（品目16.05）、一罐肝酱（品目16.02）、一罐乳酪（品目04.06）、一罐火腿肉片（品目16.02）及一罐开胃香肠（品目16.01）；

一瓶品目22.08的烈性酒及一瓶品目22.04的葡萄酒。

对于以上两例所列及类似货品，应将每种产品分别归入其相应品目。

例3 由一个电动理发推子（品目85.10）、一把梳子（品目96.15）、一把剪子（品目82.13）、一把刷子（品目96.03）及一条毛巾（品目63.02）装在一个皮匣子（品目42.02）内所组成的成套理发工具。

该货品应归入品目85.10。

例4 由一把尺子（品目90.17）、一个圆盘计算器（品目90.17）、一个绘图圆规（品目90.17）、一支铅笔（品目96.09）及一个卷笔刀（品目82.14）装在一个塑料片制的盒子（品目42.02）内所组成的成套绘图器具。

该货品应归入品目90.17。

以上成套货品应按其构成整套货品基本特征的部件进行归类。

（6）本款规则不适用于按规定比例将分别包装的各种组分包装在一起，供生产饮料等用的货品，不论其是否装在一个共同包装内。

规则三（三）

货品如果不能按照规则三（一）或（二）归类时，应按号列顺序归入其可归入的最后一个品目。

规则四

条文内容

根据上述规则无法归类的货品，应归入与其最相类似的货品的品目。

注释

1. 本规则适用于不能按照规则一至三归类的货品。它规定，这些货品应归入与其最相类似的货品的品目中。

2. 在按照规则四归类时，有必要将报验货品与类似货品加以比较，以确定其与哪种货品最相类似。所报验的货品应归入与其最相类似的货品的同一品目。

3. 当然，所谓“类似”取决于许多因素，例如，货品名称、特征、用途。

规则五

条文内容

除上述规则外，本规则适用于下列货品的归类：

（一）制成特殊形状或适用于盛装某一或某套物品，适合长期使用的照相机套、乐器盒、枪套、绘图仪器盒、项链盒及类似容器，如果与所装物品同时报验，并通常与所装物品一同出售的，应与所装物品一并归类。但本款不适用于本身构成整个货品基本特征的容器。

（二）除规则五（一）规定的以外，与所装货品同时报验的包装材料或包装容器，如果通常是用来包装这类货品的，应与所装货品一并归类。但明显可重复使用的包装材料和包装容器不受本款限制。

注释

1. 规则五（一）（箱、盒及类似容器）

（1）本款规则仅适用于同时符合以下各条规定的容器：

① 制成特定形状或适用于盛装某一或某套物品的，即按所要盛装的物品专门设计的。

② 有些容器还制成所装物品的特殊形状；适合长期使用的，即在设计上容器的使用期限与所盛装的物品相称。在物品不使用期间（例如，运输或储藏期间），这些容器还起到保护物品的作用。

③ 本条标准使其与简单包装区别开来；与所装物品一同报验的，不论其是否为了运输方便而与所装物品分开包装。单独报验的容器应归入其相应品目。

④ 通常与所装物品一同出售的。

⑤ 以及本身并不构成整个货品基本特征的。

（2）与所装物品一同报验并可按照本规则进行归类的容器的举例如下：

① 首饰盒及箱（品目 71.13）；

② 电动剃须刀套（品目 85.10）；

③ 望远镜盒（品目 90.05）；

④ 乐器盒、箱及袋（例如，品目 92.02）；

⑤ 枪套（例如，品目 93.03）。

（3）本款规则不包括某些容器，例如，装有茶叶的银质茶叶罐或装有糖果的装饰性瓷碗。

2．规则五（二）（包装材料及包装容器）

（1）本款规则对通常用于包装有关货品的包装材料及包装容器的归类作了规定。但明显可重复使用的包装材料和包装容器，例如，某些金属桶及装压缩或液化气体的钢铁容器，不受本款限制。

（2）规则五（一）优先于本款规则，因此，规则五（一）所述的箱、盒及类似容器的归类，应按该款规定确定。

规则六

条文内容

货品在某一品目项下各子目的法定归类，应按子目条文或有关的子目注释以及以上各条规则（在必要的地方稍加修改后）来确定，但子目的比较只能在同一数级上进行。除条文另有规定的以外，有关的类注、章注也适用于本规则。

注释

1．以上规则一至五在必要的地方稍加修改后，可适用于同一品目项下的各级子目。

2．规则六所用有关词语解释如下：

（1）“同一数级”子目，是指五位数级子目（一级子目）或六位数级子目（二级子目）。

据此，当按照规则三（一）规定考虑某一物品在同一品目项下的两个或两个以上五位数级子目的归类时，只能依据对应的五位数级子目条文来确定哪个五位数级子目所列名称更为具体或更为类似。选定了哪个五位数级子目列名更为具体后，该子目本身又再细分了六位数级子目，只有在这种情况下，才能根据有关的六位数级子目条文考虑物品应归入这些六位数级子目中的哪个子目。

（2）“除条文另有规定的以外”，是指“除类、章注释与子目条文或子目注释不相一致的以外”。

例如，第七十一章注释四（二）所规定“铂”的范围与子目注释二所规定“铂”的范围不同，因此，在解释子目 7110.11 及 7110.19 范围时，应采用子目注释二，而不应考虑该章注释四（二）。

3．六位数级子目的范围不得超出其所属的五位数级子目的范围；同样，五位数级子目的范围也不得超出其所属品目的范围。

第三节　常见商品归类技术

第一类活动物；动物产品（第一章至第五章）

（一）主要内容

本类共 5 章，包括了除特殊情况外的所有种类的活动物以及经过有限度的一些简单加工的动物产品。

其中活动物归第一章，肉及食用杂碎归入第二章，鱼、甲壳动物、软体动物及其他水生无脊椎动物归入第三章，乳品、蛋品、天然蜂蜜、其他食用动物产品归入第四章，其他未加工或简单加工的各种未列名的动物产品归入第五章。

（二）归类方法

1．活动物的归类

鱼、甲壳动物（例如龙虾、大螯虾、淡水小龙虾、蟹、河虾及对虾）、软体动物[例如牡蛎（蚝）、海扇、贻贝、蚌、墨鱼、鱿鱼、章鱼及蜗牛]及其他水生无脊椎动物（例如海胆、海参及海蜇）归入第三章；其他的活动物（例如马、牛、猪、羊、鸡、狗、蛇、蜂）归入第一章。

根据第一章章注三的规定，属于第一章的活动物如果与流动马戏团及流动动物园的设备同时报验并作为其组成部分，则应归入品目 9508。

2．动物杂碎的归类

（1）供人食用的杂碎（例如，头、脚、尾、心、舌）。如果适合供人食用则归入第二章，不适合供人食用（如因保存不善导致变质）则归入第五章。例如新鲜的猪脚应归入品目 0206。

（2）专供制药用的杂碎（例如，胆囊、肾上腺、胎盘）。如为鲜、冷、冻或用其他方法临时保藏的，归入品目 0510；如经干制的则归入品目 3001。

（3）既可供人食用，又可供制药用的杂碎（例如，肝、肾、肺、脑、胰腺、脾、脊髓）归类如下：

临时保藏（例如，用甘油、丙酮、酒精、甲醛、硼酸钠临时保藏），以供药用的，归入品目 0510；干制的归入品目 3001；其他如果适合供人食用则归入第二章，不适合供人食用则归入第五章。

（4）既可供人食用，又有其他用途的杂碎，如果适合供人食用则归入第二章；不适合供人食用则归入第五章或其他有关章。

（5）根据第二章章注二的规定，动物的肠、膀胱、胃或动物血必须按不可食用的动物产品归入第五章（动物血如果符合品目 3002 的规定，则归入品目 3002）。例如新鲜的猪大肠不能归入品目 0206“鲜、冷、冻牛、猪、绵羊、山羊、马、驴、骡的食用杂碎”，应该根据该章注的规定归入品目 0504。

3．动物加工产品的归类

对于动物产品的归类，其关键是根据加工程度判断是一种可以归入本类的简单加工，还是应归入后面其他类（如第四类）的进一步深加工。

但是，由于第二章至第五章的动物产品种类比较多，各有关章的产品加工程度规定的标准也各不相同，应根据有关各章的注释和品目条文的规定来确定。所以具体到某一种动物产品，比如“鸡”，加工到什么程度属“简单加工”可以归入第二章，而加工到什么程度属超出“简单加工”的范围应归入第四类，其方法是首先查第二章的品目条文与相应的章注、类注，如果相符则归入第二章，否则归入第四类。

例如，“用盐腌制的咸鸡”应归入品目 0210，而“油炸鸡腿”，经查第二章的品目条文与章注得知，其加工程度已超出第二章的范围，因此应归入品目 1602。

第二类植物产品（第六章至第十四章）

（一）主要内容

本类共 9 章，包括各种活植物及经过有限度的简单加工的植物产品。

其中活树及其他活植物、鳞茎、根及类似品，插花及装饰用簇叶归入第六章；食用蔬菜、根及块茎归入第七章；食用水果及坚果，甜瓜或柑橘属水果的果皮归入第八章；咖啡、茶、马黛茶及调味香料归入第九章；谷物归入第十章；制粉工业产品、麦芽、淀粉、菊粉、面筋归入第十一章；含油子仁及果实、杂项子仁及果实、工业用或药用植物、稻草、秸秆及饲料归入第十二章；虫胶、树胶、树脂及其他植物汁液归入第十三章；编结用植物材料、其他植物产品归入第十四章。

（二）归类方法

1．干蔬菜的归类

根据第七章章注三的规定，品目 0712 包括干制的归入品目 0701 至 0711 的各种蔬菜，但下列各项除外：

（1）作蔬菜用的脱荚干豆（品目 0713）；

（2）品目 1102 至 1104 所列形状的甜玉米；

（3）马铃薯细粉、粗粉、粉末、粉片、颗粒及团粒（品目 1105）；

（4）用品目 0713 的干豆制成的细粉、粗粉及粉末（品目 1106）。

例如，马铃薯细粉尽管属于制成粉状的干蔬菜（马铃薯属于蔬菜），符合 0712 品目条文的规定，但根据该章注的规定，应归入品目 1105。

2．混合调味香料的归类

根据第九章章注一的规定，品目 0904 至 0910 所列产品的混合物，应按下列规定归类：

（1）同一品目的两种或两种以上产品的混合物仍应归入该品目；

（2）不同品目的两种或两种以上产品的混合物应归入品目 0910。

品目 0904 至 0910 的产品[或上述（1）或（2）项的混合物]如添加了其他物质，只要所得的混合物保持了原产品的基本特性，其归类应不受影响。基本特性已经改变的，则不应归入本章；构成混合调味品的，应归入品目 2103。

例如：肉桂（占 70%）与丁香（占 30%）的混合物，由于肉桂归品目 0906，丁香归品目 0907，属于不同品目的混合物，所以应归入品目 0910。而对于胡椒粉（占 70%）与辣椒粉（占 30%）的混合物，由于胡椒粉与辣椒粉都归入品目 0904，属于同一品目的混合物，所以仍应归入品目 0904。

3．种植用种子的归类

根据第十二章章注三的规定，甜菜子、草子及其他草本植物种子、观赏用花的种子、蔬菜种子、林木种子、果树种子、莱子（蚕豆除外）、羽扇豆属植物种子，可一律视为种植用种子，归入品目 1209。

但下列各项即使作种子用，也不归入品目 1209：

（1）豆类蔬菜或甜玉米（第七章）；

（2）第九章的调味香料及其他产品；

（3）谷物（第十章）；

（4）品目 1201 至 1207 或 1211 的产品。

例如，种用蚕豆属于豆类蔬菜，根据该章注的规定，应归入品目 0713。

4．植物加工产品的归类

植物产品与动物产品的归类思路基本一致，即对本类的植物产品也需特别注意其加工程度。只有简单加工的植物产品才归入本类，如果超出这一范围而进行了进一步的深加工，则应归入后面的其他类，如第四类。

但是，本类的植物产品与动物产品相比较，由于种类、用途更复杂，因而各有关章及具体的植物产品加工程度规定的标准更不相同，归类的方法仍是首先在第二类相应章的有关品目条文与章注、类注中查找，如果相符则归入本类，否则视为其加工程度已超出允许范围，应作为深加工而归入其他类。

例如，“生花生仁”归品目 1202，而“水煮花生仁”，经查第十二章的品目条文与章注得知，已超出该章范围，所以应到第四类中查找而归入品目 2008。

第三类动、植物油、脂及其分解产品；精制的食用油脂；动、植物蜡（第十五章）

（一）主要内容

本类只有 1 章，包括以第一、第二类的动物、植物为原料加工得到的动物、植物油脂；油脂的分解产品；混合食用油脂；动物、植物蜡；处理油脂或蜡所剩的残渣。

（二）归类方法

1．动、植物油脂加工产品的归类

动、植物油脂根据其加工程度归类见表 3-1。

表 3-1　动、植物油脂加工产品归类表

动物油脂（初炸、精制）	品目 1501－1506
植物油脂（初炸、精制）	品目 1507－1515
油脂（化学改性）	品目 1516、1518
混合食用油脂	品目 1517
动、植物蜡	品目 1521
残渣	品目 1522

例如“初榨的豆油”、“精制的豆油”、“氢化的豆油”、“氧化的豆油”、“混合的豆油”，它们的归类应随着加工方式和加工程度的不同而分别归入子目 1507.1000、1507.9000、1516.2000、1518.0000、1517.9000。

2．动、植物油脂分解产品的归类

动、植物油脂分解产品中的粗甘油归品目 1520，而脂肪酸、脂肪醇等以及经过提纯的精制甘油则要按化工品归入第六类。

第四类食品；饮料、酒及醋；烟草、烟草及烟草代用品的制品（第十六章至第二十四章）

（一）主要内容

本类共 9 章，包括以动物、植物为原料加工得到的食品、饮料、酒、醋、动物饲料、烟草等。

主要以第一类的动物为原料加工得到的食品归入第十六章；而主要以第二类的植物为原料加工得到的食品归入第十七章至第二十一章，其中，糖归入第十七章，可可及可可制品归入第十八章，谷物、粮食粉、淀粉或乳的制品归入第十九章，蔬菜、水果、坚果等的产品归入第二十章，其他杂项食品归入第二十一章；饮料、酒、醋归入第二十二章；食品工业的残渣及废料、饲料归入第二十三章；烟草及其制品归入第二十四章。

（二）归类方法

1．混合食品的归类

根据第十六章章注二的规定，对于混合食品，如果动物类原料（即香肠、肉、食用杂碎、动物血、鱼、甲壳动物、软体动物或其他水生无脊椎动物及其混合物）的含量在 20%以上（其中不同的动物原料的含量可以相加）则应归入第十六章。对于含有两种或两种以上前述产品的食品，则应按其中重量最大的产品归入第十六章的相应品目。

例如“猪肉占 15%，牛肉占 20%，马铃薯占 65%的罐头食品”，因为猪肉加上牛肉合计为 35%，超过了 20%，所以可归入第十六章的品目 1602，又因为牛肉含量超过猪肉，所以应按牛肉食品归入子目 1602.5010。

但是，如果该混合食品属于品目 1902 的包馅食品和品目 2103、2104 的食品，则不论其中的动物类原料的含量是否在 20%以上，一律不再归入第十六章，而应归入品目 1902、2103、2104。

例如“猪肉占 30%，白菜占 20%，面粉占 50%的水饺”，尽管其中猪肉的含量在 20%以上，但由于水饺属于品目 1902 的包馅食品，所以仍应归入品目 1902。

2．均化混合食品的归类

根据第二十一章章注三的规定，由两种或两种以上的基本配料，例如，肉、鱼、蔬菜或果实等，经精细均化制成供婴幼儿食用或营养用的零售包装食品（每件净重不超过 250 克，为了调味、保藏或其他目的，可以加入少量其他配料，还可以含有少量可见的小块配料）属于均化混合食品。符合上述条件的食品必须按“均化混合食品”归入品目 2104。

例如，猪肉占 60%、青菜占 30%，加上调料制成的专供婴幼儿食用的均化食品（净重 150 克包装），由于其是猪肉和青菜两种基本配料制成，属于该章注规定的“均化混合食品”，所以应归入品目 2104。

3．均化食品的归类

（1）子目 1602.1000 的“均化食品”，是指用肉、食用杂碎或动物血经精细均化制成供婴幼儿食用或营养用的零售包装食品，每件净重不超过 250 克。为了调味、保藏或其他目的，均化食品中可以加入少量其他配料，还可以含有少量可见的肉粒或食用杂碎粒。归类时该子目优先于品目 1602 的其他子目。

例如，由猪肉经精细均化制成供婴幼儿食用的净重 250 克的食品，应作为“均化食品”归入子目 1602.1000。

（2）子目 2005.1000 所称“均化蔬菜”，是指蔬菜经精细均化制成供婴幼儿食用或营养用的零售包装食品，每件净重不超过 250 克。为了调味、保藏或其他目的，均化蔬菜中可以加入少量其他配料，还可以含有少量可见的蔬菜粒。归类时，该子目优先于品目 2005 的其他子目。

例如，由马铃薯经精细均化制成供婴幼儿食用的净重 200 克的食品，应作为“均化食品”归入子目 2005.1000。

（3）子目 2007.1000 所称“均化食品”，是指果实经精细均化制成供婴幼儿食用或营养用的零售包装食品，每件净重不超过 250 克。为了调味、保藏或其他目的，均化食品中可以加入少量其他配料，还可以含有少量可见的果粒。归类时，该子目优先于品目 2007 的其他子目。

例如，由苹果经精细均化制成供婴幼儿食用的净重 150 克的食品，应作为“均化食品”归入子目 2007.1000。

4．糖的归类

各种糖（例如，蔗糖、乳糖、麦芽糖、葡萄糖及果糖），以及糖浆、人造蜜、焦糖、提取或精炼糖时所剩的糖蜜以及糖食应归入第十七章。

但是，化学纯糖（蔗糖、乳糖、麦芽糖、葡萄糖及果糖除外）应归入品目 2940。

5．可可食品的归类

第十八章“可可食品”的归类应注意本章章注一的规定，含可可的食品有些可归入本章，有些则应归入其他章。

例如，含可可的饮料不能按含可可食品归入品目 1806，而应按饮料归入品目 2202。

6．酒的归类

应在能够正确区别各种常见酒的加工方法的基础上掌握不同酒的归类，即发酵酒归入品目2203～2206，而蒸馏酒归入品目2207—2208。

例如黄酒属于发酵酒，应归入品目2206，而威士忌酒属于蒸馏酒，应归入品目2208。

7．其他食品的归类

本类商品中第十六章至第二十一章的各种食品的归类难点主要在于与第一、第二类的动物、植物产品的区别。判断方法仍然是加工程度。具体方法见第一、第二类的相关部分。

第五类矿产品（第二十五章至第二十七章）

（一）主要内容

本类共3章，包括原矿及经过一定程度加工的矿产品。其中燃料（主要是煤、石油、天然气）及其加工产品归入第二十七章，主要的金属矿归入第二十六章，其他矿则归入第二十五章。

（二）归类方法

1．第二十五章矿物的归类

除条文及注释四另有规定的以外，第二十五章各品目只包括原产状态的矿产品，或只经过洗涤（包括用化学物质清除杂质而未改变产品结构的）、破碎、磨碎、研粉、淘洗、筛分以及用浮选、磁选和其他机械一物理方法（不包括结晶法）精选过的矿产品，但不得经过焙烧、煅烧、混合或超过品目所列的加工范围。如果加工程度超出了上述范围、本章品目条文及本章章注四的规定，则不能再归入本章。

例如，“经简单切割的大理石”归入品目2515，“表面经磨平的大理石”则因为进行了进一步的加工而应归入品目6802。

2．第二十六章矿物的归类

第二十六章尽管是“金属矿”，但这里的“金属矿”不是全部，而是有例外。根据第二十六章章注二的规定，品目2601至2617所称“矿砂”，是指冶金工业中提炼汞、品目2844的金属以及第十四类、第十五类金属的矿物，即使这些矿物不用于冶金工业，也被包括在内。

例如“稀土金属矿”就不能归入第二十六章而应归入品目2530。

与第二十五章类似，本章金属矿产品的加工也有一定的限定，即品目2601至2617不包括以非冶金工业正常加工方法处理的各种矿物。

例如，天然的铜矿应归入品目2603，而用化学方法由天然铜矿提取出的硫化铜，则其加工程度已超出了简单加工的范围，应作为化工品归入品目2830。

另外需注意，本章还包括了含铅汽油的淤渣（子目2620.2100）及焚烧城市垃圾所产生的灰渣（子目2621.1000）。

3．第二十七章矿物的归类

与第二十五章、二十六章不同，第二十七章的煤、石油、天然气可以进行化学提取和其他加工，但经化学提取得到的矿物能归入本章的一般是一些粗产品，如果经进一步的化学提纯，则应归入第二十九章。

例如，“粗苯”归入品目 2707，“精苯”则因加工程度已超出本章范围而应归入品目 2902。

4．其他归类注意事项

注意有少数“纯的”化工产品不归入第六类而归入本类，例如“纯的氯化钠”“纯的氧化镁”“纯的甲烷”“纯的丙烷”，这些是特例。

石油是一种重要的能源，石油原油应归入品目 2709，由石油原油加工得到的成品油应归入品目 2710。单生物柴油是指从动植物油脂（不论是否使用过）得到的用做燃料的脂肪酸单烷基酯（第三十八章章注七），所以应作为一种化工产品归入品目 3826。如果将生物柴油与石油成品油进行混合，则当石油含量≥70%时，应归入品目 2710；当石油含量＜70%时，应归入 3826。

第六类化学工业及其相关工业的产品（第二十八章至第三十八章）

（一）主要内容

本类共 11 章，可分成两部分：第一部分为第二十八章至第二十九章，主要为单独的已有化学定义的化学品，其中元素和无机化合物归入第二十八章，有机化合物归入第二十九章；第二部分为第三十章至第三十八章，主要为按用途分类的化工品，其中药品归入第三十章，该章还包括用于医疗、外科、牙科或兽医用的某些其他物质或物料；肥料归入第三十一章，包括通常作天然或人造肥料的绝大多数产品；染料、颜料、油漆、油墨等归入第三十二章，包括用于鞣料及软化皮革的制剂、植物鞣膏、合成鞣料以及人造脱灰碱液，也包括植物、动物或矿物着色料及有机合成着色料，以及用这些着色料制成的大部分制剂，还包括清漆、干燥剂及油灰等各种其他制品；精油及香膏、芳香料制品及化妆、盥洗品归入第三十三章；肥皂、有机表面活性剂、洗涤剂、润滑剂、光洁剂、蜡烛等归入第三十四章；蛋白质物质、改性淀料、胶、酶归入第三十五章；炸药、烟火制品、火柴、易燃制品等归入第三十六章；照相及电影用品归入第三十七章；杂项化工产品归入第三十八章。

（二）归类方法

1．化工品中的优先归类原则

（1）凡符合品目 2844 或 2845 规定的货品（放射性矿砂除外），应分别归入这两个品目而不归入 HS 的其他品目。即除了放射性矿砂以外，所有的放射性化学元素、同位素及它们的化合物，即使本来可能可以归入其他品目，也应二律归入品目 2844 或 2845。

例如，放射性甘油应归入品目 2844 而不归入品目 2905。

（2）除上述（1）另有规定的以外，凡符合品目 2843、2846 或 2852 规定的货品，应分别归入以上品目而不归入本类的其他品目。即除了品目 2844 或 2845 外，如果某化工产品既可以归入品目 2843、2846 或 2852，又可以归入本类的其他品目，也应一律归入品目 2843、2846 或 2852。

例如，硝酸银即使已制成零售包装供摄影用，也应归入品目 2843 而不归入品目 3707。

（3）除上述（1）、（2）外，凡由于按一定剂量或作为零售包装而可归入品目 3004、3005、3006、3212、3303、3304、3305、3306、3307、3506、3707 或 3808 的货品，应分别归入以上品目，而不归入 HS 的其他品目，即如果一种化工品制成一定剂量或制成零售包装而且同时符合品目 3004、3005、3006、3212、3303、3304、3305、3306、3307、3506、3707、3808 的规定，则应优先归入上述品目。

例如，零售包装的染料应归入品目 3212。

2．本类第一部分与第二部分的归类区别

一般情况下，如果一种化工品是单独的化学元素及单独的已有化学定义的化合物（包括无机化合物和有机化合物），则应归入第二十八或二十九章；如果不符合这一点，而是由几种不同化学成分混合配制而成的，则主要按其用途归类，应归入第三十章至第三十八章，如果按其用途找不到相符的品目条文时，则按照未列名化工产品归入子目 3824.9099。当然，品目条文、章注、类注另有规定的除外。

例如“硫代硫酸钠”可用于摄影，起定影作用，但如果仅是硫代硫酸钠一种成分（未制成定量包装或零售包装，可立即使用的），则应归入子目 2832.3000。当硫代硫酸钠中再配上其他成分制成定影剂，则按其用途归入子目 3707.9010。

3．第二十八章无机化工商品的归类

除条文另有规定外，第二十八章仅限于单独的化学元素及单独的已有化学定义的化合物。

单独的已有化学定义的化合物是由一分子种类（例如，通过共价键或离子键结合）组成的物质，此种物质的各种组成元素的比例是固定的而且可以用确定的结构图进行表示。

含有杂质或溶于水的单独化学元素和已有化学定义的单独化合物仍归入第二十八章。

（1）化学元素。化学元素可分为两类：非金属元素及金属元素。

非金属元素中，卤素（氟、氯、溴及碘）归入品目 2801；硫磺（包括升华硫磺、沉淀硫磺、胶态硫磺）归入品目 2802；碳归入品目 2803；氢、稀有气体（氦、氖、氩、氪、氙）和其他非金属（氮、氧、硼、碲、硅、磷、砷、硒）归入品目 2804。

金属元素中的碱金属（锂、钠、钾、铷、铯）、碱土金属（钙、锶、钡）、稀土金属、钪及钇、汞归入品目 2805，其他的金属元素则归入其他分章或其他章。例如，放射性化学元素和同位素归入品目 2844，稳定同位素归入品目 2845，贵金属归入第十四类。

（2）无机化合物。根据分子结构的不同特征，可对无机化合物进行如下归类：

① 无机酸及非金属无机氧化物归入品目 2806－2811，例如硫酸属于无机酸，应归入品目 2807；

② 非金属卤化物及硫化物归入品目 2812－2813，例如二硫化碳属于非金属硫化物，应归入品目 2813；

③ 无机碱和金属氧化物、氢氧化物及过氧化物归入品目 2814－2825，例如烧碱属于无机碱，应归入品目 2815；

④ 无机酸盐、无机过氧酸盐及金属酸盐、金属过氧酸盐归入品目 2826－2842，例如硫酸铜属于无机酸盐，应归入品目 2833；

⑤ 其他杂项产品归入品目 2843－2853，例如过氧化氢应归入品目 2847。

4. 第二十九章有机化工商品的归类

根据分子结构的不同特征，可对有机化合物进行如下归类：

（1）烃归入品目 2901—2902，例如乙烯属于无环烃，应归入品目 2901；

（2）烃的卤化、磺化、硝化、亚硝化衍生物归入品目 2903－2904，例如氯仿属于烃的卤化衍生物，应归入品目 2903；

（3）醇归入品目 2905—2906，例如甲醇应归入品目 2905；

（4）酚归入品目 2907—2908，例如苯酚应归入品目 2907；

（5）醚归入品目 2909—2911，例如乙醚应归入品目 2909；

（6）醛、酮归入品目 2912—2914，例如丙酮应归入品目 2914；

（7）羧酸及其酸酐、酰卤化物、过氧化物和过氧酸归入品目 2915～2918，例如苯甲酸属于环一元羧酸，应归入品目 2916；

（8）非金属无机酸酯归入品目 2919—2920，例如亚磷酸三甲酯属于亚磷酸的无机酸酯，应归入品目 2920；

（9）含氮基化合物归入品目 2921—2929，例如苯胺应归入品目 2921；

（10）有机—无机化合物归入品目 2930—2931，例如二甲硫属于有机硫化合物，应归入品目 2930；

（11）杂环化合物及核酸归入品目 2932—2934，例如四氢呋喃属于含有氧杂原子的杂环化合物，应归入品目 2932；

（12）磺胺归入品目 2935，例如磺胺嘧啶应归入品目 2935；

（13）其他杂项有机产品（维生素、激素、生物碱、化学纯糖、抗菌素等）归入品目 2936～2942，例如青霉素属于抗菌素，应归入品目 2941。

5. 药品的归类

首先，如果是已配定剂量或已制成零售包装，则归入品目 3004。

其次，如果是未配定剂量也未制成零售包装，则要看其是未混合产品还是混合产品，前者按其成分归入第二十九章或第二十八章，后者则归入品目 3003。

例如“安乃近原药，粉状，5 千克装”，由于该商品未配定剂量也未制成零售包装，并且是未混合产品，所以应归入子目 2933.1920。再如“安乃近药片”，由于已配成一定剂量，所以应归入子目 3004.9090。

另外，还需注意以下问题：

（1）除供静脉摄入用的滋养品可作为药品归入第三十章以外，营养品、糖尿病食品、强化食品、保健食品、滋补饮料及矿泉水，即使具有某些有利于身体健康、抵御疾病的作用，也不能作为药品归入第三十章，只能作为食品、饮料而归入第四类。

例如，某品牌的运动饮料具有补充运动中流失的维生素和矿物质和增强体质的作用，仍应按一般饮料归入品目 2202。

（2）戒烟用的咀嚼胶或透皮贴片同样不能作为药品归入第三十章，其中咀嚼胶应作为“未列名的食品”归入 2106，透皮贴片应作为“未列名的化工品”归入品目 3824。

（3）品目 3303 至 3307 的化妆盥洗品，即使具有治疗及预防疾病的某些作用，也不能作为药品归入第三十章，仍应按化妆盥洗品归入第三十三章。

例如，某品牌的洗发水具有去屑止痒的功效，仍应按护发品归入品目3305。

6．肥料的归类

首先，单独的已有化学定义的化合物，即使属于氮肥、磷肥、钾肥或其他肥料，只有符合第三十一章有关章注的规定，才能归入第三十一章，否则应归入第二十八章或二十九章。下面以第三十一章章注二为例进行解释说明。

第三十一章章注二规定，品目3102只适用于下列货品，但未制成品目3105所述形状或包装。

7．肥料的归类

首先，单独的已有化学定义的化合物，即使属于氮肥、磷肥、钾肥或其他肥料，只有符合第三十一章有关章注的规定，才能归入第三十一章，否则应归入第二十八章或二十九章。下面以第三十一章章注二为例进行解释说明。

第三十一章章注二规定，品目3102只适用于下列货品，但未制成品目3105所述形状或包装：

（1）符合下列任何一条规定的货品：

① 硝酸钠，不论是否纯净；

② 硝酸铵，不论是否纯净；

③ 硫酸铵及硝酸铵的复盐，不论是否纯净；

④ 硫酸铵，不论是否纯净；

⑤ 硝酸钙及硝酸铵的复盐（不论是否纯净）或硝酸钙及硝酸铵的混合物；

⑥ 硝酸钙及硝酸镁的复盐（不论是否纯净）或硝酸钙及硝酸镁的混合物；

⑦ 氰氨化钙，不论是否纯净或用油处理；

⑧ 尿素，不论是否纯净。

（2）由上述（1）中任何货品相互混合的肥料；

（3）由氯化铵或上述（1）或（2）款任何货品与白垩、石膏或其他无肥效无机物混合而成的肥料；

（4）由上述（1）的②或⑧项的货品或其混合物溶于水或液氨的液体肥料。例如，“氯化铵肥料”由于不符合第三十一章章注二的规定，所以应作为无机化学品归入子目2827.1010。

其次，如果是归入第三十一章的肥料；但制成片剂及类似形状或每包毛重不超过10千克，则应归入品目3105。

例如，“5千克包装的氯化钾”应归入品目3105。

8．染料和颜料的归类

（1）按染料和颜料的来源和加工归入品目3203～3206。

（2）要注意，如果是无机颜料（不包括用做发光体的无机产品）并且是单独的符合化学定义的，则不能归入本章而应归入第二十八章。

例如二氧化钛不能归入品目3206，而应作为无机化合物归入品目2823。

9．油漆的归类

（1）以合成聚合物或化学改性天然聚合物之外的其他原料为基本成分制成的油漆，应归入品目3210。

（2）以合成聚合物或化学改性天然聚合物为基本成分制成的油漆，则再看其所用介质，其中，分散于或溶于非水介质的归品目 3208，分散于或溶于水介质的归品目 3209。

（3）根据第三十二章章注四的规定，品目 3208 包括由品目 3901 至 3913 所列产品溶于挥发性有机溶剂的溶液（胶棉除外），但溶剂重量必须超过溶液重量的 50%。

例如，“溶于松节油（一种具有挥发性的有机溶剂）中的丙烯酸聚合物，松节油占溶液总重量的 65%”，根据该章注的规定，应归入品目 3208。

10．香料的归类

（1）天然香料，归入品目 3301，化学合成的单独化学成分的香料，则一般应归入第二十九章。

例如“天然的薄荷油”归入品目 3301，而人工合成的“薄荷醇”则应归入品目 2906。

（2）几种香料的混合物或香料与其他成分的混合物，则一般应归入品目 3302。

11．化妆品的归类

化妆品一般按其用途归入品目 3303～3307。例如唇膏属于唇用化妆品，应归入子目 3304.1000。

另外，品目 3307 所称“芳香料制品及化妆盥洗品”，主要适用于下列产品：香袋；通过燃烧散发香气的制品；香纸及用化妆品浸渍或涂布的纸；隐形眼镜片或假眼用的溶液；用香水或化妆品浸渍、涂布、包覆的絮胎、毡呢及无纺织物；动物用盥洗品。

例如，隐形眼镜片专用护理液，应作为“芳香料制品及化妆盥洗品”归入子目 3307.9000。

12．表面活性剂的归类

首先，在归类时，通常我们将具有表面活性的一类物质称为表面活性剂，但是，品目 3402 所称“有机表面活性剂”是不符合化学定义的有机化合物，其是指温度在 20℃时与水混合配成 0.5%浓度的水溶液，并在同样温度下搁置 1 小时后与下列规定相符的产品：

（1）成为透明或半透明的液体或稳定的乳浊液而未离析出不溶解物质；

（2）将水的表面张力减低到每厘米 45 达因（力学单位）及以下。

如果一种化工品符合上述关于表面活性剂的定义，则应归入品目 3402（肥皂除外）。

其次，表面活性剂可根据其在水中电离的性质相应地归入子目 3402.1100～3402.1900。其中，阴离子型表面活性剂归入子目 3402.1100，阳离子型表面活性剂归入子目 3402.1200，非离子型表面活性剂归入子目 3402.1300，阴阳离子型表面活性剂归入子目 3402.1900。但是，归入子目 3402.1100～3402.1900 的表面活性剂须仅含一种表面活性剂，如果同时含几种表面活性剂或表面活性剂溶于有机溶剂中，则应作为表面活性剂制品归类。

13．洗涤用品的归类

（1）肥皂和作肥皂用或作洁肤用的表面活性剂产品制成的洗涤用品，如果符合 3401 品目条文的规定，则应归入品目 3401。

（2）其他表面活性剂产品制成的洗涤用品，如果符合 3405 品目条文的规定，则应归入品目 3405，否则归入品目 3402。

（3）如果表面活性剂产品属于洗发剂、洁齿品、剃须膏及沐浴用制剂，则必须优先归入第三十三章的相应品目。

例如，“含有表面活性剂的洗发香波”应归入品目3305。

14．照相用品的归类

（1）对于未曝光的照相用品根据其基材来判断归类，如果是纸、纸板、纺织物制的，归入品目3703，其他材料制的，归入品目3701或品目3702。

（2）在品目3701与品目3702中，如果是平片，归入品目3701，如果是卷片，归入品目3702。

例如，“医用X光卷片”，由于其基材是塑料，并且是卷片，所以应归入品目3702。

15．农药的归类

农药按其列名归入品目3808，但如果是农药原药（未混合，未制成零售包装）则应归入第二十九章或第二十八章。

例如，农药原药DV菊酸甲酯应归入子目2916.2010。

16．杂项化学产品的归类

第三十八章属于按用途分类时前面几章未涉及的杂项化工产品，归类时要特别注意与第二十八章、第二十九章的区别。

例如，用做增塑剂的邻苯二甲酸二辛酯应归入品目2917。

第七类塑料及其制品；橡胶及其制品（第三十九章至第四十章）

（一）主要内容

本类共2章，是由高分子聚合物组成的塑料与橡胶以及它们的制品。其中，塑料及其制品归入第三十九章，而橡胶及其制品则归入第四十章。

（二）归类方法

1．“初级形状”塑料的判断

第三十九章章注六规定，品目3901至3914所称“初级形状”，只限于下列各种形状：

（1）液状及糊状，包括分散体（乳浊液及悬浮液）及溶液；

（2）不规则形状的块、团、粉（包括压型粉）、颗粒、粉片及类似的散装形状。

因此，本章塑料在归类时要注意其加工形状，归入第一分章（品目3901至3914）的是属于“初级形状”的塑料。所以应根据该章注的规定来判断某种塑料是否属于“初级形状”，从而确定其是否可以归入品目3901至3914。

例如，聚丙烯粒子属于“初级形状”的塑料，所以应归入品目3902。

2．共聚物的归类

（1）品目的确定。第三十九章章注四规定，在本章中，除条文另有规定的以外，共聚物

（包括共缩聚物、共加聚物、嵌段共聚物及接枝共聚物）应按聚合物中重量最大的那种共聚单体单元所构成的聚合物归入相应品目。在本注释中，归入同一品目的聚合物的共聚单体单元应作为一种单体单元对待。

如果没有任何一种共聚单体单元重量是最大的，共聚物应按税则号列顺序归入其可归入的最末一个品目。

具体归类方法如下：

首先，将属于同一品目下的单体单元的含量相加；

然后，按含量高的品目归类，如果含量相等则“从后归类”。

例 1　由 45%乙烯、35%丙烯及 20%异丁烯的单体单元组成的初级形状的共聚物，由于丙烯与异丁烯的聚合物同属品目 3902，二者的比例相加为 55%，超过乙烯单体单元的含量，所以应归入品目 3902。

例 2　由 50%乙烯与 50%苯乙烯的单体单元组成的初级形状的共聚物，由于乙烯单体单元的含量与苯乙烯单体单元的含量相等，所以应归入品目 3903。

（2）子目的确定。第三十九章子目注释一规定，属于本章任一品目项下的聚合物（包括共聚物）应按下列规则归类：

1）在同级子目中有一个“其他”子目的：

A．子目所列聚合物名称冠有“聚（多）”的（例如，聚乙烯及聚酰胺–6，6），是指列名的该种聚合物单体单元含量在整个聚合物中按重量计必须占 95%及以上。

B．子目 3901.30、3903.20、3903.30 及 3904.30 所列的共聚物，如果该种共聚单体单元含量在整个聚合物中按重量计占 95%及以上，即应归入上述子目。

C．不符合上述 A、B 两款规定的聚合物，应按聚合物中重量最大的那种单体单元（与其他各种单一的共聚单体单元相比）所构成的聚合物归入该级其他相应子目。为此，归入同一子目的聚合物单体单元应作为一种单体单元对待。只有在同级子目中的聚合物共聚单体单元才可以进行比较。

例 1　由 95%乙烯与 5%丙烯的单体单元组成的共聚物粒子（比重 0.93），应按聚乙烯归入子目 3901.1000。

例 2　由 45%乙烯、35%丙烯及 20%异丁烯的单体单元组成的初级形状的共聚物，由于丙烯与异丁烯的聚合物同属品目 3902，二者相加为 55%，超过乙烯单体单元的含量，所以应归入品目 3902，又由于丙烯单体单元的含量超过了异丁烯单体单元的含量，所以应归入子目 3902.3090。

2）在同级子目中没有“其他”子目的：聚合物应按聚合物中重量最大的那种单体单元（与其他各种单一的共聚单体单元相比）所构成的聚合物归入该级相应子目。为此，归入同一子目的聚合物单体单元应作为一种单体单元对待。只有在同级子目中的聚合物共聚单体单元才可以进行比较。

3．聚合物混合体的归类

（1）聚合物混合体应按聚合物中重量最大的那种共聚单体单元所构成的聚合物归入相应品目。归入同一品目的聚合物的共聚单体单元应作为一种单体单元对待。

（2）如果没有任何一种共聚单体单元重量是最大的，聚合物混合体应按税则号列顺序归入其可归入的最末一个品目。

（3）聚合物混合体应按单体单元比例相等、种类相同的聚合物归入相应子目。例如，由 96%的聚乙烯和 4%的聚丙烯组成，比重大于 0.94 的聚合物混合体，应归入子目 3901.2000。

4．塑料半制品和制品的归类

（1）根据加工形状、程度判断属于塑料半制品还是塑料制品。

（2）塑料半制品根据其具体形状归入 3916～3921 的有关品目，而塑料制品则根据其用途归入 3922～3926 的有关品目。

例如，塑料管属于半制品，所以应归入品目 3917。再如，塑料茶杯属于制品，所以应归入品目 3924。

5．塑料的废碎料和下脚料的归类

对于塑料的废碎料和下脚料，一般情况下可直接按 3915 的品目条文“塑料的废碎料及下脚料”归入该品目。但是如果其同时满足初级形状、单一种类、热塑性这三个条件，则不能归入 3915，而应归入 3901～3914 的相应品目。

例如，粒子状的聚乙烯（密度 0.93）下脚料，应归入子目 3901.1000。

6．天然橡胶和合成橡胶的归类

有一些橡胶由于不符合第四十章章注四关于“合成橡胶”的定义，所以尽管取了个“橡胶”的名称，还是要按“塑料”归入第三十九章。例如“乙丙橡胶”、“硅橡胶”等。

天然橡胶或合成橡胶根据其是否经硫化而分成未硫化橡胶和硫化橡胶，前者归入品目 4001～4006，后者归入品目 4007～4017。例如新的轿车用橡胶轮胎属于硫化橡胶制品，应归入品目 4011。

对于硫化橡胶根据其加工形状和用途来确定归类。而对于初级形状或板、片、带形状的未硫化橡胶，则需要根据以下规定决定归入品目 4001、4002 还是品目 4005。

（1）品目 4001 及 4002 不适用于任何凝结前或凝结后与下列物质相混合的橡胶或橡胶混合物：

① 硫化剂、促进剂、防焦剂或活性剂（为制造预硫胶乳所加入的除外）；

② 颜料或其他着色料，但仅为易于识别而加入的除外；

③ 增塑剂或增量剂（用油增量的橡胶中所加的矿物油除外）、填料、增强剂、有机溶剂或其他物质，但以下（2）所述的除外。

（2）含有下列物质的橡胶或橡胶混合物，只要仍具有原料的基本特性，应归入品目 4001 或 4002：

① 乳化剂或防粘剂；

② 少量的乳化剂分解产品；

③ 微量的下列物质：热敏剂（一般为制造热敏胶乳用）、阳离子表面活性剂（一般为制造阳性胶乳用）、抗氧剂、凝固剂、碎裂剂、抗冻剂、胶溶剂、保存剂、稳定剂、黏度控制剂或类似的特殊用途添加剂。

第八类生皮、皮革、毛皮及其制品；鞍具及挽具；旅行用品、手提包及类似品；动物肠线（蚕胶丝除外）制品（第四十一章至第四十三章）

（一）主要内容

第八类共 3 章。其中第四十一章只包括生皮和皮革，不包括制品，其结构按加工程度由低到高排列；第四十二章大部分是由第四十一章的原料经进一步加工制得的制品，同时还包括几乎由任何材料制成的包及旅行用品；第四十三章主要包括生毛皮、毛皮、人造毛皮及其制品。

（二）归类方法

1．带毛生皮或已鞣制带毛皮张的归类

一般情况下，带毛的生皮或已鞣制的带毛皮张归入第四十三章，但有些动物的生皮即使带毛也不归入第四十三章，而归入第四十一章，具体种类见第四十一章章注一（三）。

例如，生的带毛兔皮归入品目 4301，已鞣制的兔毛皮张归入品目 4302；而带毛的生绵羊皮归入品目 4102，已鞣制的带毛绵羊皮归入品目 4302。

2．品目 4202 所含容器的归类品目

4202 的条文分为两部分。

第一部分为：衣箱、提箱、小手袋、公文箱、公文包、书包、眼镜盒、望远镜盒、照相机套、乐器盒、枪套及类似容器。这些容器基本上都装有固定的物品并长期使用，除第四十二章章注二（一）和二（二）另有规定的以外，这一部分所包括的物品可用任何材料制成。

第二部分为：旅行包、食品或饮料保温包、化妆包、帆布包、手提包、购物袋、钱夹、钱包、地图盒、瓶盒、首饰盒、粉盒、刀叉餐具盒及类似容器，只能用皮革或再生皮革、塑料片、纺织材料、钢纸或纸板制成，或者全部或主要用上述材料或纸包覆制成。

3．皮革服装和毛皮服装的归类

（1）皮革或再生皮革制的服装归入品目 4203。

（2）毛皮制服装归入品目 4303，即使毛皮作衬里的服装也归入品目 4303；人造毛皮服装归入品目 4304，即使人造毛皮作衬里的服装也归入品目 4304。

毛皮或人造毛皮仅作为装饰的服装一般不归入本类，按其服装的面料归入相应品目。

例如，貂皮大衣为毛皮制的服装，归入子目 4303.1010；羊皮夹克为皮革制的服装，归入子目 4203.1000；仅在衣领和袖口用毛皮装饰的粗花呢大衣则按纺织服装归入第六十二章的相关品目。

（3）用皮革与毛皮或用皮革与人造毛皮制成的分指手套、连指手套及露指手套应归入品目 4203，不应归入第四十三章。

4．用做机器零件的皮革制品的归类

用做机器零件的皮带、皮制垫圈等应归入子目 4205.0020，而不按机器零件归入第十六类。

第九类木及木制品；木炭；软木及软木制品；稻草、秸秆、针茅或其他编结材料制品；篮筐及柳条编结品（第四十四章至第四十六章）

（一）主要内容

第九类共3章。其中第四十四章主要包括木及其制品；第四十五章主要包括软木及其制品；第四十六章主要包括各种编结材料制品。

其中，第四十四章的结构是按照加工程度由低到高排列，规律如下：

木材原料（不包括竹的原料）…………………………品目4401～4406
经简单锯、削、刨平、端接及制成连续形状的木材…品目4407～4409
木质碎料板、纤维板、胶合板及强化木等……………品目4410～4413
木制品………………………………………………………品目4414～4421

（二）归类方法

树种及加工程度是第四十四章归类的重要因素。例如：木制的电线杆如果经过防腐处理，则归入子目4403.10；如果没有经过类似处理，则应根据其树种材质分别归入该品目的其他子目。

除另有规定的以外，竹的原料归入第十四章；竹及其他木质材料制品一般也按木制品归入同一品目，例如竹制筷子归入品目4419、竹制牙签归入品目4421；但竹制编结材料制品则归入第四十六章。

1．木板材的归类

一般板材按其厚度归入品目4407或4408；若在端部和侧面制成连续形状（如带有槽、榫等）则归入品目4409；若是木质碎料板、木纤维板及胶合板的端部和侧面也制成连续形状（如带有槽、榫等），则归入品目4410～4412。

品目4411项下的一级子目是按纤维板的生产工艺分类的。其中，子目4411.1的中密度纤维板（MDF）只包括用干法生产工艺获得的纤维板，按其厚度和密度进行归类；而子目4411.9的其他木纤维板一般是用湿法生产工艺获得的纤维板，只按其密度进行归类。

例1 木纤维板（原料为花旗松），密度为每立方厘米0.8克，未经机械加工，规格为（长×宽×厚）2400毫米×1200毫米×8毫米，采用湿法生产。此纤维板因采用湿法生产，所以归入子目4411.9，然后根据其密度归入4411.9390。

例2 表面为巴栲红柳桉木薄板，其他两层为针叶木薄板制的三合板（每层厚度为1毫米）。此胶合板为仅由薄板制成的胶合板，且每层厚度不超过6毫米，所以归入子目4412.3，又因巴栲红柳桉木属于本章子目注释列名的热带木，所以归入4412.3100。

2．木地板的归类

天然木地板（又称实木地板，其侧面带有槽和榫）归入品目4409；碎料板制木地板（其侧面不论是否制成品目4409所列的连续形状）归入品目4410；纤维板制木地板（其侧面不论是否制成品目4409所列的连续形状）归入品目4411；胶合板制木地板（其侧面不论是否制成品目4409所列的连续形状）归入品目4412；已拼装的拼花木地板归入品目4418。

3．木制品的归类

大部分木制品归入品目 4414～4421，其中品目 4421 为其他木制品，但不是所有未列名的木制品都归入此品目，必须是其他品目未列名及本章章注未排除的。例如，木制的衣箱应归入品目 4202；木制的家具应归入第九十四章，木制衣架归入子目 4421.1000，但若是落地式木制衣架，因具有家具的特征，应归入品目 9403。

4．编结产品的归类

编结产品一般归入第四十六章，但归入本章的编结品所用材料范围具有一定的限制，即只适用于第四十六章章注一所列的“编结材料”。同时应注意，只有截面尺寸大于 1 毫米的塑料单丝及表观宽度大于 5 毫米的塑料扁条的编结制品才归入本章；截面尺寸不超过 1 毫米的塑料单丝及表观宽度不超过 5 毫米的塑料扁条制品，要按纺织品归入第十一类。

第十类木浆及其他纤维状纤维素浆；回收（废碎）纸或纸板；纸、纸板及其制品

（第四十七章至第四十九章）

（一）主要内容

第十类共 3 章，并按下列加工程度分列于各章：

纸浆、废纸（第四十七章）、纸张及其制品（第四十八章）、印刷品（第四十九章）

（二）归类方法

1．纸张的归类

（1）第四十八章根据纸的加工程度来排列，结构规律如下：

未涂布的机制或手工纸……………………………品目 4801～4805

未涂布但经进一步加工的纸………………………品目 4806～4808

经涂布的纸…………………………………………品目 4809～4811

特定用途的纸及其制品……………………………品目 4812～4823

例如，目前应用较广的复印纸属未涂布的印刷及类似用途的纸，归入品目 4802，印刷精美广告及书籍封面的铜版纸属于涂布高岭土（无机物）的纸，归入品目 4810。

（2）品目 4801—4805 所列的纸张不能超出本章章注三所规定的加工方法。新闻纸和牛皮纸必须符合本章章注四和章注六规定的规格和纤维含量。

（3）若属于品目 4801 和 4803—4809 列名的品种，还要判断其规格尺寸是否符合本章章注八的条件。一般情况下，品目 4801 和 4803—4809 仅适用于大规格尺寸的纸，即成条或成卷时宽度要大于 36 厘米；成矩形（包括正方形）时一边超过 36 厘米，另一边要超过 15 厘米（以未折叠计）。对于品目 4801 和 4803—4809 所列明的小规格尺寸的纸（即不符合本章章注八规定的尺寸要求），一般要归入 4816—4823 的相关品目。

例如，宽度为 120 厘米成卷的卫生纸归入品目 4803，而宽度为 12 厘米（在 36 厘米以下）成卷的卫生纸应归入品目 4818。

（4）在确定部分子目时，有些还要考虑所含纸浆的种类。木浆是造纸的主要原料，根据加工方法的不同可分为3种：机械浆、化学浆和化学—机械浆。如子目4802.5要求不含机械浆或化学—机械浆，或这些纸浆的含量不超过全部纤维含量的10%。

2．涂布纸的归类

涂布纸是指在纸的单面或双面施以涂料，以使纸面产生特殊的光泽或使其适合特定需要。若是涂布高岭土或其他无机物质，则归入品目4810，如铜版纸等；若是涂布塑料、沥青、焦油、蜡或其他有机物质，则归入品目4811，如涂塑相纸、绝缘纸和热敏纸等。

3．壁纸的归类

只有成卷状且宽度在45厘米～160厘米之间的壁纸才归入品目4814。若不符合这些条件，即使用做壁纸也不能归入品目4814。若既可铺地又可作壁纸用则按铺地制品归入品目4823。

4．已印刷的壁纸及标签的归类

品目4814的壁纸及品目4821的纸或纸板制各种标签，即使已经印制仍归入第四十八章，而不归入第四十九章。

5．纸卫生巾的归类

纸质的卫生巾（护垫）及止血塞、婴儿尿布、尿布衬里和类似品不按材料归类而应归入品目9619

6．报纸、杂志的归类

一般的报纸、杂志归入品目4902。但是，第四十九章章注三规定，用纸以外的材料装订成册的报纸、杂志和期刊，以及一期以上装订在同一封面里的成套报纸、杂志和期刊，应归入品目4901，不论是否有广告材料。

例如，装订成册的《半月谈》杂志全年合订本应归入子目4901。

7．邮票的归类

我国发行未使用的新邮票按印刷品归入品目4907；我国发行已使用的旧邮票按收藏品归入品目9704；外国发行但我国不承认其面值的邮票，不论是否已使用均按收藏品归入品目9704。

另外，归类时请注意，第四十九章所称的“印刷”，不仅包括以普通手工印刷或机械印刷的方法印制，还包括用胶版复印机、油印机印制，在自动数据处理设备控制下打印绘制、压印、冲印、感光复印、热敏复印或打字。

第十一类纺织原料及纺织制品（第五十章至第六十三章）

（一）主要内容

本类共14章，包括纺织纤维、半成品及制成品，可分成两部分。

第一部分：第五十章至第五十五章，是按纤维类别划分的，每章内又按纺织品的加工程度由低到高排列，基本按“纺织纤维—纱线—机织物”的顺序列目。其中第五十章蚕丝及其机织物；

第五十一章羊毛、动物细毛或粗毛及其机织物；第五十二章棉花及其机织物；第五十三章其他植物纺织纤维、纸纱线及其机织物；第五十四章化学纤维长丝及其机织物；第五十五章化学纤维短纤及其机织物。

第二部分：第五十六章至第六十三章，包括以特殊的方式或工艺制成的或有特殊用途的半成品及制成品，并且除品目 5809 和 5902 外，品目所列产品一般不分纺织原料的性质。其中第五十六章絮胎、毡呢及无纺织物、绳索及其制品；第五十七章地毯及纺织材料铺地用品；第五十八章特种机织物、刺绣品等；第五十九章浸渍、涂层、包覆或层压的纺织物、工业用纺织制品；第六十章针织物及钩编织物；第六十一章针织或钩编服装；第六十二章非针织或非钩编服装；第六十三章其他纺织制成品。

（二）归类方法

纺织产品是 HS 中的一个重要部分，只有熟悉纺织产品的分类、纺织加工工序，掌握 HS 对纺织品的归类要求，才能正确归类。

1．纺织产品的结构规律

在对本类商品归类时，首先要对本类商品有一个基本认识，掌握其结构规律，从而为正确归类打下基础。

第一部分：第五十章至第五十五章（纤维、普通纱线、普通机织物）

丝……………………第五十章

毛……………………第五十一章

棉……………………第五十二章

麻……………………第五十三章

长丝…………………第五十四章

短纤…………………第五十五章

第二部分：第五十六章至第六十三章（特种纱线、特种织物、制成品）

无纺织物、特种纱线等…………………第五十六章

地毯等……………………………………第五十七章

特种机织物、刺绣品等…………………第五十八章

特殊处理的织物、工业用纺织制品……第五十九章

针织物、钩编织物………………………第六十章

服装（针织或钩编）……………………第六十一章

服装（非针织或非钩编）………………第六十二章

其他制成品………………………………第六十三章

2．纺织材料的分类

纺织纤维分为天然纤维与化学纤维，天然纤维主要有丝、毛、棉、麻，化学纤维又分为合成纤维和人造纤维。

合成纤维是将有机单体物质加以聚合而制成聚合物，例如，聚酰胺、聚酯、聚丙烯、聚氨基甲酸酯；或通过上述加工将聚合物经化学改性制得，例如，聚乙酸乙烯酯水解制得的聚乙烯醇。

人造纤维是将天然有机聚合物（例如，纤维素）溶解或化学处理制成聚合物，例如，铜铵纤维或粘胶纤维；或将天然有机聚合物（例如，纤维素、酪蛋白及其他蛋白质、或藻酸）经化学改性制成聚合物，例如，醋酸纤维素纤维或藻酸盐纤维。

常见的合成纤维有聚酯（俗称涤纶）和聚酰胺（俗称尼龙）等等，常见的人造纤维有粘胶纤维和醋酸纤维等等。

3．混纺材料的归类

（1）混纺材料归类的原则

根据HS第十一类类注二的规定，可归入第五十章至第五十五章及品目5809或5902的由两种或两种以上纺织材料混合制成的货品，应按其中重量最大的那种纺织材料归类。

当没有一种纺织材料重量较大时，应按可归入的有关品目中最后一个品目所列的纺织材料归类。

应用上述规定时，应注意以下原则：

① 马毛粗松螺旋花线（品目5110）和含金属纱线（品目5605）均应作为一种单一的纺织材料，其重量应为它们在纱线中的合计重量；在机织物的归类中，金属线应作为一种纺织材料；

② 在选择合适的品目时，应首先确定章，然后再确定该章的有关品目，至于不归入该章的其他材料可不予考虑；

③ 当归入第五十四章及第五十五章的货品与其他章的货品进行比较时，应将这两章作为一个单一的章对待；

④ 同一章或同一品目所列各种不同的纺织材料应作为单一的纺织材料对待。

（2）混纺材料归类的具体方法

首先确定所在章，并将属于同一章的不同纺织材料的重量合并后与其他章作比较，再归入重量较大的那一章，如果重量相等则从后归类。同时考虑到纺织纤维的特性，第五十四章和五十五章同属化学纤维，所以当这两章与其他章比较时，这两章纺织材料的重量应合并计算。

其次确定品目，与确定章的方法一样，将属于同一品目的不同纺织材料的重量合并后与其他品目作比较，归入重量较大的那个品目，如果重量相等则从后归类。特殊纱线，如马毛粗松螺旋花线和含金属纱线均作为一种单一的纺织材料计算，其重量应为它们在纱线中的合计重量，金属线视作一种纺织材料。

例1 按重量计含65%棉、35%聚酯短纤的每平方米重80克且漂白的平纹机织物。由于棉的含量超过了聚酯短纤（化学纤维短纤）的含量，所以归入第五十二章，然后根据棉的含量（65%，在85%以下）和每平方米克重（80克，不超过200克）及主要与化学纤维混纺的条件归入品目5210，最后按漂白、平纹的机织物归入子目5210.2100。

例2 按重量计含40%合成纤维短纤、35%精梳羊毛、25%精梳兔毛的机织物。由于精梳羊毛和精梳兔毛同属于第五十一章的纤维，应合并计算（35%+25%=60%），其含量超过了第五十五章的合成纤维短纤，所以按动物毛的机织物归入第五十一章，在确定品目时，因精梳羊毛的含量超过了精梳兔毛的含量，故按精梳羊毛的机织物归入品目5112，然后根据羊毛含量（35%，在85%以下）和主要与化学纤维短纤混纺的条件归入子目5112.3000。

4．纱线的归类

（1）纱线的细度

纱线细度在 HS 中一般用“特克斯”表示。

“特克斯”指 1000 米长的纱线、长丝等在公定回潮率下的重量，属于定长制。如 1 000 米长的纱线重 8 克（在公定回潮率下），则该纱线的细度为 8 特克斯（或 80 分特）。

表示细度的另一个计量指标为“公支”。“公支”指 1 克重的纱线的长度（米），属于定重制。如 1 克重的纱线长为 14 米，则该纱线的细度为 14 公支。

（2）纱线的捻向、捻度

捻向即加捻的方向，分为顺时针捻（又称 S 捻）和逆时针捻（又称 Z 捻）。捻度指每米长纱线加捻的转数。

（3）纱线的归类

在对纱线归类时，首先确定其是特种纱线还是普通纱线，如果是普通纱线再按纱线原料的性质在相应章（第五十章至第五十五章）中寻找合适的品目，具体分布如下：

与橡胶或塑料复合的纱线……………………………品目 5604

含金属纱线………………………………………………品目 5605

绳绒线、粗松螺旋花线、纵行起圈纱线等…………品目 5606

线、绳、索、缆（符合类注三）……………………品目 5607

缝纫线（符合类注五）……………………………相应品目

非缝纫线供零售用（符合类注四）…………………相应品目

非供零售用………………………………………………相应品目

例如“涤纶弹力丝”是一种普通纱线，并且涤纶属于合成纤维中的聚酯纤维，弹力丝一般由长丝加工而成，所以应归第五十四章的子目 5402.3310。

注意截面尺寸超过 1 毫米的化纤单丝，表观宽度超过 5 毫米的化纤扁条，应作为塑料归入第三十九章。

5．织物的归类

与纱线的归类相似，首先确定其是属于普通机织物还是属于其他织物，前者归入第五十章至第五十五章，后者归入第五十六章至第六十章。

织物按制法分以下几种：

① 普通机织物……………………第五十至第五十五章

② 特种机织物……………………第五十八章

③ 絮胎、毡呢、无纺织物………第五十六章

④ 地毯……………………………第五十七章

⑤ 针织物、钩编织物……………第六十章

⑥ 其他特殊加工的织物…………第五十八章至第五十九章

例如，普通的棉机织物归入第五十二章，棉针织物归入第六十章，用塑料涂布的棉机织物归入第五十九章。

注意，由絮胎制的卫生巾（护垫）及止血塞、婴儿尿布、尿布衬里和类似品不按材料归类，而应归入品目 9619。

6．狭幅机织物的归类

符合下列条件之一的，应作为“狭幅机织物”归入品目5806：

（1）幅宽不超过30厘米的机织物，不论是否织成或从宽幅料剪成，但两侧必须有织成的、胶粘的或用其他方法制成的布边；

（2）压平宽度不超过30厘米的圆筒机织物；

（3）折边的斜裁滚条布，其未折边时的宽度不超过30厘米。但是，流苏状的狭幅机织物应归入品目5808。

7．纺织制成品的归类

符合下列条件之一的，应作为本类所称“制成的”纺织品归类：

（1）裁剪成除正方形或长方形以外的其他形状的；

（2）呈制成状态，无需缝纫或其他进一步加工（或仅需剪断分隔联线）即可使用的，例如，某些抹布、毛巾、台布、方披巾、毯子；

（3）已缝边或滚边，或者在任一边带有结制的流苏，但不包括为防止剪边脱纱而锁边或用其他简单方法处理的织物；

（4）裁剪成一定尺寸并经抽纱加工的；

（5）缝合、胶合或用其他方法拼合而成的（将两段或两段以上同样料子的织物首尾连接而成的匹头，以及由两层或两层以上的织物，不论中间有无胎料，层叠而成的匹头除外）；

（6）针织或钩编成一定形状，不论报验时是单件还是以若干件相连成幅的。

例如，仅从大块布料裁剪下来的长方形（包括正方形）物品，如果未经加工和不带剪断分隔联线形成的流苏，不应视为“制成的”纺织品；而纺织材料的服装式样则可视为“制成的”纺织品。

8．服装及衣着附件的归类

服装及衣着附件的归类是本类中较重要的内容。一般可采用以下归类方法：

（1）按下列织法判断应归入第六十一章还是第六十二章：

① 针织或钩编…………………第六十一章（品目6212的商品除外）；

② 非针织或非钩编……………第六十二章。

（2）在第六十一章或第六十二章内，优先考虑婴儿服装及衣着附件，然后再考虑用塑料、橡胶或其他材料处理过的织物制成的服装。第六十二章还包括用毡呢、无纺布制成的服装。

（3）注意服装及衣着附件的结构规律。以第六十一章为例：一般是由外到内，同类服装先男后女，再到不分性别的服装，然后是婴儿服装、其他服装、衣着附件。

对于服装，凡门襟为左压右的，应视为男式；右压左的，应视为女式。但本规定不适用于其式样已明显为男式或女式的服装。无法区别是男式还是女式的服装，应按女式服装归入有关品目。

（4）如果是套装（如西服套装、便服套装、滑雪套装）必须符合相应的章注规定，才能作为套装一并归类，否则必须分开归类。

如“西服套装”是指面料用完全相同的织物制成的两件套或三件套的成套服装。西服套装各件面料质地、颜色及构成必须完全相同，其款式、尺寸大小也须相互般配。

此外，品目6109的“T恤衫”一般以较薄的面料制成，无领，无扣，领口无门襟且下摆不能收紧。我们通常所穿的带领T恤应作为针织衬衫归类。

9. 婴儿服装及衣着附件的归类

所称“婴儿服装及衣着附件”，是指用于身高不超过 86 厘米幼儿的服装，也包括婴儿尿布。

（1）针织或钩编的归类。既可归入品目 6111，也可归入第六十一章其他品目的物品，应归入品目 6111。例如，婴儿穿着的针织袜子，应归入品目 6111。

（2）非针织或非钩编的归类。既可归入品目 6209，也可归入第六十二章其他品目的物品，应归入品目 6209。

10. 特殊面料制作的服装的归类

（1）既可归入品目 6113，也可归入第六十一章其他品目的服装，除品目 6111 所列的仍归入该品目外，其余的应一律归入品目 6113。

（2）既可归入品目 6210，也可归入第六十二章其他品目的服装，除品目 6209 所列的仍归入该品目外，其余的应一律归入品目 6210。

例如，由单面涂布高分子树脂的涤纶机织物面料（涂层可明显看出）制成的雨衣，应归入品目 6210。

第十二类鞋、帽、伞、杖、鞭及其零件；已加工的羽毛及其制品；人造花；人发制品（第六十四章至第六十七章）

（一）主要内容

第十二类共 4 章。其中，第六十四章主要包括各种鞋靴；第六十五章主要包括各种帽类；第六十六章主要包括雨伞、阳伞、手杖、鞭子等；第六十七章主要包括羽毛制品、人造花和人发制品等。

（二）归类方法

1. 鞋靴及其零件的归类

（1）鞋靴一般按其外底和鞋面的材料归入不同的品目。当鞋面和鞋底由不同材料构成时，则鞋面的材料应以占表面面积最大的那种材料为准，而鞋底的材料应以与地面接触最广的那种材料为准。

例如，尺寸为 26 码的旅游鞋，鞋面由皮革和帆布构成且皮革的表面积大于帆布的表面积，鞋底材料为橡胶。由于鞋底为橡胶，鞋面主要为皮革材料，所以该旅游鞋应归入子目 6403.9900。

（2）当按“运动鞋靴”归类时应符合第六十四章子目注释的条件。例如，我国习惯所称的某些运动鞋，若不符合第六十四章子目注释规定的条件，仍不能按“运动鞋靴”归类。

（3）某些鞋靴不能误归入第六十四章。例如，装有冰刀或轮子的滑冰鞋应按运动用鞋归入第九十五章；明显已穿过的旧鞋应归入品目 6309；石棉制的鞋应归入品目 6812。

（4）鞋靴的零件不包括第六十四章章注二所列的货品。例如，鞋带、鞋钉等不能按鞋靴的零件归类，一般按材料属性归类。

2. 帽的归类

一般的帽类归入第六十五章，但下列帽类不归入第六十五章，即旧的帽类归入品目 6309，石棉制的帽类归入品目6812，玩偶用帽及其他玩具用帽或狂欢节的用品归入第九十五章。

第十三类石料、石膏、水泥、石棉、云母及类似材料的制品；陶瓷产品；玻璃及其制品（第六十八章至第七十章）

（一）主要内容

第十三类共3章。其中，第六十八章主要包括石料、石膏、水泥、石棉等制品；第六十九章主要包括成形后经过烧制的陶瓷制品；第七十章主要包括各种玻璃及其制品。

本类所包含的商品大都是由第五类的矿产品经进一步加工所制得的制品，本类的商品基本上都是制成品，不包括原料。

（二）归类方法

1．第六十八章产品的归类

第六十八章包括石料、石膏、水泥、石棉等制品，主要来源于第五类的原料，并且一般只是对第五类的矿产品改变原来的形状，而不改变其原料的性质，这也是该章的产品与后面两章产品的主要区别。另外，品目6812包括石棉织造的服装、鞋帽，因此注意不要将石棉织造的服装按纺织品归入第十一类。

2．陶瓷制品的归类

有些陶瓷制品已在第六十九章章注二被排除的，不归入本章，例如，陶瓷制的电器用绝缘子归入品目8546。但也有一些陶瓷制品即使具有第十六类机器或零件的特征，仍应归入本章，例如陶瓷泵、陶瓷水龙头等均归入本章。

对属于耐火材料的陶瓷制品，如果可归入6901～6903中的一个品目，又可归入6904～6914中的一个品目，应优先归入品目6901～6903。

3．玻璃及其制品的归类

第七十章既包括玻璃的半制成品（玻璃板、片、球等），也包括玻璃制品。本章的某些玻璃制品虽具专有用途，若已在本章列名，仍归入本章，例如，钟表玻璃仍归入本章的品目7015，而不按钟表零件归入第九十一章；玩偶等用的玻璃假眼仍归入本章的品目7018，而不按玩具的零件归入第九十五章。

只有玻璃纤维和未经光学加工的光学元件才归入品目7019和7014，而光导纤维、经光学加工的光学元件应归入品目9001，不归入本章；只有不带外壳的保温瓶胆才归入本章的品目7020，带外壳的保温瓶应归入品目9617，不归入本章。

第十四类天然或养殖珍珠、宝石或半宝石、贵金属、包贵金属及其制品；仿首饰、硬币（第七十一章）

（一）主要内容

第十四类只有1章，主要包括贵金属及其制品、珍珠和宝石及其制品，同时也包括仿首饰和硬币。

（二）归类方法

1. 贵金属的归类

本类所称贵金属，包括银、金及铂，其中，“铂”指铂族元素，包括铂、铱、锇、钯、铑及钌。例如，品目 7110 的品目条文中的“铂”及子目 7112.92 的子目条文中的“铂”，均指铂族元素。

但是子目 7110.1 所指的“铂”只包括铂本身，不包括铂族元素的其他元素。例如，子目 7110.1910 的“板、片”只包括铂本身这一种元素的板、片。

2. 贵金属合金的归类

只要其中一种贵金属含量达到合金重量的 2%，便视为贵金属合金，这不同于第十五类贱金属合金的归类原则（按含量较高的金属归类）。

根据第七十一章章注五的规定，首先，只要铂含量在 2%及以上的，就按铂合金归类，铂含量不一定为合金中含量最高的贵金属；其次，只要金含量在 2%及以上的，不含铂或铂含量小于 2%，就按金合金归类，金含量不一定为合金中含量最高的贵金属；最后，银含量在 2%及以上的其他合金，按银合金归类。

因此，贵金属合金归类的先后顺序为：铂合金最优先，其次是金合金，最后银合金。

例如，按重量计含铁 80%、铜 15%、银 3%、金 2%的金属合金（未经锻造，非货币用），应按金合金归类，所以应归入子目 7108.1200。

3. 包贵金属和镀贵金属的归类

包贵金属是指以贱金属为底料，在其一面或多面用焊接、熔接、热轧或类似机械方法覆盖一层贵金属的材料，它与镀贵金属的区别及归类情况见表 3-2：

表 3-2　包贵金属和镀贵金属比较表

名　称	相　同　点	加　工　方　式	归　类
包贵金属	表面均为贵金属	通过焊接、熔接、热轧等机械方法制得	按所包的贵金属（外层材料）归类
镀贵金属		通过电镀等化学方法制得	按被镀的材料（内层材料）归类

4. 首饰、金银器具的归类

首饰、金银器具及其他制品归入品目 7113～7116。

（1）首饰。首饰是指个人用小饰物（例如，戒指、手镯、项圈、饰针、耳环、表链、表链饰物、垂饰、领带别针、袖扣、饰扣、宗教性或其他勋章及徽章）以及通常放置在衣袋、手提包或佩戴在身上的个人用品（例如，烟盒、粉盒、链袋、口香丸盒、念珠）。

其中完全由贵金属或包贵金属制的首饰归入品目 7113；完全由珍珠、宝石制的首饰归入品目 7116；镶嵌珍珠、宝石的贵金属或包贵金属制的首饰归入品目 7113。

例如，金制的手镯归入品目 7113，玛瑙制的手镯归入品目 7116。

（2）金银器具。金银器具，包括装饰品、餐具、梳妆用具、吸烟用具及类似的家庭、办公室或宗教用的其他物品，应归入品目 7114。

5. 仿首饰的归类

“仿首饰”是用珠宝、贵金属或包贵金属以外的物品制成的，其范围为个人用小饰物（例如，戒指、手镯、项圈、饰针、耳环、表链、表链饰物、垂饰、领带别针、袖扣、饰扣、宗教性或其他勋章及徽章），应归入品目 7117。

例如，铂制的戒指归入品目 7113，而铜制的戒指应归入品目 7117。

第十五类贱金属及其制品（第七十二章至第八十三章）

（一）主要内容

第十五类共 12 章，主要包括贱金属材料及结构较简单的贱金属制品、金属陶瓷及其制品。其中第七十二章主要包括钢铁锭、板、条杆及丝等；第七十三章主要包括钢铁制品；第七十四章至第八十一章主要包括有色金属、金属陶瓷及其制品；第八十二章主要包括贱金属工具等；第八十三章包括贱金属杂项制品。本类的排列结构如下：

钢铁及其制品……………………………………………第七十二章至第七十三章

有色金属、金属陶瓷及其制品……………………第七十四章至第八十一章

其他贱金属制品…………………………………………第八十二章至第八十三章

其中第七十二章至第八十一章是按金属属性分章的，除第七十二章、七十三章外，同一章内一般按加工程度由低到高的顺序排列，即：

初级形状→半制成品→制成品。

钢铁作为最重要的贱金属被分为两章，即第七十二章只包括钢铁的初级形状和半制成品（即钢材），第七十三章主要包括钢铁制品。

第七十四章至第八十一章为有色金属、金属陶瓷及其制品，其中第七十四章铜及其制品，第七十五章镍及其制品，第七十六章铝及其制品，第七十七章为空章，第七十八章铅及其制品，第七十九章锌及其制品，第八十章锡及其制品，第八十一章其他贱金属、金属陶瓷及其制品。

第八十二章至第八十三章是按商品的功能及用途排列的，主要包括特定功能和用途的制成品，其中第八十二章包括贱金属工具等；第八十三章为杂项金属制品。

（二）归类方法

1.“通用零件”的归类

（1）第十五类注释二明确了 HS“通用零件”的范围，主要包括：

① 品目 7307 的钢铁制管子附件，品目 7312 的线、绳、索、缆，品目 7315 的链，品目 7317 或 7318 的各种钉及其他贱金属制的类似品（第七十四章至第八十一章的相关品目）。

② 品目 7320 的钢铁制弹簧及弹簧片及其他贱金属制的弹簧及弹簧片（第七十四章至第八十一章的相关品目）。

③ 品目 8301 的锁等，品目 8302 的家具等用的五金件，品目 8306 的框架及镜子，品目

8308 的管形铆钉等，品目 8310 的标志牌等。

（2）由于 HS 中第十六、第十七、第十八、第十九、第二十类的类注释或章注释中均将第十五类注释二的“通用零件”排除掉，因此，即使这些零件作为其他机器设备、器具的零件，仍归入本类。

例如，内燃机排气门用合金钢制螺旋弹簧，属于本类注释二“通用零件”的范围，应归入子目 7320.2090。

2．第八十二、第八十三章列名制品的归类

只要是贱金属制的第八十二、第八十三章列名的制品，应优先归入这两章，而不再按材料属性归入前面各章。

例如，铝制的易拉罐盖应归入第八十三章的品目 8309，而不按铝制品归入第七十六章；钢铁制成条的订书机用订书钉应归入第八十三章的品目 8305，而不按普通钉归入第七十三章的品目 7317。

3．合金及复合材料制品的归类

（1）贱金属与贱金属的合金按所含重量最大的那种金属归类；本类贱金属与非本类元素（贵金属除外）构成的合金，只有本类贱金属的总重量等于或超过其他类元素的总重量时才归入本类。但有两种特例：品目 7202 的铁合金及品目 7405 的铜母合金，它们不按含量最大的金属归类。

例如，由 65%的铜和 35%的锌构成的铜锌合金管材。该管材铜的含量高于锌的含量，故按铜的合金归入品目 7411。

（2）含有两种或两种以上贱金属的制品，应按其所含重量最大的那种贱金属的制品归类。

例如，多种材料制成的烟灰缸，包括一个铁制底座（占总重量的 30%），一个铝制的托盘（占总重量的 30%），一个钢制的托盘板（占总重量的 30%），一个铜制的按钮（占总重量的 10%）。该商品是由多种贱金属组成的制品，应把铁和钢的部分相加（30%+30%=60%），其总重量超过了铝的总重量，也超过了铜的重量，故按钢铁制品归入第七十三章的品目 7323。

4．钢及钢材的分类

第七十二章按钢的加工程度和类型分为四个分章。在 HS 中钢按所含元素的不同分为非合金和合金钢。一般只含碳元素的钢称为非合金钢，或称为碳钢；除碳元素外，还含有其他元素的钢称为合金钢。钢的详细分类见表 3-3：

表 3-3 钢的详细分类

名称		特点
非合金钢		在冶金行业又称为碳钢
合金钢	不锈钢	主要含铬的合金钢，且各种元素含量符合 HS 定义
	硅电钢	主要含硅的合金钢，且各种元素含量符合 HS 定义
	高速钢	主要含钨、钒、钼等，且各种元素含量符合 HS 定义
	硅锰钢	主要含硅及锰的合金钢，且各种元素含量符合 HS 定义
	其他合金钢	加入不同元素，呈现不同性质，用于不同场合

其中，合金钢中最常见的为不锈钢，只有符合下列条件的合金钢才视为不锈钢：按重量

计含碳量在1.2%及以下，含铬量在10.5%及以上，不论是否含有其他元素。

钢材在HS中一般分为平板轧材、条杆、丝和各种型材、异型材等。

5．非合金钢平板轧材的归类

（1）截面为矩形（正方形除外）并且不符合第七十二章章注一（九）款所述定义的下列形状实心轧制产品才能作为平板轧材归类：

① 层叠的卷材；

② 平直形状，其厚度如果在4.75毫米以下，则宽度至少是厚度的10倍；其厚度如果在4.75毫米及以上，其宽度应超过150毫米，并且至少应为厚度的2倍。

平板轧材包括直接轧制而成并有凸起式样（例如，凹槽、肋条形、格槽、珠粒、菱形）的产品以及穿孔、抛光或制成瓦楞形的产品，但不具有其他品目所列制品或产品的特征。

（2）非合金钢平板轧材归类时还要考虑其他因素，如规格（宽度、厚度）、轧制方式（热轧还是冷轧）、有无镀涂层和包覆层、报验状态（卷状、非卷状）等。

例如，非合金钢镀锌（热浸镀）平板轧材，长度为2 400毫米，宽度为1 200毫米，厚度为1.2毫米。该钢材符合平板轧材的条件，且宽度大于600毫米，所以归入子目7210.4900。

6．非合金钢条杆、型材、丝及空心材的归类

对这些钢材归类时，必须符合第七十二章章注一（十一）至（十四）的条件。

非合金钢条杆、型材、丝及空心材的归类归纳见表3-4：

表3-4 条杆、型材、丝及空心材的归类表

名称		特点	归类
条杆类	盘条	热轧不规则盘卷状	品目7213
	热轧条杆	热轧直条状	品目7214
	冷轧条杆	冷轧直条状	品目7215
角材/型材/异型材		符合第七十二章注释一（十三）的要求	品目7216
丝		冷加工规则盘卷状	品目7217
空心材	空心钻钢	用于钻探，且外形尺寸在15毫米～52毫米之间，最大内孔小于最大外形的1/2	品目7228
	管	全长截面相同并且只有一个闭合空间的同心中空产品	品目7304-7306
	空心异型材	不符合“管”的定义，且主要是内外截面形状不同的空心产品	品目7306

7．钢铁容器的归类

盛装物料用的钢铁囤、柜、罐、桶、盒及类似容器一般按其容积的不同，归入品目7309～7310，但这两个品目并不是包括所有的钢铁容器，一般只包括非家用的；若是家庭或厨房用的钢铁容器，如粗腰饼干桶、茶叶罐、糖听及类似容器应归入品目7323，这些容器不能误按容积小于300升的容器归入品目7310。

8．各种“钢铁钉”的归类

在HS中有各种“钢铁钉”，如果类型、用途不同，它们的归类也不同。归纳见表3-5：

表 3-5　钢铁钉归类表

商 品 描 述	归　类
普通钢铁钉、平头钉、图钉	品目 7317
钢铁制螺钉、普通铆钉（实心的）	品目 7318
带有铜或铜合金钉头的钢铁钉、平头钉	品目 7415
订书机用的钉书钉	品目 8305
管形铆钉/开口铆钉（主要用于衣着、鞋帽、帐篷、皮革制品和工程技术）	品目 8308

9．可互换性工具及刀具的归类

机床用可互换性工具及刀具，如锻压、冲压用模具，机床上用的各种刀具，虽作为第十六类机器的零件，但仍要归入第八十二章。例如，钻床用的钻头、车床用的车刀、铣床用的铣刀等归入品目 8207，但木工锯床用的锯片要归入品目 8202。

10．成套工具及餐具的归类

（1）由品目 8205 中不同种类的货品构成的成套工具仍归入该品目内，即子目 8205.9000。

（2）由品目 8202—8205 中两个或多个品目所列工具组成的零售包装成套工具归入品目 8206。

（3）由品目 8211 中不同种类的刀构成的成套刀具仍归入该品目内，即子目 8211.1000。

（4）由品目 8211 中的一把或多把刀具与品目 8215 至少数量相同的物品构成的成套餐具，以及由品目 8215 中不同种类的贱金属货品构成的成套餐具，应归入品目 8215。

例如，由 10 把品目 8211 的西餐用刀具和 10 把品目 8215 的西餐用餐叉（均为不锈钢制）组成成套餐具后一并归入子目 8215.2000。

11．手动机械器具的归类

手动机械器具一般归入第八十二章，有的还有重量的限制。例如，手摇的钻孔工具归入品目 8205；用于加工或调制食品或饮料的手动机械器具（且重量不超过 10 千克）归入品目 8210。

第十六类机器、机械器具、电器设备及其零件；录音机及放声机、电视图像、声音的录制和重放设备及其零件、附件（第八十四章至第八十五章）

（一）主要内容

第十六类只包括 2 章。其中第八十四章主要包括非电气的机器、机械器具及其零件，第八十五章主要包括电气电子产品及其零件。

（二）归类方法

1．组合机器、多功能机器的归类

组合机器是指由两部及两部以上机器装配在一起形成的机器。一般是一台机器装在另一台机器的内部或上面，或者两者装在同一底座、支架上或同一个机壳内，且这组机器必须是永久性地连在一起。

多功能机器是指具有两种及两种以上互补或交替功能的机器。

组合机器与多功能机器的归类原则：按机器的主要功能归类，当不能确定其主要功能时，按“从后归类”的原则归类。

例如，具有提供热、冷水功能的饮水机。该设备具有加热和制冷两种功能，其用途为提供饮用水，属于多功能机器，比较两种功能，很难确定哪一种为主要功能，所以按“从后归类”的原则归入品目 8516。

2. 功能机组的归类

功能机组是由几个具有不同功能的机器（包括机组部件）结合在一起而构成的。这些机器通常由管道、传动装置、电缆或其他装置连接起来。

功能机组的归类原则：组合后的功能明显符合第八十四章或第八十五章某个品目所列功能时，全部机器或部件均归入该品目，而不再分别归类。

例如，番茄酱的成套加工设备，由番茄破碎设备、番茄汁浓缩设备、杀菌设备、电气控制柜等组成。这套设备的主要功能是食品加工，符合功能机组的条件，应将成套设备一并归入子目 8438.6000。

3. 机器零件的归类

本类机器所属零件归类的一般步骤为：

(1) 考虑是否是本类类注一、第八十四章章注一和第八十五章章注一排他条款中的商品，若已排除，则不能归入本类。

(2) 考虑是否是第八十四、第八十五章列名的商品，若已列名，则按列名归类。

(3) 考虑是否是专用零件，若符合条件则与机器一并归类，或归入指定的专用零件品目。

(4) 考虑是否可归入品目 8487 或品目 8548。

例 1 电冰箱用压缩机，作为电冰箱的一个部件，在品目 8414 内有列名，故应归入 8414.30 项下的相关子目。

例 2 电冰箱用壳体，作为冰箱的专用零件，应归入 8418.99 项下的相关子目。

4. 可归入多个品目的机器或零件的归类

(1) 当出现既可按功能归入品目 8401～8424 或品目 8486，又可按应用行业归入品目 8425～8480 的情况时，优先归入品目 8401～8424 或品目 8486。

例如，工业用火腿蒸煮器，既可按利用温度变化工作的机器归入品目 8419，又可按食品（肉类）的加工机器归入品目 8438，应优先归入品目 8419。

但下列情况除外：

① 品目 8419 不包括：

A. 催芽装置、孵卵器或育雏器（品目 8436）；

B. 谷物调湿机（品目 8437）；

C. 萃取糖汁的浸提装置（品目 8438）；

D. 纱线、织物及纺织制品的热处理机器（品目 8451）；

E. 温度变化（即使必不可少）仅作为辅助功能的机器设备。

② 品目 8422 不包括：

A．缝合袋子或类似品用的缝纫机（品目 8452）；

B．品目 8472 的办公室用机器。

③ 品目 8424 不包括：

喷墨印刷（打印）机器（品目 8443）或水射流切割机（品目 8456）。

（2）在对特种机床归类时，也会出现可归入多个品目的情况：既可按特种机床归入品目 8456，同时又可按功能归入品目 8457-8465，此时应优先按特种机床归入品目 8456。

例如，利用激光在各种材料上打孔的机床。该机床既可按加工方式（激光加工）归入品目 8456，又可按功能（钻孔）归入品目 8459，此时，应将该机床归入子目 8456.1000。

（3）对于集成电路、晶体管等，也会出现可归入多个品目的情况：既可按其功能归入品目 8542 或 8541，又可按所用机器设备的零件归入相关品目，此时应优先归入品目 8542 或 8541。

5．第八十四章结构规律

第八十四章主要包含非电气的机器、机械器具及其零件，是 HS 中品目最多的一章，有 87 个品目，其结构主要按下列规律排列。

（1）品目 8401～8424，主要按商品的功能列目。详见下列结构：

核反应堆等……………………………………品目 8401

锅炉及其他气体发生器………………………品目 8402～8405

动力机器………………………………………品目 8406～8412

液体泵、气体泵或压缩机……………………品目 8413～8414

能量的转化机器………………………………品目 8415～8419

其他按功能列名的机器………………………品目 8420～8424

（2）品目 8425～8478，主要按商品的应用行业（或用途）列目：

起重与搬运机器………………………………品目 8425～8431

农、林、食品加工机器………………………品目 8432～8438

造纸、印刷机器………………………………品目 8439～8443

纺织及相关机器………………………………品目 8444～8452

皮革加工机器…………………………………品目 8453

冶金制造机器…………………………………品目 8454～8455

机床……………………………………………品目 8456～8466

办公机器………………………………………品目 8469～8473

其他……………………………………………品目 8474～8478

（3）品目 8479 包括不能归入本章该品目以前任何品目的机器及机械器具；品目 8480 包括金属铸造用的型箱及阳模，还包括模制某些材料用的手工模具或机器模具（锭模除外）；品目 8481～8484 包括某些可作为机器零件使用或可用做其他章货品零件的通用物品；品目 8486 包括专用于或主要用于制造半导体单晶柱或圆片、半导体器件、集成电路或平板显示器的机器及装置，以及本章章注九（三）所列的机器及装置；品目 8487 包括其他品目未列名的非电气零件。

6．动力机器及其零部件的归类

动力机器（电动机除外）归入品目8406～8412。其中内燃机为最广泛的动力机器之一，点燃式内燃发动机（主要包括汽油机）归入品目8407，压燃式内燃发动机（即柴油机）归入品目8408。

液压、气压动力装置（即以液体能或压缩气体作为动力源的装置）也作为动力装置归入品目8412。

电动机（将电能转变成机械能的动力装置）归入品目8501。

只有“主要用于或专用于”内燃机的零部件才归入品目8409，如活塞、连杆、汽缸体、汽缸盖等。

例1 别克轿车用发动机，气缸容量为1.6升，发动机为点燃往复式内燃发动机，应归入子目8407.3410。

例2 摩托车用汽缸盖，属于内燃机专用的零件，应归入品目8409，又因摩托车用的发动机一般为点燃式内燃发动机，所以归入子目8409.9199。

7．液体泵、气体泵和压缩机的归类

液体泵、气体泵和压缩机是应用较广泛的通用机器。

液体泵归入品目8413。归入本品目的，液体泵可以带有计量装置或计价装置，不要将计量泵按仪器归入第九十章。

气泵、压缩机等归入品目8414。本品目还包括手动或动力驱动的用以压缩空气或其他气体（如氟利昂）或抽成真空的机器设备，空气或其他气体循环用的机器（风机和风扇），如手动的打气筒也归入此品目。

例1 活塞式内燃机冷却用水泵。该水泵属于液体泵，按其功能归入品目8413，然后根据其用途按活塞式内燃机用冷却剂泵归入子目8413.3090。

例2 轿车空调用压缩机。该压缩机用于制冷设备，按其功能归入品目8414，又因轿车用的压缩机一般由发动机直接驱动，属于非电动机驱动的压缩机，所以归入子目8414.3090。

8．制冷设备的归类

制冷设备主要包括空调器和电冰箱等。空调器及其专用零件归入品目8415，其他制冷设备及其零件归入品目8418。

例1 家用壁式分体式空调，具有制冷和制热功能，制冷量为3 200千卡㊀/时。此空调属于分体式，归入品目8415，根据分体式和制冷量再归入子目8415.1021。

例2 可逆式热泵，制冷量为2 800千卡/时。可逆式热泵为双向传送热量的热泵，属于装有冷热循环换向阀的制冷装置，应按空调器归入品目8415，再根据其制冷量归入子目8415.8110。

9．利用温度变化处理材料的设备的归类

利用温度变化处理材料的设备一般归入品目8419，但品目8419的条文分成两部分，分号前面的商品必须是非家用的，不论是否用电加热，而分号后面的商品必须是非电热的，不论是否家用。

例如，电热医用消毒设备（将要消毒的物品或材料放人设备内加热至高温以杀灭细菌）。该消毒设备属于利用温度变化处理材料的设备，根据其功能归入品目8419，然后按医用消毒

㊀ 1卡=4.186 8焦[耳]

器具归入子目 8419.2000。

10．印刷机械及打印、复印、传真等多功能机器的归类

印刷（打印）、复印、传真等机器归入品目 8443。该品目项下子目结构见表 3-6：

表 3-6　印刷（打印）、复印、传真等机器归类表

<table>
<tr><td colspan="3">传统印刷机器（即采用品目 8442 的印版进行印刷的机器）</td><td>8443.1</td></tr>
<tr><td rowspan="3">其他机器</td><td rowspan="2">可与自动数据处理设备或网络相连的</td><td>具有多功能</td><td>8443.31</td></tr>
<tr><td>具有单功能</td><td>8443.32</td></tr>
<tr><td colspan="2">不可与自动数据处理设备或网络相连的</td><td>8443.39</td></tr>
<tr><td colspan="3">零件</td><td>8443.9</td></tr>
</table>

归入本品目的机器在确定子目时，主要考虑的因素有：是否是传统的印刷机器，是否可与自动数据处理设备或网络（这里的网络既包括计算机网络，也包括电话网络、电报网络等）相连，是否具有打印、复印、传真等多种功能。

这里应注意，具有单一功能的打印机不能按自动数据处理设备的输出部件归入品目 8471，具有单一功能的传真机不能按通信设备归入品目 8517。

例 1　激光打印机（只有打印功能）。该打印机可与自动数据处理设备相连，归入子目 8443.3212。

例 2　激光打印机用硒鼓。硒鼓作为打印机的零件，应归入子目 8443.9990。

11．各种加工机床及零件的归类

各种加工机床归入品目 8456～8465，机床的分类及归类归纳见表 3-7：

表 3-7　各种加工机床归类表

<table>
<tr><td colspan="3">特种加工机床</td><td>8456</td></tr>
<tr><td rowspan="7">金属加工机床</td><td rowspan="5">金属切削机床</td><td>加工中心、组合机床</td><td>8457</td></tr>
<tr><td>车床</td><td>8458</td></tr>
<tr><td>钻、镗、铣、攻丝机床</td><td>8459</td></tr>
<tr><td>磨床（不含齿轮磨床）</td><td>8460</td></tr>
<tr><td>刨、插、拉、齿轮加工（含齿轮磨床）锯机床</td><td>8461</td></tr>
<tr><td colspan="2">压力加工机床</td><td>8462</td></tr>
<tr><td colspan="2">其他非切削加工机床</td><td>8463</td></tr>
<tr><td rowspan="2">其他加工机床</td><td colspan="2">加工矿物质等</td><td>8464</td></tr>
<tr><td colspan="2">加工木材、塑料、橡胶等</td><td>8465</td></tr>
</table>

机床的一般归类方法如下：

（1）判断其是否符合本章章注九有关品目 8486 的设备和装置的规定，若符合则优先归入品目 8486。

（2）判断其是否是用激光、光子束、超声波等加工各种材料的特种加工机床，若是则优先归入品目 8456；若不是，则根据加工对象的不同归类，加工金属的机床归入品目 8457～8463，加工其他材料的机床归入品目 8464～8465。而加工金属的机床，还要区分是金属切削机床（即加工过程中有切屑产生）还是压力加工机床或其他非切削加工机床，前者按加工方式归入品目 8457～8461，后者则按压力加工机床或其他非切削加工机床归入 8462～8463。

品目 8457 的加工中心不包括车削中心，因为车削中心以车削为主要加工方式，因此仍按车床归入品目 8458。

（3）确定某些子目时还要考虑是立式机床还是卧式机床，立式机床指机床的回转主轴为垂直方向，卧式机床指机床的回转主轴为水平方向。

（4）品目 8464 的机床加工对象包括石料、陶瓷、混凝土、石棉水泥、玻璃等矿物质；品目 8465 的加工对象包括木材、软木、骨、硬质橡胶、硬质塑料等。例如，木工用刨床、钻床、铣床等应归入品目 8465。

（5）只有专用于上述机床的零、附件才归入零件专用品目 8466，如工具夹具、工件夹具及分度头等；若是在其他品目列名的零、附件，则归入其他相关品目，例如，机床上用的刀具（如车刀、铣刀、钻头等）归入品目 8207。

例 1 数控齿轮磨床。加工普通工件的一般磨床归入品目 8460，但在品目 8460 的条文中已明确品目 8461 的用于加工齿轮的磨床除外，所以将此磨床归入品目 8461，然后按功能及数控的条件归入子目 8461.4010。

例 2 非数控卷板机（用于将较厚的板材卷成圆筒状）。此卷板机通过压力使板材弯曲，属于通过压力加工金属的设备，应归入品目 8462，然后按功能和非数控的条件归入子目 8462.2990。

12．自动数据处理设备及零部件的归类

（1）自动数据处理设备只有符合下列条件的才归入品目 8471：

① 存储处理程序和执行程序直接需要的基础数据；

② 按照用户的要求随意编辑程序；

③ 按照用户指令进行算术计算；

④ 在运行过程中，可不需人为干预而通过逻辑判断，执行一个处理程序，这个处理程序可改变计算机指令的执行。

（2）自动数据处理设备的部件如果单独报验，应归入品目 84.71。

常见的自动数据处理设备及部件归类见表 3-8：

表 3-8 自动数据处理设备及部件归类表

便携式自动数据处理设备		8471.30
其他以系统形式报验的自动数据处理设备		8471.49
单独报验的部件	自动数据处理部件	8471.50
	输入输出部件	8471.60
	存储部件	8471.70
	其他部件	8471.80

例如，一起报验的微电脑主机（含 CPU、主板、硬盘等）、键盘（输入设备）和显示器（输出设备）一并按“系统”归入子目 8471.49，而单独报验的微电脑主机（含 CPU、主板、硬盘等）归入子目 8471.50，单独报验的键盘归入 8471.6071，单独报验的微电脑用内存条应作为自动数据处理设备的零件归入 8473.3090，而单独报验的显示器则应归入品目 8528 的相关子目。

（3）配有自动数据处理设备，或与数据处理设备连用，但却从事数据处理以外的某项专门功能的机器、仪器或设备不归入品目 8471，应按其功能归入相应的品目。

例如，与电脑连接使用的名片印刷机，主要功能是印刷，应归入品目 8443。

13．半导体、集成电路及平板显示器制造设备的归类

半导体、集成电路及平板显示器制造设备归入品目 8486。根据第八十四章章注九（四），符合品目 8486 规定的设备和装置在归类时优先于 HS 的其他所有品目。

14．通用机械零部件的归类

通用机械零部件归入品目 8480～8484 及 8487，其中：

（1）模具（包括金属铸造、玻璃热加工、陶瓷、水泥制品、橡胶、塑料制品等用的模具）归入品目 8480。

（2）机器设备用的各种阀门及龙头归入品目 8481。

（3）机器设备用的传动装置（如传动轴、变速箱及单个齿轮、离合器及联轴器等）归入品目 8483。

（4）滚动轴承和滑动轴承都属于轴承，但前者归入品目 8482，后者归入品目 8483，安装这些轴承的轴承座归入品目 8483。

（5）只有用金属片与其他材料制成或用双层或多层金属片制成的密封垫或类似接合衬垫才归入品目 8484，而用单一材料制的密封垫不归入品目 8484，应按所用材料归类；只有成套的各式密封垫（必须至少配有两个及两个以上由不同材料制成）才归入品目 8484。

例如，点燃式内燃发动机用的气缸密封垫（由两层铜片中间夹一层纸板构成）。该密封垫是用金属片与其他材料制成的，符合品目 8484 条文的描述，所以归入子目 8484.1000。

（6）本章其他品目未列名的通用机器零件归入品目 8487，如不同行业的机器上可通用的手轮就归入品目 8487。

15．第八十五章结构规律

第八十五章主要包含电气电子产品及其零件，基本上是按商品的功能排列的。详见下列结构：

电能的产生、交换及储存设备…………品目 8501～8504、8506～8507
电动机械器具……………………………品目 8508～8510
依靠电性能工作的设备…………………品目 8505、8511～8518、8525～8531、8543
声音、图像录放设备……………………品目 8519～8522
记录媒体…………………………………品目 8523
电子元器件、电路开关、连接设备……品目 8532～8542、8545
绝缘电导体及绝缘体……………………品目 8544、8546～8547

16．电池的归类

电池按其是否可充电分为原电池和蓄电池，一般不可充电的原电池归入品目 8506，可以充电的蓄电池归入品目 8507。例如，石英手表用的扣式锂电池为不可充电的电池，归入子目 8506.5000，而手机用锂电池为可充电电池，归入子目 8507.6000。

但与这两类电池工作原理不同的光电池则要归入子目 8541。

废的原电池、蓄电池归入品目 8548。

17. 电动机械器具的归类

（1）一般电动机械器具归入品目 8508～8510。其中真空吸尘器不论是家用还是非家用，一律归入品目 8508，电动剃须刀归入品目 8510，其他家用的电动机械器具归入品目 8509。

（2）品目 8509 仅适用于“家用”和“电动”的器具，还应注意归入该品目的有些家用电动器具要受重量的限制（不超过 20 千克）。

例如，不同类型绞肉机的归类。小于 20 千克的家用电动绞肉机归入品目 8509，大于 20 千克的电动绞肉机则要按工业用的食品加工机器归入品目 8438，不超过 10 千克的手摇绞肉机则应按手工工具归入品目 8210。

另外，其他品目已列名的家用电动器具不归入本品目，例如，家用洗衣机在品目 8450 已有列名。

18. 加热器具的归类

加热器具归类时一般要考虑的因素包括：工业或实验室用还是家用，是炉具还是一般加热器具，是电加热还是非电加热。

一般将电加热的工业或实验室用炉具归入品目 8514，而非电加热的工业或实验室用炉具归入品目 8417；一般家用的电加热器具归入品目 8516，家用非电热的器具归入品目 7321、7322、7418 或 8419，非家用的加热器具归入品目 8419 或 7322。

例如，燃气热水器，由于其为非电热的，故应归入品目 8419。再如，农产品干燥用的器具，由于其为非家用的，故应归入品目 8419。

19. 焊接设备的归类

对焊接设备归类时，首先判断其工作方式，若是以电气、激光、光子束、超声波、电子束、等离子弧等方式工作的焊接设备，归入品目 8515；若是以其他方式工作的焊接设备（例如气焊设备、摩擦焊设备），则归入品目 8468。

20. 通信设备的归类

不论是有线通信设备还是无线通信设备，一律归入品目 8517，只有在确定子目时才区分是有线通信设备还是无线通信设备。常见的通信设备包括有线电话、蜂窝网络电话或其他无线网络电话（主要指手机），基站，电话交换机，光通信用设备（如光端机等），计算机网络通信用设备（如以太网交换机、路由器、集线器等），其他声音、图像或其他数据的转换及接收设备和发送设备。

这里应注意，无绳电话机不同于无线电话机，无绳电话机又称子母机，由主机和副机两部分组成，因主机与电话线相连，只是主机与副机的通信为无线方式，故无绳电话机仍属有线通信设备，而无线电话机属无线通信设备。

用于声音、图像或其他数据的发送设备不要误归入品目 8525，计算机通信用的路由器、集线器等不要误按自动数据处理设备的部件归入品目 8471；其他品目已列名的通信设备，不归入本品目。例如，传真机已在品目 8443 列名，不要误按通信设备归入本品目。

21. 音像设备及无线广播、电视接收设备的归类

音像设备主要包括声音的录制、播放设备，转化设备（话筒和喇叭）等，图像的录制、播放设备，摄像机等。音像设备及无线广播、电视接收设备的归类情况归纳见表 3-9：

表 3-9　音像设备及无线广播、电视接收设备归类表

信号种类	变换方式	归类
声音	话筒和喇叭（声音⇌电信号）	8518
	放音（记录媒体→声音）	8519
	录音（声音→记录媒体）	8519
	收音（无线电广播信号→声音）	8527
图像	录放像（图像电信号⇌记录媒体）	8521
	摄像（图像→记录媒体）	8525
	电视（无线电电视信号→图像、声音）	8528

22．记录媒体的归类

记录媒体一律归入品目 8523，只有在确定本国的七、八位子目时才考虑是否录制信息。目前常见的记录媒体主要包括磁性媒体、光学媒体和半导体媒体。磁性媒体常见的类型为磁带、磁盘及磁卡；光学媒体常见的类型主要是光盘；半导体媒体常见的类型有 U 盘、数码相机用的记忆棒、SD 卡、CF 卡、SM 卡等。

例如，DVD 光盘（内含国外获奖影片）。此光盘属光学记录媒体，归入品目 8523，因它既包含声音信息，又包含图像信息，所以归入子目 8523.4990。

这里应注意，微电脑用内存条不能作为记录媒体归入品目 8523，应作为自动数据处理设备的零件归入 8473.3090；移动硬盘不能作为记录媒体归入品目 8523，应作为自动数据处理设备的存储部件归入 8471.7010。

23．灯、灯具的归类

对灯、灯具进行归类时，一般考虑的因素包括：是否带有灯座、何种用途等。不带灯座的各种灯泡、灯管等电光源归入品目 8539；带有灯座的灯具归入品 9405；机动车辆（不含火车、飞机）的照明灯、信号灯归入品目 8512；火车和飞机的前灯等归入品目 9405；自供电源的灯（如手电筒、手提式应急灯）归入品目 8513；交通管理用的信号灯（交叉路口的红绿灯等）归入品目 8530；照相机用的闪光灯及灯泡归入品目 9006。

24．通用电子元器件及简单电器装置的归类

通用电子元器件一般按其不同的特性归入品目 8532～8533、8540～8542，这些元器件一般作为电气设备的零件，其中无源元件主要包括归入品目 8532 的电容器，归入品目 8533 的电阻器（但加热电阻器归入品目 8516）；有源元件主要包括归入品目 8540 的热电子管、冷阴极管或光阴极管，归入品目 8541 的半导体器件（二极管、晶体管等）。

集成电路归入品目 8542，然后按其用途（处理器及控制器用、存储器用、放大器用等）归入不同的子目。

常见的电感元器件在前面的品目已有列名，应归入品目 8504。

简单的电器装置一般分为高压电器（电压>1 000 伏）和低压电器（电压≤1 000 伏），前者归入品目 8535，后者归入品目 8536；而由品目 8535 的高压电器或品目 8536 的低压电器组成的通常装于盘、板、台上或柜子里的组合体，应归入品目 8537，如一些电器控制柜、数控装置等，本品目同时也包含一些较为复杂的装置，如可编程序控制器等。

例如，耳机插座属于连接电路的电气装置，且为低压电器（电压小于 1 000 伏），归入品

目 8536，然后按插座归入子目 8536.6900。

25．具有独立功能未列名机电产品的归类

具有独立功能且其他品目未列名的机电产品一般归入品目 8479（机械设备）或 8543（电气设备）。这两个品目又可看做第八十四章和第八十五章的兜底品目，归入这两个品目的商品必须满足下列条件：

（1）任何类注或章注中均未规定不包括在这两章内。

（2）未更为具体地列入 HS 其他各章的某一品目内。

（3）根据其功能和用途均不能归入这两章的其他品目。

例如，配有机械装置的潜水箱，应作为未列名的机械设备归入品目 8479。

第十七类车辆、航空器、船舶及有关运输设备（第八十六章至第八十九章）

（一）主要内容

本类共 4 章，包括各种铁道车辆（第八十六章），其他陆上车辆（第八十七章），航空器及航天器（第八十八章），船舶及浮动结构体（第八十九章）。此外还包括与运输设备有关的具体列名的货品，如归入品目 8609 的集装箱，归入品目 8608 的铁道或电车轨道固定装置及附件和机械信号装置，归入品目 8804 的降落伞等。

（二）归类方法

1．多用途运输设备的归类

既能在道路上又能在轨道上行驶的车辆归入第八十七章；

水陆两用的机动车辆归入第八十七章；

可兼作地面车辆的航空器归入第八十八章；

在导轨上运行的气垫火车归入第八十六章；

水陆两用的气垫运输工具归入第八十七章；

水上航行但只能在海滩或浮码头上登陆或在冰上行驶的气垫运输工具归入第八十九章。

2．运输设备零件、附件的归类

根据本类注释二，其他类已列名的零、附件不归入本类，常见的有第八十四章、第八十五章列名的机电产品，第十五类注释二规定的“通用零件”及塑料制的类似品。例如，汽车发动机是车辆的一个部件，在第八十四章有列名，故归入第八十四章，而不归入第八十七章。

只有专用于本类设备的零件、附件才与设备一并归类或归入零件专用的品目。同时应注意，本类只有第八十六章至第八十八章包括这些运输设备的零件、附件，第八十九章不包括零件、附件，只包括船舶及浮动结构体等运输设备，所以即使能确定专用于或主要用于船舶也不归入本章，一般按主要用途归入前面各章。例如，船舶用舵机作为船舶的一个部件，应归入子目 8479.8910，而不归入第八十九章。

3．客车、货车的归类

（1）用于载人的机动车辆按座位数分为两种：10 座及以上的车辆和 10 座以下的车辆。10 座及以上的车辆，主要按发动机类型（压燃式活塞内燃发动机、其他内燃发动机）和座位数等因素归入品目 8702 项下的相关子目，其中座位数包括驾驶员座位和折叠椅座位数。

10 座以下的车辆，主要按用途、发动机类型（点燃式活塞内燃发动机、压燃式活塞内燃发动机）、气缸容量等因素归入品目 8703。项下的相关子目包括：

点燃式活塞内燃发动机主要包括用火花塞点火的汽油发动机和沼气发动机；压燃式活塞内燃发动机主要包括柴油发动机。

（2）用于载货的车辆按发动机类型（点燃式活塞内燃发动机、压燃式活塞内燃发动机）和车辆总重量归入品目 8704 项下的相关子目。

气缸容量指发动机运转时气缸所排出气体的体积。

车辆的总重量=车辆的自重+最大设计载荷+加满油的油箱重量+驾驶员的重量。

例如，旅游观光电瓶车，16 座（包括驾驶员座）。此车属 10 座以上载人的客运车辆，应归入品目 8702。

4．特种车辆的归类

不以载人、载货为主要目的的特种车辆归入品目 8705，例如，消防车、起重车等。而有些特殊用途的车辆仍以载人、载货为主要目的，例如，囚车、警车、灵车、赛车等仍以载人为主要目的，要归入品目 8702～8703，不按特种车辆归类；冷藏货车、液罐车、运钞车、自动装卸货车（装有绞车、提升机等装置，但主要用于运输）等仍以载货为主要目的，要归入品目 8704，不按特种车辆归类。

用于展示、教学用而无其他用途的未剖开或已剖开的模型车辆及真实车辆不归入第八十七章，而归入品目 9023。

5．机动车辆底盘的归类

常见的机动车辆底盘有 3 种类型，分别归类如下：

（1）只装有发动机的机动车辆底盘归入品目 8706。

（2）装有驾驶室和发动机的机动车辆底盘，按相应的整车归入品目 8702～8704。

（3）未装有驾驶室和发动机的机动车辆底盘，按机动车辆的零件归入品目 8708。

6．汽车零件、附件的归类

通常所称的汽车零件、附件，一般指品目 8701～8705 所列机动车辆用的零件、附件。

对这些零件、附件进行归类时，首先判断是否是本类注释二已排除掉的（即在其他类已列名），只有确定在其他类未列名的情况下，才归入品目 8708；其次根据零件所在车辆的部位（缓冲器、车身、制动器、变速箱、驱动桥、车轮、悬挂系统等）确定第五位子目；最后确定第六位至第八位子目，由于我国所列的某些第七、第八位子目是按前面整车类型所列，所以在确定这些子目前必须先确定整车的编码。

例 1　变速箱（车辆总重量为 12 吨的重型货车用，柴油发动机），应按货车专用零件归入品目 8708，然后按列名归入子目 8708.4，又因该货车整车归入子目 8704.2230，故最后将此变速箱归入子目 8708.4040。

例 2　带充气系统的安全气囊（小轿车用）。安全气囊属于轿车专用的零件，归入品目

8708，比较该品目下的一级子目，归入子目 8708.9，然后按列名归入子目 8708.9500。

7．摩托车和自行车的归类

摩托车和自行车分别归入品目 8711 和 8712。摩托车按发动机类型和气缸容量归入不同的子目，自行车按用途和车轮直径（以英寸为单位）归入不同的子目。

电动自行车应按装有辅助动力的脚踏车归入子目 8711.9010。

摩托车及自行车的零件、附件归入品目 8714，但摩托车用的发动机及发动机的零件因在第八十四章已有列名，不归入本品目。

8．其他运输设备的归类

坦克及其他机动装甲战斗车辆，不论是否装有武器，一律归入品目 8710，不能按武器归入第九十三章。

第八十六章主要包括铁道运输设备及其零件，但也有部分设备即使不用于铁道运输仍归入本章。例如，用于内河航道、港口、停车场或机场等场所的机械交通信号设备归入品目 8608（若是电气的交通信号设备应归入品目 8530），集装箱即使不用于铁道运输（如用于海运）仍归入品目 8609。

第十八类光学、照相、电影、计量、检验、医疗或外科用仪器及设备、精密仪器及设备；钟表；乐器；上述物品的零件、附件（第九十章至第九十二章）

（一）主要内容

本类共 3 章，第九十章主要包括光学、计量、医疗仪器、精密仪器及设备等，第九十一章主要包括钟表，第九十二章主要包括乐器。

（二）归类方法

1．第九十章的结构规律

第九十章的光学、计量、医疗仪器、精密仪器，在结构编排上有一定规律，掌握这个规律，有助于正确归类。其结构规律见表 3-10：

表 3-10 各种光学仪器设备

光学仪器设备	简单光学元件（分未装配和已装配）	9001—9002
	简单光学器具（眼镜、眼镜架、望远镜）	9003—9005
	复杂光学器具（照相机、摄影机、显微镜等）	9006—9013
计量、测绘等仪器及器具		9014—9017 及 9028、9029
医疗仪器及器械		9018—9022
专供示范而无其他用途的仪器、装置及模型		9023
其他测试分析仪器及自动调节和控制装置		9024—9027、9029—9032

2．光学元件的归类

对于玻璃制的光学元件，只有经过光学加工的光学元件（但未装配的）才归入品目 9001，未经光学加工的光学元件应按材料归入品目 7014；其他材料（如有机玻璃）制的光学元件不论是否经过光学加工，一律归入品目 9001。

已装配（即带有镜筒或框架）同时还要“作为仪器装置的零件、配件”的光学元件才归入品目 9002。例如，已装配的用于显微镜的物镜归入 9002.1990；而已装框的放大镜，因其不作为仪器装置的零件、配件，所以不归入本品目，应归入子目 9013.8010。

3．光学仪器的归类

光学仪器一般按其功能和用途归入品目 9005～9013。其中：

（1）双筒望远镜、单筒望远镜等普通望远镜归入品目 9005，但用于机床上的校直望远镜和坦克上的潜望镜要归入品目 9013。

（2）印刷制版用的电子分色机、激光照相排版设备归入品目 9006，不能按制版的设备归入品目 8442。

（3）品目 9005～9013 包含的商品大部分是光学仪器，但也包括一些看起来不属于光学仪器的设备，例如，电子显微镜归入子目 9012.1000，液晶显示板归入子目 9013.8030。

4．医疗器械及器具的归类

医疗器械及器具一般归入品目 9018～9022。

在确定其品目时，一般要根据其工作原理、特性及用途等因素。同样用于疾病诊断的医疗器械，因其工作原理不同而归入不同的品目。例如，B 型超声波检查仪、核磁共振成像仪和 X 射线断层检查仪均是通过影像进行疾病诊断的仪器，但因其成像原理不同而归入不同的品目，B 型超声波检查仪、核磁共振成像仪归入品目 9018，而 X 射线断层检查仪（又称 CT 机），利用 X 射线进行扫描成像，归入品目 9022。

机械疗法、氧疗法、臭氧疗法、吸入疗法、人工呼吸及按摩等用的设备及装置归入品目 9019。

矫形用具、人造假肢及骨折用具（包括兽用）、弥补人体生理缺陷的器具归入品目 9021。

X 射线或α射线、β射线、γ射线的应用设备归入品目 9022，不仅包括用于医疗上的，还包括用于其他行业（如工业）上的。例如，冶金工业中用于检查合金均匀性的 X 射线设备仍归入此品目。但是，用于探测 X 射线或α射线、β射线、γ射线的设备不归入本品目，应归入品目 9030。

其他用于医疗、外科、牙科或兽医的仪器及器具（未在其他品目列名）归入品目 9018。例如，电子眼压记录仪属于医疗电子诊断设备，应归入品目 9018。但也有部分医疗仪器已在其他品目列名。例如，测量体温的体温表归入品目 9025，观察病理切片的生物显微镜归入品目 9011 或 9012，分析、检验血液、组织液、尿液等的仪器设备和检镜切片机归入品目 9027，眼底照相机归入品目 9006。

5．第九十章设备所用零件、附件的归类

第九十章设备用零件、附件的归类流程归纳如图 3-1 所示：

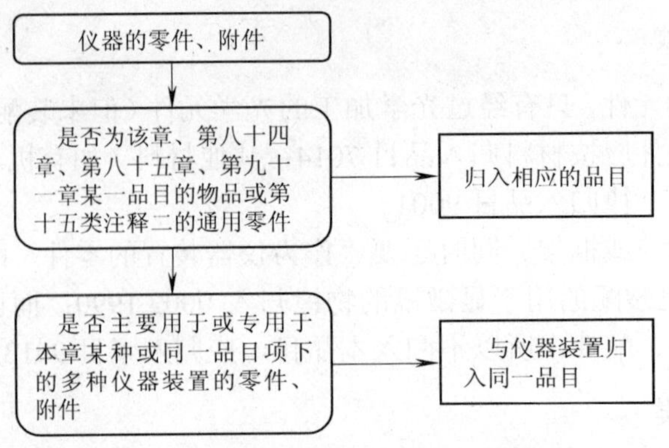

图 3-1 设备用零件、附件的归类流程

同时适用于该章不同品目的多种机器、器具、仪器或设备的零件或附件，应归入品目9033，除非其本身构成其他品目具体列名的完整仪器等。

6. 钟表及计时器具的归类

用于计时或与时间有关的某些操作器具（如考勤钟、定时开关等）及其零件归入第九十一章。本章的排列结构顺序为：

完整品→不完整品（如钟表芯）→零件。

品目 9101 与 9102 所列手表的区别：只有表壳全部用贵金属或包贵金属制得的表才归入品目 9101；若是表壳用贵金属或包贵金属以外的材料制成，表壳用贵金属或包贵金属制成而表背面用钢制成，或表壳用镶嵌贵金属的贱金属制成的表均归入品目 9102。

某些钟表零件已在第九十一章注释一中排除，不要归入本章。

7. 乐器的归类

各种乐器及其零件归入第九十二章。乐器归类的关键是确定其种类（弦乐器、管乐器、打击乐器、电子乐器、其他未列名乐器），例如，普通钢琴归入品目 9201。而目前市场上销售的电钢琴，不能按普通钢琴归类，因它属于电子乐器，应归入品目 9207。

归入第九十二章的乐器可以带有电拾音器及扩音器，但这类电气装置必须已构成乐器的不可分割部分或与乐器装在同一机壳内。

第十九类武器、弹药及其零件、附件（第九十三章）

（一）主要内容

本类仅有 1 章，主要包括供军队、警察或其他有组织的机构（海关、边防等）在陆、海、空战斗中使用的各种武器，个人自卫、狩猎等用的武器等。

（二）归类方法

本类商品在归类时应注意以下两点：

（1）装甲战斗车辆不能作为武器归入本章，应按车辆归入品目 8710；弓、箭、钝头击剑等不能作为武器归入本章，应作为运动用品归入第九十五章。

（2）其他章已列名的武器及零件不应归入本章。例如，第九十章的武器瞄准用的望远镜。

第二十类杂项制品（第九十四章至第九十六章）

（一）主要内容

本类共 3 章，其所称的杂项制品是指前述各类、章及品目未包括的货品，从第九十四章至第九十六章。其中第九十四章包括各种家具、寝具、其他章未列名灯具和活动房屋等；第九十五章包括各种玩具、运动或游戏用设备等；第九十六章包括雕刻或模塑制品，扫把、刷子和筛子，书写及办公用品，烟具，化妆品用具及其他品目未列名的物品。

（二）归类方法

1．家具及其零件的归类

具有实用价值的落地式“可移动”的家具（如桌、椅等），落地式或悬挂的、固定在墙壁上叠摞的碗橱、书柜、其他架式家具，坐具及床归入品目 9401～9403；单独报验的组合家具各件均归入第九十四章，但落地灯不能按家具归类，应按灯具归入品目 9405。

品目 9402 的医疗、外科、牙科或兽医用的家具不能带有医疗器械（设备），如带有牙科器械的牙科用椅不能归入本品目，而应按医疗器械归入品目 9018。

具有特定用途或为安装特定用途的装置、设备而特制的家具，一般按特定用途的装置、设备归类。例如，有橡棋盘桌面的桌子和桌球台归入品目 9504，作为缝纫机台架用的家具归入品目 8452。

品目 9401～9403 的家具可用木、柳条、竹、藤、塑料、贱金属、玻璃、皮革、石、陶瓷等材料制成。例如，玻璃制的柜台仍归入第九十四章，而不按玻璃制品归类。专用于或主要用于第九十四章家具的零件归入本章相应品目；单独报验的玻璃或镜子、大理石等按材料归类。

第九十四章也包括机动车辆、飞机等用的坐具及零件（如座椅调角器），这些坐具及零件不能按车辆或飞机的零件归入第十七类。

2．床上用品及寝具的归类

装有弹簧或内部填充棉花、羊毛、马毛、羽绒、合成纤维等，或以海绵橡胶或泡沫塑料制成的床上用品及寝具，如褥垫、被褥及床罩（内含填充物）、鸭绒被、棉被、枕头、靠垫、坐垫、睡袋等归入品目 9404。

未装有内部填充物的床上用品及寝具，例如，床单、床罩、枕头套、鸭绒被套、靠垫套、毯子等则按纺织品归入第六十三章。

3．玩具的归类

儿童乘骑的带轮玩具（如三轮车、踏板车、踏板汽车等），玩偶车，玩偶及其零件、附件（如玩偶用的服装、鞋、靴、帽等）和其他供儿童或成人娱乐用的各种智力玩具或其他玩具均归入品目 9503，但宠物玩具不归入品目 9503。

4．体育用品和游乐场用娱乐设备的归类

一般体育用品归入品目9506或9507，游乐场用娱乐设备归入品目9508。

体育用品中不同用途的球归入不同的子目，归纳如下：

（1）可充气的足球、篮球、排球归入子目9506.6210；

（2）草地网球归入子目9506.6100；

（3）乒乓球归入子目9506.4010；

（4）高尔夫球归入子目9506.3200；

（5）羽毛球归入子目9506.9190。

5．杂项制品的归类

各种纽扣归入品目9606、拉链归入品目9607、梳子归入品目9615，这些不应按制成材料归入其他类。

打字机色带归入品目9612，不应按打印机的零件归入第八十四章。

裁缝用和商品陈列或广告宣传用的人体活动模型归入品目9618，不应按专供示范用模型归入品目9023。

第二十一类艺术品、收藏品及古物（第九十七章）

（一）主要内容

本类只有1章，一般归入本类商品的最大特点是具有一定的收藏价值，主要包括艺术品和收藏品。例如，完全手工绘制的油画、粉画，雕版画、印制画、石印画原本，雕塑品原件，邮票，动物、植物、矿物等的标本和超过百年的古物。

（二）归类方法

1．超过百年古物的归类

除品目9701～9705以外的物品，若超过百年则优先归入品目9706。例如，超过百年的乐器不按乐器归入第九十二章，而应归入品目9706；而品目9701～9705的物品即使超过百年，仍归入原品目。

2．雕版画、印制画、石印画原本和雕塑品原件的归类

只有完全用手工制作的印版直接印制出的原本才归入品目9702，而使用机器或照相制版方法制作的印版印制出的原本不能归入本品目；只有各种材料制的雕塑品原件才归入品目9703，而成批生产的复制品不能归入本品目。

3．其他艺术品、收藏品的归类

对于已装框的油画、粉画，若框架的种类、价值与作品相称，此时一并按作品归类，若框架种类、价值与作品不相称，则框架与作品应分别归类。

本章与第四十九章未使用过的邮票的区别：本章邮票具有收藏价值，以收藏为主要目的；而第四十九章邮票不具有收藏价值。

第二部分　报检实务

报检工作是进出口企业与检验检疫部门工作中的重要环节，报检工作程序、报检单填制和各类货物的报检要求是从业人员必备的知识和技能。对于职业院校有志于从事报检工作的学生而言，准确掌握报检工作程序、正确掌握报检单填制技巧和各类货物报检要求更是成功求职的关键。

第一章　中国出入境检验检疫知识

第一节　中国出入境检验检疫概念

出入境检验检疫，是指作为政府的行政部门的检验检疫部门和检验检疫机构为了确保人民的生命健康和生活环境的安全，依照法律、行政法规和国际惯例等的要求，对出入境的货物、交通运输工具、人员及其事项等进行检验检疫、认证及签发官方检验检疫证明等监督管理工作，以保护国家整体利益和社会效益。

出入境检验检疫工作是指出入境检验检疫机构依照国家检验检疫法律规定，对进出境的商品（包括动植物产品），以及运载这些商品、动植物和旅客的交通工具、运输设备，分别实施检验、检疫、鉴定、监督管理和对出入境人员实施卫生检疫及口岸卫生监督的总称。

第二节　中国出入境检验检疫工作历史沿革

中国出入境检验检疫产生于 19 世纪后期，源自进出口商品检验、进出境动植物检疫和国境卫生检疫，其迄今已有 100 多年的历史。

一、进出口商品检验

清同治三年（1864 年），由英商劳合氏的保险代理人上海任记洋行代办水险和船舶检验、鉴定业务，这是中国第一个办理商品检验的机构。

1928 年，国民政府工商部颁发了《商品出口检验暂行规则》。

1929 年，工商部颁布了《商品检验局暂行章程》。同年，工商部上海商品检验局成立。这是中国第一家由国家设立的官方商品检验局。

1932 年，国民政府行政院通过了《商品检验法》，这是中国商品检验最早的法律。

1989 年 2 月 21 日，第七届全国人大常委会第六次会议通过公布了《中华人民共和国进出口商品检验法》（以下简称《商检法》）。

1992 年 10 月，经国务院批准，国家商检局发布了《中华人民共和国进出口商品检验法实施条例》。

2002 年 4 月 28 日，第九届全国人大常委会第二十七次会议通过了《全国人民代表大会常务委员会关于修改〈中华人民共和国进出口商品检验法〉的决定》，并于 2002 年 10 月 1 日起实施新修改的《商检法》。

2005 年 8 月 10 日，国务院第 101 次常务会议通过了最新修改的《中华人民共和国进出口商品检验法实施条例》。

二、进出境动植物检疫

1903 年，在中东铁路管理局建立铁路兽医检疫处，对来自沙俄的各种肉类食品进行检疫工作。这是中国最早的进出境动植物检疫。

1927 年，在天津成立了“农工部毛革肉类检查所”，这是中国官方最早的动植物检疫机构。

1928 年，国民政府制定了《农产物检查所检查农产物规则》等一系列规章，这时中国官方最早的动植物检疫法规。

1964 年 2 月，国务院决定将动植物检疫从外贸部划归农业部领导，并于 1965 年在全国 27 个口岸设立了中华人民共和国动植物检疫所。

1982 年，国务院正式批准成立国家动植物检疫总所，代表国家行使对外动植物检疫的管理职权。

1991 年 10 月 30 日，第七届全国人大常委会第二十二次会议通过公布了《中华人民共和国进出境动植物检疫法》。并于 1992 年 4 月 1 日起实施《动植物检疫法》。

1995 年，国家动植物检疫总所更名为国家动植物检疫局。

1996 年 12 月 2 日，国务院批准发布了《中华人民共和国进出境动植物检疫法实施条例》。

三、国境卫生检疫

1873 年，由于印度、泰国、马来半岛等地霍乱的流行并向海外广泛传播，在上海、厦门海关设立卫生检疫机构，订立相应的检疫章程，这是中国出入境卫生检疫的雏形。

1930 年，各地卫生检疫机构从当时的海关分离出来，组成了隶属国民政府卫生署的独立部门。

1946 年，卫生署颁布了全国统一的卫生检疫法规。

1957 年，第一届全国人大常委会第 88 次会议通过《中华人民共和国国境卫生检疫条例》，这是中华人民共和国成立以来颁布的第一部卫生检疫法规。

1986 年 12 月 2 日，六届全国人大常委会第十八次会议通过并公布了《中华人民共和国国境卫生检疫法》。

1988 年，中华人民共和国卫生检疫总所成立。

1989 年 3 月 6 日，卫生部发布并实施了《中华人民共和国国境卫生检疫法实施细则》。

1992 年，中华人民共和国卫生检疫总所更名为中华人民共和国卫生检疫局。

四、出入境检验检疫局的成立

1998 年 3 月，国家进出口商品检验局、国家动植物检疫局和国家卫生检疫局合并组建国家出入境检验检疫局。这就是统称的“三检合一”。合并后，国家出入境检验检疫局继承了原来“三检”机构的执法授权，其职责更加明确，法律地位更加清晰，机构和人员更加精简、高效。

1999 年 8 月 10 日，各地 35 个直属检验检疫局同时挂牌成立。

1999 年 12 月，全国 278 个分支检验检疫机构陆续挂牌成立，出入境检验检疫事业全面进入新时期。

五、国家质量监督检验检疫总局的成立

2001年4月，原国家出入境检验检疫局和国家质量技术监督局合并，组建国家质量监督检验检疫总局（以下简称国家质检总局），为国务院正部级直属机构。同时成立国家认证认可监督管理委员会（以下简称国家认监委）和国家标准化管理委员会，分别统一管理全国质量认证、认可和标准化工作。

国家质检总局成立后，原国家出入境检验检疫局设在各地的出入境检验机构，管理体制及业务不变。

国家质检总局的成立转变了政府职能，适应了社会主义市场经济体制的需要，主要表现在：

（1）有利于制定统一的质量技术标准，防止和打击了质量违法行为。

（2）有利于引导企业提高产品和服务质量，保护了企业和消费者的合法权益。

（3）有利于充分发挥检验检疫和质量监督的整体优势，进一步加强质量监督和出入境检验检疫工作，把好出入境检验检疫关。

（4）有利于我国在WTO规则内更好地开展国际经济合作和竞争。

第三节　中国出入境检验检疫工作内容

一、中国出入境检验检疫工作的主要目的和任务

依据国家有关法律、法规规定，出入境检验检疫工作的主要目的和任务是：

（1）对进出口商品进行检验、鉴定和监督管理，加强进出口商品检验工作，规范进出口商品检验行为，维护社会公共利益和进出口贸易有关各方的合法权益，促进对外贸易的顺利发展。

（2）对出入境动植物及其产品，包括其运输工具、包装材料的检疫和监督管理，防止危害动植物的病菌、害虫、杂草种子及其他有害生物由国外传入或由国内传出，保护我国农、林、牧、渔业生产和国际生态环境与人类的健康。

（3）对出入境人员、交通工具、运输设备以及可能传播检疫传染病的行李、货物、邮包等物品实施国境卫生检疫和口岸卫生监督，防止传染病由国外传入或由国内传出，保护人类健康。

（4）出入境检验检疫机构按照SPS/TBT协议建立有关制度，在保护我国人民的健康和安全及我国动植物生命和健康的同时采取有效措施，打破国外技术壁垒。

二、中国出入境检验检疫的主要工作内容

依据我国有关法律、法规规定，检验检疫工作的主要内容包括：

1. 进出口商品检验

凡列入《出入境检验检疫机构实施检验检疫的进出境商品目录》（简称《法检目录》）的

进出口商品和其他法律、法规规定必须经检验的进出口商品，必须经过出入境检验检疫部门或其指定的检验检疫机构检验。规定进口商品应检验未检验的，不准销售、使用；出口商品未检验合格的，不准出口。

《法检目录》由“商品编码”、“商品名称及备注”、“计量单位”、“海关监管条件”和“检验检疫类别”5 栏组成。其中的“商品编码”、“商品名称及备注”和“计量单位”是以《商品名称及编码协调制度》为基础，并依照海关通关业务系统《商品综合分类表》的商品编号、商品名称、商品备注和计量单位编制。

《法检目录》中商品的“海关监管条件”为“A”，表示须实施进境检验检疫，“海关监管条件”为“B”，表示须实施出境检验检疫，“海关监管条件”为“D”，表示海关与检验检疫联合监管。

《法检目录》中商品的“检验检疫类别”中：“M”表示进口商品检验，“N”表示出口商品检验；“P”表示进境动植物、动植物产品检疫；“Q”表示出境动植物、动植物产品检疫；“R”表示进口食品卫生监督检验；“S”表示出口食品卫生监督检验。“V”表示进境卫生检疫；“W”表示出境卫生检疫；“L”表示民用商品入境验证。

以“硬粒小麦（配额内）”为例，其对应的商品编码为 10011000.10，计量单位为“千克”，“海关监管条件”为 A/B，这表示该商品在入境和出境时均须实施检验检疫。“检验检疫类别”为“M.P.R/Q.S”，表示该商品进口时应实施商品检验、植物产品检疫和食品卫生监督检验，出口时应实施植物产品检疫和食品卫生监督检验。

《法检目录》中，部分 HS 编码的检验检疫和监管具有特别解释，主要包括：海关监管条件为“A/B”，实施卫生检疫监管，暂不设检验检疫类别的 HS 编码；海关监管条件为“D”，实施海关与检验检疫联合监管，暂不设检验检疫类别的 HS 编码；部分 HS 编码（海关监管条件为“A”，检验检疫类别为“M”）项下的商品仅实施现场放射性检测，不实施品质检验；部分 HS 编码（海关监管条件为“A/B”，检验检疫类别为“L.M/”或检验检疫类别为空）项下的商品出口时，出入境检验检疫机构仅对进出口单位提供的非氯氟烃制冷剂、发泡剂证明（产品说明书、技术文件以及供货商的证明）进行符合性确认；部分 HS 编码（海关监管条件为“A/B”，检验检疫类别为“R/”或海关监管条件为“/B”，检验检疫类别为空）项下的出口商品，出入境检验检疫机构实施强制性出口检验管理，但属临时强制措施，解除时另行公告。

按照国家法律、法规和相关规章规定应当实施出入境检验检疫的进出境部分商品，例如成套设备、食品添加剂等，难与编码一一对应，尽管未列入《法检目录》，但均须实施出入境检验检疫。

2．进口商品认证管理

国家对涉及人类健康和动植物健康，以及环境保护和公共安全的产品实行强制性认证制度。

自 2003 年 5 月 1 日起，列入《中华人民共和国实施强制性产品认证的产品目录》内的商品，必须经过指定的认证机构认证合格、取得指定认证机构颁发的认证证书，并加施认证标志后，方可进口。

3．进口废物原料、旧机电装运前检验

对国家允许作为原料进口的废物，实施装运前检验制度，防止境外有害废物向我国转运。收货人与发货人签订的废物原料进口合同中，必须订明所进口的废物原料须符合中国环境保护控制标准的要求，并约定由出入境检验检疫机构或国家质检总局认可的检验机构实施装运前检验，检验合格后方可装运。

进口旧机电产品的收货人或其代理人应当在合同签署前向国家质检总局或收货人所在地直属检验检疫局办理备案手续。对需要实施装运前检验的，实施装运前检验。

4．出口商品质量许可

国家对重要出口商品实行质量许可制度。出入境检验检疫部门单独或会同有关主管部门共同负责发放质量许可证的工作，未获得质量许可证书的商品不准出口。检验检疫部门已对机械、电子、轻工、机电、玩具、医疗器械、煤炭等类商品实施出口产品质量许可制度。国内生产企业或其他代理人均可向当地检检疫机构申请出口质量许可证书。对于实施许可制度的出口产品实行验证管理。

5．食品卫生监督检验

进口食品（包括饮料、酒类、糖类）、食品添加剂、食品容器、包装材料、食品用工具及设备必须符合我国有关法律法规规定。申请人须向检验检疫机构申报并接受卫生监督检验，检验检疫机构对进口食品按食品危险性等级分类进行管理。依照国家卫生标准进行监督检验，检验合格的，方准进口。

一切出口食品（包括各种供人食用，饮用的成品和原料以及按照传统习惯加入药物的食品）必须经过检验，未经检验或检验不合格的不准出口。凡在中华人民共和国境内生产、加工、存储相应的出口食品的企业，未经备案登记的，检验检疫机构不予受理报检。出口食品生产企业需要办理国外卫生注册的，必须按照规定取得卫生注册证书或者卫生登记证书，依照《出口食品生产企业申请国外卫生注册管理办法》的有关要求，向所在地直属检验检疫局提出申请，由其向国家认监委申请推荐，国家认监委负责统一向进出口卫生主管当局推荐。未取得有关进口国批准或认可的，不得向该国出口食品。

6．动植物检疫

检验检疫部门依法实施动植物检疫的有：出境、入境、过境的动植物，动植物产品和其他检疫物；装载动植物、动植物产品和其他检疫物的装载容器、包装物、铺垫材料；来自动植物疫区的运输工具，进境拆卸的废旧船舶；有关法律、行政法规、国际条约规定或者贸易合同约定应当实施进出境动植物检疫的其他货物、物品。

对进境动物、动物产品、植物种子、种苗及其他繁殖材料实行进境检疫许可制度，办理检疫审批。

对于出境动植物、动植物产品或其他检疫物，检验检疫机构对其生产、加工、存放过程实施检疫监管。

对过境运输的动植物、动植物产品和其他检疫物实行检疫监管。对携带、邮寄动植物，动植物产品和其他检疫物的进境实行检疫监管。对来自疫区的运输工具，口岸检验检疫机构实施现场检疫和有关消毒处理。

7. 出口商品运输包装检验

对列入“法检目录”和其他法律、法规规定必须经检验检疫机构检验的出口商品的运输包装进行性能检验，未经检验或检验不合格的，不准用于盛装出口商品，对出口危险货物包装容器实行危包出口质量许可制度，危险货物包装容器须经检验检疫机构进行性能检验和使用鉴定后，方能生产使用。

8. 外商投资财产鉴定

各地检验检疫机构凭财产关系人或代理人及经济利益有关各方的申请或司法、仲裁、验资等机构的指定或委托，办理外商投资财产的鉴定工作。外商投资财产鉴定包括对商品的价值鉴定、损失鉴定，对商品的品种、质量和数量等的鉴定等。

9. 货物装载和残损鉴定

用船舶和集装箱装运粮油食品，冷冻品等易腐食品出口的，应向口岸检验检疫机构申请检验船舱和集装箱，经检验合格装运技术条件并发给证书后，方准装运。

对外贸易关系人及仲裁、司法等机构，对海运进口商品可向检疫机构申请办理监视，残损鉴定，监视卸载，海损鉴定，验残等残损鉴定工作。

10. 卫生检疫与处理

出入境检验检疫部门统一负责对出入境的人员、交通工具、集装箱、行李、货物、邮包等实施医学检查和卫生检查。检验检疫机构对未染有检疫传染病或者已实施卫生处理的交通工具，签发入境或者出境检疫证。

检验检疫机构对入境、出境人员实施传染病监测，有权要求入境人员填写健康申明卡，出示预防接种证书、健康证书或其他有关证件。

检验检疫机构负责对国境口岸和停留在国境口岸的出入境交通工具的卫生状况实施卫生监督。包括：监督和指导对啮齿动物、病媒昆虫的防除；检查和检验食品、饮用水及其存储、供应、运输设施；监督从事食品、饮用水供应的从业人员的健康状况；监督和检查垃圾、废水、污水、粪便、压舱水的处理。可对卫生状况不良和可能引起传染病传播的因素采取必要措施。

依照《国际卫生条例（2005)》，成员国各口岸需逐步通过世界卫生组织口岸核心能力验收。口岸核心能力是各成员国在机场、港口和陆路口岸预防、抵制、控制和应对公共卫生风险和突发事件的核心能力。目的是预防、抵制、控制和应对疾病在国际传播，确保国门安全，为国际交通、贸易、旅游提供安全保障，口岸核心能力建设重在防控疾病在国际传播能力的建设。截至 2013 年 7 月，广州港等口岸已通过了世界卫生组织口岸核心能力建设考核验收。依照《国家质检总局关于加快推进〈国际卫生条例（2005）〉口岸核心能力建设的通知》，对 2014 年 6 月 15 日前仍无法达标的口岸，将上报国务院，并建议逐步关闭。同时，不达标口岸如遇到突发公共卫生事件或经评估有重大公共卫生风险时，国家质检总局将报请国务院暂停该口岸的出入境人员、交通工具、货物等卫生检疫工作，临时关闭口岸。

检验检疫机构负责对发现患有检疫传染病、监测传染病、疑似检疫传染病的入境人员实施隔离、留验和就地诊验等医学措施。对来自疫区，被传染病污染，发现传染病媒介的出入境交通工具、集装箱、行李、货物、邮包等物品进行消毒、除鼠、除虫等卫生处理。

11．涉外检验、鉴定、认证审核认可和监督

对于拟设立的中外合资，合作进出口商品检验、鉴定、认证公司的资格信誉、技术力量、装备设施及业务范围进行审查。合格后出具《外商投资检验公司资格审定意见书》，然后交由商务部批准。在工商行政管理部门办理登记手续领取营业执照后，再到国家质检总局办理《外商投资检验公司资格证书》，方可开展经营活动。

对于从事进出口商品检验、鉴定、认证业务的中外合资、合作机构、公司及中资企业的经营活动实行统一监督管理。对于境内外检验鉴定认证公司设在各地的办事处，实行备案管理。

12．与外国和国际组织开展合作

检验检疫部门承担WTO/TBT协议和SPS协议咨询点业务；承担UN、APEC、ASEM等国际组织在标准与一致化和检验检疫领域的联络点工作；负责对外签订政府部门间的检验检疫合作协议，认证认可合作协议、检验检疫协议执行议定书等，并组织实施。

第四节 中国出入境检验检疫工作的重要意义

出入境检验检疫在国家维护根本经济权益与安全的重要的技术贸易壁垒措施，保证中国对外贸易顺利进行和持续发展的需要等方面有着极其重要的意义。

（1）出口商品的检验检疫和监督认证是为了满足进口国的各种规定要求。

世界各主权国家为了保护人民身体健康，保障工农业生产、基本建设、交通运输和消费者的安全，相继都制定有关食品、药品、化妆品和医疗器械的卫生法规，各种机电与电子设备、交通运输工具和涉及安全的消费品的安全法规，动植物及其产品的检疫法规，检疫传染病的卫生检疫法规。

规定了有关产品进口或携带、邮寄入境，都必须持有出口国官方检验检疫机构证明，符合相关安全、卫生与检疫法规标准的证书，甚至规定生产加工企业的质量与安全卫生保证体系，必须经过出口国或进出口国官方注册批准，并使用法规要求的产品标签和合格标志，其产品才能取得市场准入资格。许多法规标准，已形成国际法规标准。

（2）加强对重要出口商品质量的强制性检验，促进了中国产品质量的提高，增强了其在国际市场上的竞争能力，以利扩大出口。

在当前，世界贸易竞争日益激烈，世界各国大都奖出限进，对进口商品加强限制，消费者对商品质量要求也越来越高。出口商品如果质量差，必然会影响对外成交，卖不出去或卖不上好价。即使勉强推销出去，也会引起不良影响，招致退货或索赔，甚至会丢失国外市场，使国家遭受经济损失和不良政治影响。为了维护国家经济利益和对外信誉，有必要对重要的出口商品实施强制性检验。

（3）加强对进口商品的检验是为了保障国内生产安全与人民健康，维护国家对外贸易的合法权益。

随着对外贸易的发展，进口商品逐渐增多，如果不认真检验，不仅会遭受经济损失，还会严重影响生产建设和人民身体健康。进口商品的质量会存在以次充好、以旧顶新、以少冒多，掺杂使假等不少问题。所以有必要对进口商品的质量、规格、包装和数量等严格检验，

把好进口商品质量关。

（4）出入境检验检疫通过合理利用国际通行的非关税技术壁垒手段，保证了中国对外贸易顺利进行和持续发展的需要。

对进出口商品的官方检验检疫和监管认证是突破国外贸易技术壁垒和建立国家技术保护屏障的重要手段，中国检验检疫机构加强对进口产品或我国生产加工企业的官方检验检疫与监管认证，突破了国外的贸易技术壁垒，取得国外市场准入资格，保证了我国产品能在国外顺利通关入境。

中国检验检疫机构加强对进口产品的检验检疫和对相关的国外生产企业的注册登记与监督管理，是采用符合国外通行的技术贸易壁垒的做法，以合理的技术规范和措施保护国内产业和国家经济的顺利发展，保护消费者安全健康与合法权益，建立起维护国家根本利益的可靠屏障。

（5）在国际贸易中，对外贸易、运输、保险双方往往要求由官方或权威的非当事人，对进出口商品的质量、重量、包装、装运技术条件提供检验合格证明，作为出口商品交货、结算、计费、计税和进口商品的质量与残短索赔的有效凭证。中国检验检疫机构对进出口商品实施检验、提供的各种检验鉴定证明，就是为对外贸易有关方履行贸易、运输、保险契约和处理索赔争议，提供具有公正权威的必要证件。

综上所述，出入境检验检疫对保证国民经济的发展，消除国际贸易中的技术壁垒，维护国家权益和消费者的利益等，都有非常重要的作用。

随着改革开放的不断深入和对外贸易的不断发展，特别是中国加入世界贸易组织，出入中国国境的人流、物流、货流范围之广、规模之大、数量之多是前所未有的，中国出入境检验检疫作为“国门卫士”，将会继续发挥其不可替代、越来越重要的作用。

第二章　报检单位与报检员

第一节　出入境检验检疫报检的概念及范围

我国出入境检验检疫的报检按照中华人民共和国国家出入境检验检疫局第 16 号令《出入境检验检疫报检规定》执行。

一、报检的概念

出入境检验检疫报检（以下简称报检）是指报检人依法向检验检疫机构申报检验检疫、办理相关手续、启动检验检疫流程的行为。

报检工作是由报检单位的报检员来负责的。报检单位是发生报检行为的主体，按其登记的性质，可分为自理报检单位和代理报检单位两种类型。报检员是指负责办理出入境检验检疫报检业务的人员，报检员必须服务于某一个报检单位而不能独立其外。报检人是对履行出入境检验检疫报检/申报程序和手续并承担相应义务和法律责任的报检单位和报检员的统称。

二、报检的范围

凡是法定须进行检验检疫的进出口商品、进出境动植物及其产品和其他检疫物、装载动植物及其产品和其他检疫物的装载容器和包装物、来自动植物疫区的运输工具、出入境人员、交通工具、运输设备以及可能传播检疫传染病的行李、货物、邮包等都必须向检验检疫机构报检。

第二节　报 检 单 位

依据我国《出入境检验检疫报检规定》，出入境检验检疫报检的单位分为两类：自理报检单位和代理报检单位。国家质检总局负责全国统一管理工作，各地直属检验检疫局负责所辖地区的组织实施工作。报检单位必须遵守出入境检验检疫有关报检规定，并接受检验机构监督管理。

一、自理报检单位

1．概念

自理报检是指办理本单位检验检疫事项的行为。从事自理报检业务的单位称为自理报检单位。自理报检单位获取了各地检验检疫机构颁发的《自理报检单位备案登记证明书》后，方可从事自理报检工作。

2．自理报检单位的范围

自理报检单位主要包括：

（1）有进出口经营权的国内企业；

（2）进口货物的收货人或其代理人；

（3）出口货物的生产企业；

（4）出口货物运输包装及出口危险货物运输包装生产企业；

（5）中外合资、中外合作、外商独资企业；

（6）国外（境外）企业、商社常驻中国代表机构；

（7）进出境动物隔离饲养和植物繁殖生产单位；

（8）进出境动植物产品的生产、加工、存储、运输单位；

（9）对进出境动植物、动植物产品、装载容器、包装物、交通运输工具等进行药剂熏蒸和消毒服务的单位；

（10）有进出境交换业务的科研单位；

（11）其他需报检的单位。

3．自理报检单位的管理规定

依据《出入境检验检疫报检规定》的有关规定，国家对自理报检单位实行备案登记管理制度。凡纳入自理报检单位范围的单位，首次报检之前都应办理备案登记手续，取得登记代码，方可办理自理报检业务。

（1）自理报检单位备案登记申请人应首先向其工商注册所在地检验检疫机构提交材料（或网上提交），办理备案登记申请。

材料应齐备真实，主要包括：

1）自理报检单位备案登记申请表；

2）加盖企业公章的《企业法人营业执照》复印件，同时交验原件；

3）加盖企业公章的《企业组织机构代码证》复印件，同时交验原件；

4）有进出口经营权的企业须提供有关证明材料；

5）申请人需要向检验检疫机构提供的其他有关证明材料；

6）检验检疫机构要求的其他相关材料。

（2）检验检疫机构受理申请，对申请人提供的资料进行审核。

（3）对审核通过的单位予以备案登记，并通知申请人携带单位公章印模及有效证件，领取《自理报检单位备案登记证明书》，取得登记代码。

（4）报检单位的组织机构、性质、业务范围、名称、法定代表人、法定地址及隶属关系等发生重大改变和变动，应及时以书面形式向原报检备案登记的出入境检验检疫机构提出变更申请，并持《自理报检单位备案登记证明书》到发证机构办理变更手续。自理报检单位名称、地址、法定代表人更改的，重新颁发《自理报检单位备案登记证明书》。

（5）自理报检单位需要终止备案登记的，应以书面形式向原报检备案登记的检验检疫机构办理注销报检备案登记手续，经审核后予以注销。自理报检单位提供虚假信息或材料并取得备案登记的，检验检疫机构撤销其备案登记。自理报检单位提供的材料失实，或不按规定办理更改手续，造成无法落实检验检疫等严重后果的，按相关法律法规规定处理。

（6）《自理报检单位备案登记证明书》有效期为 5 年，期满后，自理报检单位应当到原备案的检验检疫机构办理延期换证手续。

（7）已经在报检单位工商注册所在地辖区出入境检验检疫机构办理过备案登记手续的报检单位及其已注册的报检员，去往其他口岸出入境检验检疫机构报检时，检验检疫机构核实其提供的自理报检单位备案登记信息后予以受理，并按照有关规定进行管理，自理报检单位无需在异地办理备案登记和报检员注册手续。

4．自理报检单位的权利和义务

（1）权利

1）根据检验检疫法律法规规定，依法办理出入境货物、人员、运输工具、动植物及其产品等及与其相关的报检/申报手续。

2）在按有关规定办理报检，并提供抽样、检验检疫的各种条件后，有权要求检验检疫机构在国家质检总局统一规定的检验检疫期限内完成检验检疫工作，并出具证明文件。如因检验检疫工作人员玩忽职守造成入境货物超过索赔期而丧失索赔的或出境货物耽误装船结汇的，有权追究当事人责任。

3）对检验检疫机构的检验检疫结果有异议的，有权在规定的期限内向原检验检疫机构或其上级检验检疫机构以至国家质检部门申请复验。

4）在保密情况下提供有关商业及运输单据时，有权要求检验检疫机构及其工作人员予以保密。

5）自理报检单位有权对检验检疫机构及其工作人员的违法、违纪行为进行控告、检举。

（2）义务

1）遵守国家有关法律、法规和检验检疫规章，对所报检货物的质量负责，并接受出入境检验检疫机构的监督管理。

2）遵守属地管理原则，报检单位应在其工商注册所在地辖区的检验检疫机构办理备案登记手续。

3）应当按检验检疫要求选用若干名报检员，由报检员凭检验检疫机构核发的《报检员证》办理报检手续。自理报检单位应加强对本单位报检员的管理，并对报检员的报检行为承担法律责任。

4）提供正确、齐全、合法、有效的证单，完整、准确、清楚地填制报检单，并在规定的时间和地点向检验检疫机构办理报检手续。

5）在办理报检手续后，应当按要求及时与检验检疫机构联系验货，协助检验检疫工作人员进行现场检验检疫、抽（采）样及检验检疫处理等事宜，并提供进行抽（采）样和检验检疫、鉴定等必要的工作条件。应当落实检验检疫机构提出的检验检疫监管及有关要求。

6）对已经检验检疫合格放行的出口货物应加强批次管理，不得错发、错运、漏发致使货证不符。对入境的法定检验货物，未经检验检疫或未经检验检疫机构的许可，不得销售、使用或拆卸、运递。

7）申请检验检疫、鉴定工作时，应按规定缴纳检验检疫费。

二、代理报检单位

1．概念

代理报检单位是指取得检验检疫机构注册登记后，接受进出境收发货人委托，为委托人办理报检的从事代理报检业务的境内企业。

2．代理报检单位的管理规定

根据《国务院关于废止和修改部分行政法规的决定》（国务院令第 638 号）和《国务院关于取消和下放一批行政审批项目等事项的决定》（国发〔2013〕19 号）的要求，国家质检总局出台了《关于代理报检企业和报检人员管理有关问题的公告》（国家质检总局 2013 年第 142 号）。根据公告要求，目前对代理报检企业的管理规定如下。

（1）代理报检企业应提供资料。代理报检企业（含从事报检业务的快件运营企业）首次办理报检手续时，应当向检验检疫机构提供以下材料：

1）代理报检企业备案表。

2）《企业法人营业执照》复印件；以分公司名义申请的，需同时提交《营业执照》复印件、总公司授权书。

3）《组织机构代码证》复印件。

4）企业的印章印模。

材料应当加盖企业公章，提交复印件的应当同时交验原件。

（2）相关管理规定。各级检验检疫机构按照法律法规、国家质检总局规章等规定加强对代理报检企业的日常监督管理，维护正常的外贸秩序和检验检疫工作秩序。重点加强对代理报检企业的检验检疫信用管理，对违反法律法规和规章的，按规定进行处罚。

3．企业信用管理相关规定

为推进社会信用体系建设，规范出入境检验检疫企业信用管理，增强企业诚信意识，促进对外贸易健康发展，根据出入境检验检疫相关法律法规和国务院关于加强诚信体系建设的有关要求，国家质量监督检验检疫总局制定了《出入境检验检疫企业信用管理办法》，(2013 年第 93 号，自 2014 年 1 月 1 日起施行)。国家质量监督检验检疫总局（以下简称国家质检总局）主管全国出入境检验检疫企业信用管理工作。国家质检总局设在各地的出入境检验检疫机构（以下简称检验检疫机构）负责所辖地区出入境检验检疫企业信用管理工作的组织实施及管理工作。出入境检验检疫企业信用管理遵循依法实施、客观公正、统一标准、科学分类、动态管理的原则。检验检疫机构建立统一的信用管理平台，通过信用管理平台对企业信用信息进行记录、处理、使用和公开形成的数据，共同构成企业的质量信用档案。信用信息采集条目和信用等级评定规则由国家质检总局统一制定并对外公布。根据《出入境检验检疫企业信用管理办法》，相关管理规定如下：

（1）企业信用信息。企业信用信息包括企业基本信息、企业守法信息、企业质量管理能力信息、产品质量信息、检验检疫监管信息、社会对企业信用评价信息以及其他相关信息。

1）企业基本信息包括企业名称、组织机构代码、法定代表人、地址、备案/注册登记号等信息。

2）企业守法信息包括企业遵守检验检疫法律法规及相关违法、违规等情况。

3）企业质量管理能力信息包括企业质量管理体系的建立及运行等情况。

4）产品质量信息包括企业产品检验检疫合格率、国外通报、退运、召回、索赔等情况。

5）检验检疫监管信息包括企业遵守检验检疫相关管理规定、执行技术规范和标准等情况。

6）社会对企业信用评价信息包括政府管理部门情况通报、媒体报道及社会公众举报投诉等情况。

（2）监管对象：

1）出口企业、进口企业（如进口食品境外出口商、代理商及境内进口商、出口食品生产企业及出口商、进口化妆品境内收货人、出口化妆品生产企业及发货人等）。

2）代理报检企业、出入境快件运营企业、检疫处理单位。

3）口岸食品生产经营单位、监管场库、检验鉴定机构。

4）其他需实施信用管理的检验检疫监督管理对象。

（3）信用信息采集。信用信息采集是指检验检疫机构对企业信用信息进行记录的过程。信息由检验检疫机构在企业办理备案/注册登记手续时，或征询地方政府及相关部门，或核实媒体报道及社会公众举报投诉后，依照信用信息采集条目的规定采集。

企业基本信息发生变化的，企业应当向检验检疫机构申请变更。企业其他信用信息发生变化的，检验检疫机构应当在变化后的15个工作日内，将经过审核批准的信息予以更新。

（4）信用等级评定：

1）一般规定。信用等级评定是指检验检疫机构对记录的企业信用信息进行汇总审核并赋予企业相应信用等级的过程。

企业信用等级分为AA、A、B、C、D五级。

AA级企业：信用风险极小。严格遵守法律法规，高度重视企业信用，严格履行承诺，具有健全的质量管理体系，产品或服务质量长期稳定，具有较强的社会责任感和信用示范引领作用。

A级企业：信用风险很小。遵守法律法规，重视企业信用管理工作，严格履行承诺，具有较健全的质量管理体系，产品或服务质量稳定。

B级企业：信用风险较小。遵守法律法规，较好履行承诺，具有较健全的质量管理体系，产品或服务质量基本稳定。

C级企业：信用风险较大。有一定的产品或服务质量保证能力，履行承诺能力一般，产品或服务质量不稳定或者有违法违规行为，但尚未造成重大危害或损失。

D级企业：信用风险很大。存在严重违法违规行为，或者因企业产品质量给社会、消费者及进出口贸易造成重大危害和损失。

2）A、B、C、D级的评定。A、B、C、D级的评定，一般以一年为一个评定周期。因信用管理工作的需要，检验检疫机构也可按照企业类型、产品类型等属性对企业另行设置评定周期。

检验检疫机构应在每年的10月份完成企业当年度评定周期的信用评定。同一企业适用多个评定周期的，按照最短的评定周期参加信用评定。

有下列情况的，不参加本周期的评定：①纳入信用管理的时间不足一个评定周期的；②本评定周期内无检验检疫相关业务的。

A、B、C、D级的评定根据信用分值和信用等级评定规则综合评定。信用分值是企业初始信用分值减去信用信息记分所得的分值。初始信用分值是企业在信用等级评定周期开始时的分值，统一为 100 分。信用分值在 89 分以上，且符合信用等级评定规则（A 级）的，评为 A 级。信用分值在 77 分以上、89 分以下的，评为 B 级。信用分值在 89 分以上，但不符合信用等级评定规则（A 级）的，评为 B 级。信用分值在 65 分以上、77 分以下的，评为 C 级。信用分值在 65 分以下的，评为 D 级。存在信用等级评定规则（D 级）规定情形的，直接评为 D 级。

3）AA 级的评定。信用 AA 级企业应当符合以下条件：

① 当前信用等级为 A 级，且适用 A 级管理 1 年以上。

② 积极支持配合检验检疫工作，进出口货物质量或服务长期稳定，连续 3 年内未发生过质量安全问题、质量索赔和争议。

③ 上一年度报检差错率 1%以下。

④ 在商务、人民银行、海关、税务、工商、外汇等相关部门 1 年内没有失信或违法违规记录。

AA 级企业的评定，由企业提出申请，企业所在地检验检疫机构受理，直属检验检疫局审核，国家质检总局核准并统一对外公布。

AA 级企业按规定向所在地检验检疫机构提交以下材料：①本评定周期内的产品、服务质量情况；②本评定周期内企业经营管理状况报告。

对不再符合 AA 级条件的企业，直属检验检疫局应即时取消相应资质并报国家质检总局，国家质检总局定期更新 AA 级企业名单。

（5）信用信息的使用和公开。检验检疫机构按“守信便利，失信惩戒”的原则，将企业信用等级作为开展检验检疫监督管理工作的基础，对不同信用等级的企业分别实施相应的检验检疫监管措施。

1）对 AA 级企业大力支持，在享受 A 级企业鼓励政策的基础上，可优先办理进出口货物报检、查验和放行手续；优先安排办理预约报检手续；优先办理备案、注册等手续；优先安排检验检疫优惠政策的先行先试。

2）对 A 级企业积极鼓励，给予享受检验检疫鼓励政策，优先推荐实施一类管理、绿色通道、直通放行等检验检疫措施。

3）对 B 级企业积极引导，在日常监管、报检、检验检疫、放行等环节可结合相关规定实施相应的鼓励措施。

4）对 C 级企业加强监管，在日常监管、报检、检验检疫、放行等环节可结合相关规定实施较严格的管理措施。

5）对 D 级企业重点监管，实行限制性管理措施，依据相关法律、法规、规章、规范性文件的规定重新评定企业已取得的相关资质。

检验检疫机构可针对不同的信用等级制定和完善符合实际管理需要的监管措施。除法律法规另有规定外，检验检疫机构可以公布履职过程形成的企业信用信息。检验检疫机构公布企业信用信息应符合法律、法规和规章的规定。以下信息不得向社会公布和披露：①涉及国家秘密、商业秘密和个人隐私的信息；②来源于其他行政机关、司法机关和仲裁机构，且还未对社会公开的信息；③法律、法规和规章明确规定不得公开的信息。

检验检疫机构应当建立信用信息发布的保密审查机制和管理制度，采取必要的信息安全措施，保障信息安全。检验检疫机构可根据社会信用体系建设的需要，与地方政府以及商务、人民银行、海关、税务、工商、外汇等部门建立合作机制。

（6）动态管理：

1）一般规定。动态管理是指在评定周期内，检验检疫机构对企业的失信行为采取的即时管理措施。动态管理的措施包括布控、即时降级和列入严重失信企业名单（黑名单）等。

“布控”指检验检疫机构对在一个评定周期内失信计分累计12分以上，但尚未达到即时降级程度的企业，采取加严监管的措施。布控的期限应不少于30天、不多于90天。检验检疫机构可以根据情况设定具体的布控期限。企业在布控期限内未再次发生失信行为的，期满后布控措施自动取消，否则顺延。

“即时降级”指检验检疫机构对在一个评定周期内失信计分累计24分以上，但尚未达到列入严重失信企业名单的企业，根据设定规则在评定周期内予以信用等级调整并加严监管的措施。被即时降级的企业应同时采取布控措施。

“列入严重失信企业名单”指检验检疫机构对在一个评定周期内因严重违法违规行为受行政处罚计分累计36分以上的企业，采取向社会公布并加严监管的措施。列入严重失信企业名单的企业，直接降为信用D级，同时采取布控措施。

检验检疫机构应当对实施动态管理的企业实施限制性的管理措施。

2）严重失信企业的管理。检验检疫机构对严重失信企业，按照以下程序进行严重失信企业的审核认定：

① 各地检验检疫机构负责对辖区内企业违法违规事实材料的收集。

② 对拟列入严重失信企业名单的企业，由企业所在地检验检疫机构报直属检验检疫局审核，上报直属检验检疫局前，应至少提前20日书面告知当事企业。

③ 企业如有异议，自接到书面告知材料之日起10日内，向告知的检验检疫机构提交书面申辩材料。

④ 企业所在地检验检疫机构对申辩材料进行评议，自受理申辩材料之日起10日内将评议意见告知企业。

⑤ 各直属检验检疫局对拟列入严重失信企业名单的企业进行审核，并于每月10日前上报国家质检总局，由国家质检总局核准并对外公布。

列入严重失信企业名单的企业，依法整改并符合法定要求后，可向所在地检验检疫机构申请从严重失信企业名单中删除。自检验检疫机构受理申请之日起，企业在6个月内未发生违法违规行为的，由企业所在地检验检疫机构确认、经直属检验检疫局审核后报国家质检总局，将其从严重失信企业名单中删除，但其列入严重失信企业名单的记录将永久保存。

（7）监督管理

企业弄虚作假、伪造信用信息，影响信用等级评定结果的，按照动态管理的有关规定处理。

检验检疫机构工作人员因失职渎职、徇私舞弊、滥用职权等行为，影响企业信用等级评定结果的，依法追究行政责任。

企业认为其信用信息不准确的，可以向所在地检验检疫机构提出变更或撤销的申请。对信息确有错误的，相关检验检疫机构应当及时予以更正。

第三节　报　检　员

根据国家质检总局出台的《关于代理报检企业和报检人员管理有关问题的公告》（国家质检总局2013年第142号），目前对报检员的管理规定如下：

（1）报检员报检应提供资料报检人员首次为所属企业办理报检手续时，所属企业应当向检验检疫机构提供以下材料：

1）报检人员备案表。

2）所属单位报检备案证书。

3）报检人员与报检企业签订的有效劳动合同。

4）报检人员的身份证件。

5）报检业务能力水平的证明材料。

材料（除第5）项外）应当加盖企业公章，提交复印件的应当同时交验原件。

（2）各级检验检疫机构按照法律法规、国家质检总局规章等规定加强对报检人员的日常监督管理，维护正常的外贸秩序和检验检疫工作秩序。重点加强对报检人员的报检差错登记管理，对违反法律法规和规章的，按规定进行处罚。

（3）充分发挥行业组织的作用。国家质检总局对报检行业组织的行业管理工作进行监督管理和指导，各级检验检疫机构对当地报检行业组织的行业管理工作进行监督管理和指导。中国出入境检验检疫协会报检分会应当加强行业自律，建立行业规范，强化行业单位和人员的监督管理，组织报检从业人员报检业务能力水平培训。

（4）鼓励报检人员系统学习从事报检工作应具备的检验检疫基础知识、国际贸易知识、有关法律法规知识和基础英语等报检基本知识和技能，积极参加报检从业人员报检业务能力水平培训，提高报检工作效率。

（5）为保证相关工作的连续性，备案表暂用现行相关申请书，持有报检员资格证书的视同具有报检业务能力水平证明材料。

第三章　报检工作程序

第一节　法定检验检疫的范围及依据

根据检验检疫法律、行政法规的规定和目前我国对外贸易的实际情况，出入境货物报检范围一般包括以下方面：

1．出境货物报检的范围

（1）国家法律、行政法规规定必须由出入境检验检疫机构实施检验检疫的；

（2）对外贸易合同约定须凭检验检疫机构签发的证书进行交接、结算的；

（3）输入国家或地区规定必须凭检验检疫机构出具的证书方准入境的；

（4）有关国际条约规定必须经检验检疫的；

（5）申请签发一般原产地证明书、普惠制原产地证明书等原产地证明书的。

2．入境货物报检的范围

（1）国家法律、行政法规规定必须由出入境检验检疫机构实施检验检疫的；

（2）对外贸易合同约定须凭检验检疫机构签发的证书进行交接、结算的；

（3）有关国际条约规定必须经检验检疫的；

（4）国际贸易关系人申请的其他检验检疫、鉴定工作。

3．商品检验检疫的依据

商品检验是对商品质量进行的检查、核实行为，是使用规定的科学检测手段，检查商品是否符合规格、标准的活动。商品检验必须依照标准或技术法规的规定方法和程序进行和判断合格与否。按照商检法实施条例的有关规定，检验检疫机构依据标准对进出口商品实施检验，其具体要求为：

（1）法律、行政法规规定有强制性标准或者其他必须执行的检验标准的，按照法律、行政法规规定的检验标准检验。

这类规定所涉及的进出口商品大都关系国家利益、人民健康安全、环境保护、社会公共利益等，我国及许多国家的政府部门为此制定了相应的法律、法规、技术标准，涉及的进出口商品按此规定进行检验，符合规定标准者准予进口或出口，不符合规定标准的不能进口或出口。执行这种标准检验是法律强制性的，与商业合同中有否规定无关。进出口食品卫生检验，出口危险货物包装容器安全检验、装运出口食品的船舱、集装箱的适载检验、动植物检疫等都属于依据强制性标准进行检验的。对于出口货物，若进口国标准高于我国检验标准的，依据进口国标准检验。

（2）法律、行政法规未规定有强制性标准或者其他必须执行的检验标准的，按照对外贸易合同约定的检验标准检验；凭样成交的，应当按照样品检验。

在对外贸易合同中制订的商品的品质、规格、检验方法是进行商品检验时的基本依据，也是贸易合同中必不可少的重要组成部分。在合同中明确凭样品成交和检验的，样品也是检验的依据。法律、行政法规规定的强制性标准或者其他必须执行的检验标准，低于对外贸易合同约定的检验标准时，按照合同中规定的检验标准检验。

（3）法律、行政法规未规定有强制性标准或者其他必须执行的检验标准，对外贸易合同又未约定检验标准或者约定检验标准不明确的，按照生产国标准、有关国际标准或者出入境检验检疫部门指定的标准检验。

第二节　出入境检验检疫工作环节

一、报检/申报

报检/申报是指申请人按照法律、法规或其他规章的规定向检验检疫机构申报检验检疫工作的手续。

报检人应按检验检疫机构有关规定和要求提交相关资料。检验检疫机构工作人员审核报检人提交的报检单内容填写是否规范、完整，应附的单据资料是否齐全、符合规定，索赔或出运是否超过有效期等，审核无误的，方可受理报检。对报检人提交的材料不齐全或不符合有关规定的，检验检疫机构不予受理报检。

二、计/收费

对已受理报检的，检验检疫机构工作人员按照《出入境检验检疫收费方法》的规定计费并收费。

三、抽样/采样

对须检验检疫并出具结果的出入境货物，施检人员须到现场抽取/采取样品。

样品经检验检疫后重新封识，超过样品保存期后销毁。

四、检验检疫

检验检疫机构对已报检的出入境货物，按照国家强制性标准，国际惯例或合同、信用证的要求等相关检验依据进行检验检疫，以判定所检对象的各项指标是否合格。目前，检验检疫的方式包括全数检验、抽样检验、型式试验、过程检验、登记备案、符合性验证、符合性评估、合格保证和免于检验等。

五、卫生除害处理

检验检疫机构对有关出入境货物、动植物、运输工具、交通工具等实施卫生除害处理。

六、签证放行

出境货物，经检验检疫合格的，出具《出境货物通关单》，作为海关核放货物的依据；买方要求出具检验检疫证书的，签发相关证书。经检验检疫不合格的，签发《出境货物不合格通知单》。

入境货物，检验检疫机构受理报检并进行了必要的卫生除害处理或检验检疫后，签发《入境货物通关单》，作为海关核放货物的依据；货物通关后，经检验检疫机构检验检疫合格的，签发《入境货物检验检疫证明》，作为销售、使用的凭证。检验检疫不合格的，签发《检验检疫处理通知书》；对外索赔的，签发检验检疫证书，作为向有关方面索赔的依据。

第三节 出境货物报检工作程序

出境货物检验检疫工作程序是报检后先检验检疫，后放行通关。

法定检验检疫的出境货物，在报关时必须提供出入境检验检疫机构签发的《出境货物通关单》，海关凭报关地出入境检验检疫机构出具的《出境货物通关单》验放。

（1）法定检验检疫的出境货物的发货人或者其代理人在货物出境前向检验检疫机构报检，检验检疫机构受理报检和计收费后，转检验或检疫部门实施检验检疫。

（2）对产地和报关地属于同一辖区的出境货物，经检验检疫合格的，出具《出境货物通关单》，供报检人在海关办理通关手续。

对产地和报关地属不同辖区的出境货物，报检人应向产地检验检疫机构报检，产地检验检疫机构检验检疫合格后出具《出境货物换证凭单》，由报关地检验检疫机构核查货证后换发《出境货物通关单》。

（3）出境货物经检验检疫不合格的出具《出境货物不合格通知单》。

第四节 入境货物报检工作程序

入境货物的检验检疫工作程序是报检后先放行通关，再进行检验检疫。

法定检验检疫的入境货物，在报关时必须提供报关地出入境检验检疫机构签发的《入境货物通关单》，海关凭报关地检验检疫机构签发的《入境货物通关单》验放。

（1）法定检验检疫货物在入境前或入境时，货主或其代理人首先向卸货口岸或到达站的检验检疫机构报检。

（2）报检人提供的单证材料齐全、符合要求的，检验检疫机构受理报检并计收费；对来自疫区的、可能传播检疫传染病、动植物疫情及可能夹带有害物质的入境货物的交通运输工具或运输包装等实施必要的检疫、消毒、卫生除害处理后，签发《入境货物通关单》，供报检人办理海关的通关手续。

（3）货物通关后，货主或其代理人需在检验检疫机构规定的时间和地点到指定的检验检疫机构联系货物的检验检疫事宜，经检验检疫合格的，签发《入境货物检验检疫证明》，准予销售、使用；经检验检疫不合格的货物，签发《检验检疫处理通知书》，货主或其代理人应在检验检疫机构的监督下进行处理，无法进行处理或处理后仍不合格的，做退运或销毁处理。

需要对外索赔的，签发检验检疫证书。

第五节 电子申报工作程序

近年来，国家质检系统不断改革传统的口岸货物检验检疫流程，以信息化为手段，开发建设了中国电子检验检疫的系统工程。并逐渐形成由“电子申报、电子监管、电子放行”三部分组成的“三电工程”。其中，电子申报实现了电子报检和原产地证书的电子签证。目前，电子申报已覆盖了全国31省市区35个直属局的广域网主干网，直属局和440个分支机构，与众多的进出口企业直接联网，部分企业与海关和口岸相关部门实现了互联互通。电子报检系统满足了加强和改进报检工作质量的基本要求，最大限度地减少环节、简化手续，减少企业往返检验检疫部门的次数。

一、电子申报

1．电子报检的申请

电子报检是指报检人使用电子报检软件通过检验检疫电子业务服务平台将报检数据以电子方式传输给检验检疫机构，经检验检疫业务管理系统和检务人员处理后，将受理报检信息反馈报检人，实现远程办理出入境检验检疫报检的行为。目前能够进行电子报检的业务包括出境货物报检、入境货物报检、产地证书报检、出境包装报检等。

（1）申请电子报检的报检人应具备下列条件：

1）遵守报检的有关管理规定；

2）已在检验检疫机构办理报检人登记备案或注册登记手续；

3）具有经检验检疫机构培训考核合格的报检员；

4）具备开展电子报检的软硬件条件；

5）在国家质检总局指定的机构办理电子业务开户手续。

（2）报检人在申请开展电子报检时，应提供以下资料：

1）在检验检疫机构取得的报检人登记备案或注册登记证明复印件；

2）《电子报检登记申请表》；

3）《电子业务开户登记表》。

（3）检验检疫机构应及时对申请开展电子报检业务的报检人进行审查。经审查合格的报检人可以开展电子报检业务。

2．电子软件

电子报检人应使用经国家质检总局评测合格并认可的电子报检软件进行电子报检，不得使用未经国家质检总局测试认可的软件进行电子报检。这些软件分有安装企业端软件通过专门平台电子报检和通过浏览器网上报检两种方式，企业可根据本企业的具体情况，自愿选择其中较为适合的方式。

3．实施电子报检后的工作流程

（1）报检环节

1）对报检数据的审核采取“先机审，后人审”的程序进行。企业发送电子报检数据，电子审单中心按计算机系统数据规范和有关要求对数据进行自动审核，对不符合要求的，反馈错误信息；符合要求的，将报检信息传输给受理报检人员，受理报检人员人工进行再次审核，符合规定的将成功受理报检信息同时反馈报检单位和施检部门，并提示报检企业与相应的施检部门联系检验检疫事宜。

2）出境货物受理电子报检后，报检人应按受理报检信息的要求，在检验检疫机构施检时，提交报检单和随附单据。

3）入境货物受理电子报检后，报检人应按受理报检信息的要求，在领取《入境货物通关单》时，提交报检单和随附单据。

4）电子报检人对已发送的报检申请需更改或撤销报检时，应发送更改或撤销报检申请。检验检疫机构按有关规定办理。

（2）施检环节

报检企业接到报检成功信息后，按信息中的提示与施检部门联系检验检疫。在现场检验检疫时，持报检软件打印的报检单和全套随附单据交施检人员审核，不符合要求的，施检人员通知报检企业立即更改，并将不符合情况反馈受理报检部门。

（3）计收费

计费由电子审单系统自动完成，接到施检部门转来的全套单据后，对照单据进行计费复核。报检单位逐票或按月缴纳检验检疫等有关费用。

（4）签证放行

对于法检目录内的出/入境货物，实行验证管理的出/入境货物，所有进口食品、食品添加剂、可再利用的固体废物、旧机电等，海关凭报关地检验检疫机构签发的《出/入境货物通关单》办理通关放行手续。

4. 电子报检应注意的问题

（1）电子报检人应确保电子报检信息真实、准确，不得发送无效报检信息。报检人发送的电子报检信息应与提供的报检单及随附单据有关内容保持一致。

（2）电子报检人须在规定的报检时限内将相关出入境货物的报检数据发送至报检地检验检疫机构。

（3）对于合同或信用证中涉及检验检疫特殊条款和特殊要求的，电子报检人须在电子报检申请中同时提出。

（4）实行电子报检的报检人的名称、法定代表人、经营范围、经营地址等变更时，应及时向当地检验检疫机构办理变更登记手续。

二、电子放行

1. 电子通关

为了确保检验检疫机构对出入境货物的监管有效、方便进出，加快进出口货物通关速度，国家质检总局和海关总署开发了电子通关单联网核查系统，已于2008年1月1日在主要口岸的检验检疫机构和海关推广应用。该系统采用网络信息技术，将检验检疫机构签发的出入境《通关单》的电子数据传输到海关计算机业务系统，海关将报检报关数据比对确认相符合，予以放行；比对不一致的海关做退单处理。

在目前阶段，检验检疫机构和海关联合采取的通关单联网核查系统还需同时校验纸质的通关单据，这是将来实现无纸化报关必然的一个过渡阶段。这种通关方式相比原来的传统的通关方式具有信息共享、方便、快捷、准确的特点，企业可以在企业端通过电子申报进行电子报检，检验检疫机构放行的信息到达海关后，海关经核查无误即可放行，这不仅加快了通关速度，还有效控制了报检数据与报关数据不符问题的发生，同时，能有效遏制不法分子伪造、变造通关证单的不法行为。对于申报企业，要不断改善自身电子信息网络的条件，具备电子申报的条件和手段，要认真遵守检验检疫和海关的有关管理规定，配合两个管理部门的电子信息化措施的推行和实施。

2. 电子转单

“电子转单”指通过系统网络，将产地检验检疫机构和口岸检验检疫机构的相关信息相互连通，出境货物经产地检验检疫机构将检验检疫合格后的相关电子信息传输到出境口岸检验检疫机构；入境货物经入境口岸检验检疫机构签发《入境货物通关单》后的相关电子信息传输到目的地检验检疫机构实施检验检疫的监管模式。较之传统的由客户凭《出境货物换证凭单》到报关地检验检疫机构换发《出境货物通关单》的方式，电子转单具有数据信息共享、简化操作程序、降低外贸成本、提高通关速度的功能。

（1）出境电子转单

1）产地检验检疫机构检验检疫合格后，应及时通过网络将相关信息传输到电子转单中心。出境货物电子转单传输内容包括报检信息、签证信息及其他相关信息。

2）由产地检验检疫机构向出境检验检疫关系人以书面方式提供报检单号、转单号及密码等。

3）出境检验检疫关系人凭报检单号、转单号及密码等到出境口岸检验检疫机构申请《出境货物通关单》。

4）出境口岸检验检疫机构应出境检验检疫关系人的申请，提取电子转单信息，签发《出境货物通关单》，并将处理信息反馈电子转单中心。

5）按《口岸查验管理规定》需核查货证的，出境检验检疫关系人应配合出境口岸检验检疫机构完成检验检疫工作。

（2）入境电子转单

1）对经入境口岸办理通关手续，需到目的地实施检验检疫的货物，口岸检验检疫机构通过网络，将相关信息传输到电子转单中心。入境货物电子转单传输内容包括报检信息、签证信息及其他相关信息。目的地检验检疫机构应按时接收国家质检总局电子转单中心转发的相关电子信息，并反馈接收情况信息。

2）入境货物的货主或其代理人持口岸检验检疫机构签发的《入境货物调离通知单》向目的地检验检疫机构申请检验检疫并缴纳相应的检验检疫费。

3）目的地检验检疫机构根据电子转单信息，对入境检验检疫关系人未在规定期限内办理报检的，将有关信息通过国家质检总局电子转单中心反馈给入境口岸检验检疫机构。入境口岸检验检疫机构应按时接收电子转单中心转发的上述信息，并采取相关处理措施。

（3）实行电子转单应注意的问题

有下列情况之一的暂不实施电子转单：

1）出境货物在产地预检的；

2）出境货物出境口岸不明确的；

3）出境货物需到口岸并批的；

4）出境货物按规定需在口岸检验检疫并出证的；

5）其他按有关规定不适用电子转单的。

（4）实施电子转单后查验和更改

1）查验：按《口岸查验管理规定》需核查货证的，报检单位应配合出境口岸检验检疫机构完成检验检疫工作。除出口活动物、重点检查有关名单内企业申报的货物，以及国家质检总局确定的货物等必须逐批核查货证外，其他货物的口岸查验核查货证的比例为申报查验批次的1%～3%。

2）更改：产地检验检疫机构签发完《转单凭条》后需进行更改的，按《出入境检验检疫报检规定》的有关规定办理。应报检人和产地检验检疫机构要求，在不违反有关法律法规及规章的情况下，出境口岸检验检疫机构可以根据下列情况对电子转单有关信息予以更改：

① 对运输造成包装破损或短装等原因需要减少数重量的；

② 需要在出境口岸更改运输工具名称、发货日期、集装箱规格及数量等有关内容的；

③ 申报总值按有关比重换算或变更申报总值幅度不超过10%的；

④ 经口岸检验检疫机构和产地检验检疫机构协商同意更改有关内容的。

第六节　直通式放行工作程序

依据国家质量监督检验检疫总局颁发的《关于实施进出口货物检验检疫直通放行制度的公告》（2008年第82号），国家质检总局于2008年7月推出了“直通放行”这项通关优惠政策，把过去口岸、内地两道关口变为一道关口。将内地局和口岸局两次报检变为一次报检，两次出单变为一次出单，两次查验变为一次查验，从而实现“一次报检、一次查验、一次出单”的目标，通过两地相互配合，简化手续，缩短流程，提高效率，降低成本，实现快速通关。进出口货物实施直通放行以后，企业至少可以得到两个实惠：一是减少了相应压港、掏柜等费用的支出，较大幅度降低了口岸通关成本，二是货物滞港时间相应减少，通关效率得以大幅提高，出境货物装运船期以及进境货物到货时间变得更加可控，每批货物通关时间也可加快1到2天。

一、直通放行的定义

“直通放行”是指检验检疫机构对符合规定条件的进出口货物实施便捷高效的检验检疫放行方式，包括进口直通放行和出口直通放行。进口直通放行是指对符合条件的进口货物，口岸检验检疫机构不实施检验检疫，货物直运至目的地，由目的地检验检疫机构实施检验检疫的放行方式。出口直通放行是指对符合条件的出口货物，经产地检验检疫机构检验检疫合格后，企业可凭产地检验检疫机构签发的通关单在报关地海关直接办理通关手续的放行方式。

国家质检总局负责全国进出口货物检验检疫直通放行工作的管理；各地检验检疫机构负责本辖区进出口货物检验检疫直通放行工作的实施和监督管理。直通放行工作的实施以企业诚信管理和货物风险分析为基础，以信息化管理为手段，坚持“谁检验检疫，谁承担责任”的原则。符合直通放行条件的，企业报检时可自愿选择检验检疫直通放行方式或原放行方式。

二、实施直通放行的企业应符合的条件

申请实施直通放行的企业应符合以下所有条件：

（1）严格遵守国家出入境检验检疫法律法规，2 年内无行政处罚记录；

（2）检验检疫诚信管理（分类管理）中的 A 类企业（一类企业）；

（3）企业年进出口额在 150 万美元以上；

（4）企业已实施 HACCP 或 ISO9000 质量管理体系，并获得相关机构颁发的质量体系评审合格证书；

（5）出口企业同时应具备对产品质量安全进行有效控制的能力，产品质量稳定，检验检疫机构实施检验检疫的年批次检验检疫合格率不低于 99%，1 年内未发生由于产品质量原因引起的退货、理赔或其他事故。

三、实施直通放行的货物应符合的条件

国家质检总局按照风险分析、科学管理的原则，制定《实施出口直通放行货物目录》和《不实施进口直通放行货物目录》，并实行动态调整。

1．申请实施进口直通放行的货物应符合的条件

申请实施进口直通放行的货物应符合以下所有条件：

（1）未列入《不实施进口直通放行货物目录》；

（2）来自非疫区（含动植物疫区和传染病疫区）；

（3）用原集装箱（含罐、货柜车，下同）直接运输至目的地；

（4）不属于国家质检总局规定须在口岸进行查验或处理的范围。

2．申请实施出口直通放行的货物应符合的条件

申请实施出口直通放行的货物应在《实施出口直通放行货物目录》内，但下列情况不实施出口直通放行：

（1）散装货物；

（2）出口援外物资和市场采购货物；

（3）在口岸需更换包装、分批出运或重新拼装的；

（4）双边协定、进口国或地区要求等须在口岸出具检验检疫证书的；

（5）国家质检总局规定的其他不适宜实施直通放行的情况。

四、直通放行工作程序

申请直通放行的企业应填写《直通放行申请书》，并提交企业的相关证明性材料，向所在地检验检疫机构提出申请。企业所在地直属检验检疫机构对企业提交的材料进行审核批准后，报国家质检总局备案，并统一公布。

1．进口直通放行

对在口岸报关的进口货物，报检人选择直通放行的，在口岸检验检疫机构申领《入境货物通关单》（四联单），货物通关后直运至目的地，由目的地检验检疫机构实施检验检疫。口岸检验检疫机构经质检总局电子通关单数据交换平台向海关发送通关单电子数据，同时通过“入境货物口岸内地联合执法系统”将通关单电子数据以及报检及放行等信息发送至目的地检验检疫机构。通关单备注栏应加注“直通放行货物”字样并注明集装箱号。

对在目的地报关的进口货物，报检人选择直通放行的，直接向目的地检验检疫机构报检。目的地检验检疫机构在受理报检后，签发《入境货物通关单》（三联单）。目的地检验检疫机构经质检总局电子通关单数据交换平台向海关发送通关单电子数据的同时，通过“入境货物口岸内地联合执法系统”将通关单电子数据、报检及放行等信息发送至入境口岸检验检疫机构。通关单备注栏应加注“直通放行货物”字样并注明集装箱号。

对于进口直通放行的货物，口岸与目的地检验检疫机构应密切配合，采取有效监管措施，加强监管。对需要实施检疫且无原封识的进口货物，口岸检验检疫机构应对集装箱加施检验检疫封识（包括电子锁等），要逐步实现 GPS 监控系统对进口直通放行货物运输过程的监控。集装箱加施封识的，应将加施封识的信息通过“入境货物口岸内地联合执法系统”发送至目的地检验检疫机构。

进口直通放行的货物，报检人应在目的地检验检疫机构指定的地点接受检验检疫。对已加施检验检疫封识的，应当向目的地检验检疫机构申请启封，未经检验检疫机构同意不得擅自开箱、卸货。

货物经检验检疫不合格且无有效检疫处理或技术处理方法的，由目的地检验检疫机构监督实施销毁或作退货处理。

目的地检验检疫机构在完成检验检疫后，应通过“入境货物口岸内地联合执法系统”将检验检疫信息反馈至入境口岸检验检疫机构。

进口直通放行货物的检验检疫费由实施检验检疫的目的地检验检疫机构收取。进口直通放行两种方式的比较见表 3-1。

表 3-1 进口直通放行两种方式的比较

报关地	报检地	领取证单种类	检验地
入境口岸	入境口岸	通关单（四联单）	目的地
目的地	目的地	通关单（三联单）	目的地

2．出口直通放行

企业选择出口直通放行方式的，办理报检手续时，应直接向产地检验检疫机构申请出境货物通关单，并在报检单上注明“直通放行”字样。

产地检验检疫机构检验检疫合格并对货物集装箱加施封识后，直接签发通关单，在通关单备注栏注明出境口岸、集装箱号、封识号，经总局电子通关单数据交换平台向海关发送通关单电子数据。产地检验检疫机构要逐步实现 GPS 监控系统对直通放行出口货物运输过程的监控。

口岸检验检疫机构应通过“电子通关单联网监控系统”及时掌握经本口岸出境的出口直通放行货物信息，在不需要企业申报、不增加企业负担的情况下，对到达口岸的直通放行货物实施随机查验。

查验以核查集装箱封识为主，封识完好即视为符合要求。对封识丢失、损坏、封识号有误或箱体破损等异常情况，要进一步核查，并将情况及时通过“电子通关单联网监控系统”反馈产地检验检疫机构。

对出口直通放行后的退运货物，口岸检验检疫机构应当及时将信息反馈产地检验检疫机构。

实施出口直通放行的货物需更改通关单的，由产地检验检疫机构办理更改手续并出具新的通关单，同时收回原通关单。

因特殊情况无法在产地领取更改后的通关单的，发货人或其代理人可向口岸检验检疫机构提出书面申请，口岸检验检疫机构根据产地检验检疫机构更改后的电子放行信息，通过“电子通关单联网监控系统”打印通关单，同时收回原通关单。出口直通放行与原放行方式的异同见表 3-2。

表 3-2　出口直通放行与原放行方式的异同

放行方式	报检地	领取证单种类	是否需要换证报检
出口直通放行	产地	出境货物通关单	不需要
原放行方式	产地	出境货物换证凭单	需要

第七节　绿色通道放行工作程序

为了进一步加快口岸通关速度，方便出口货物通关放行，促进出口，国家质检总局在局部试点的基础上，推出了检验检疫绿色通道制度（以下简称绿色通道制度）。

一、企业准入条件

申请实施绿色通道制度的企业（以下简称申请企业）应当具备以下条件：

（1）具有良好信誉，诚信度高，年出口额 500 万美元以上；

（2）已实施 ISO9000 质量管理体系，获得相关机构颁发的生产企业质量体系评审合格证书；

（3）出口货物质量长期稳定，2 年内未发生过进口国质量索赔和争议；

（4）1 年内无违规报检行为；2 年内未受过检验检疫机构行政处罚；

（5）根据国家质检总局有关规定实施生产企业分类管理的，应当属于一类或者二类企业；

（6）法律法规及双边协议规定必须使用原产地标记的，应当获得原产地标记注册；

（7）国家质检总局规定的其他条件。

二、企业进入承诺

申请企业应当对以下内容做出承诺：

（1）遵守出入境检验检疫法律法规和《出入境检验检疫报检规定》；

（2）采用电子方式进行申报；

（3）出口货物货证相符、批次清楚、标记齐全，可以实施封识的必须封识完整；

（4）产地检验检疫机构检验检疫合格的出口货物在运往口岸过程中，不发生换货、调包等不法行为；

（5）自觉接受检验检疫机构的监督管理。

申请实施绿色通道制度的企业，应当到所在地检验检疫机构索取并填写《实施绿色通道制度申请书》，同时提交申请企业的 ISO9000 质量管理体系认证证书（复印件）及其他有关文件。

三、绿色通道放行操作要点

实行绿色通道放行的出口产品按照以下程序实行产地检验检疫和口岸验放：

（1）实施绿色通道制度的自营出口企业，报检单位、发货人、生产企业必须一致。

（2）实施绿色通道制度的经营性企业，报检单位、发货人必须一致，其经营的出口货物必须由获准实施绿色通道制度生产企业生产。

（3）检验检疫机构工作人员在受理实施绿色通道制度企业电子报检时应当严格按照实施绿色通道制度的要求进行审核。对不符合有关要求的应当在给企业的报检回执中予以说明。

（4）产地检验检疫机构应当对实施绿色通道制度出口货物的报检单据和检验检疫单据加强审核，对符合条件的必须以电子转单方式向口岸检验检疫机构发送通关数据，在实施转单时，应当输入确定的报关口岸代码并出具《出境货物转单凭条》。

（5）对于实施绿色通道制度的企业，口岸检验检疫机构应当严格审查电子转单数据中实施绿色通道制度的相关信息；对于审核无误的，不需查验，直接签发《出境货物通关单》。

实施绿色通道制度的企业在口岸对有关申报内容进行更改的，口岸检验检疫机构不得按照绿色通道制度的规定予以放行。

第八节 进出特殊监管区货物报检要求

特殊监管区域是经国务院批准，设立在中华人民共和国关境内，赋予承接国际产业转移、连接国内国际两个市场的特殊功能和政策，由海关实施封闭监管的特定经济功能区域。现有六种模式：保税区、出口加工区、保税物流园区、跨境工业园区、保税港区、综合保税区，其中综合保税区是开放层次最高、政策最优惠、功能最齐全的模式。

一、保税区

保税区由国务院批准，是包含保税仓储、国际贸易（含转口贸易）、出口加工和商品展示等4项功能的特定区域。

进出保税区的法定检验检疫物品需要办理检验检疫审批手续的，应当按照检验检疫法律法规的规定办理审批手续。

法定检验检疫物品进出保税区时，收发货人（货主）或者其代理人应当按照国家质检总局有关规定向检验检疫机构办理报检手续，检验检疫机构按照国家有关法律、法规、规章以及国家质检总局的规定实施检验检疫，海关凭检验检疫机构签发的货物通关证明验放。

1．保税区内企业之间进行销售、转移的货物及其包装物、铺垫材料、运输工具、集装箱，检验检疫机构免予实施检验检疫

2．从境外进入保税区的法定检验检疫对象

（1）属于卫生和动植物检疫范围的，由检验检疫机构实施卫生和动植物检疫；应当实施卫生和动植物检疫除害处理的，由检验检疫机构进行卫生、除害处理。

（2）仓储物流货物以及自用的办公用品、出口加工所需原材料、零部件，免予实施强制性产品认证。

（3）国境内非保税区（不含港澳台地区）进入保税区的，不需要办理海关通关手续的，检验检疫机构不实施检验检疫；需要办理海关通关手续的，检验检疫机构按规定实施检验检疫。

3．从保税区输往境外的

（1）法定检验检疫对象由检验检疫机构依法实施检验检疫；入境时已经实施检验的保税区内的货物输往非保税区的，以及从非保税区进入保税区的货物又输往非保税区的，不实施检验。

（2）从非保税区进入保税区后不经加工直接出境的，保税区检验检疫机构凭产地检验检疫机构签发的《出境货物换证凭单》或“换证凭条”换证放行，不再实施检验检疫；如需要重新报检的，应按规定重新报检。

（3）加工出境产品，符合有关规定的，可以向检验检疫机构申请签发普惠制原产地证书或者一般原产地证书、区域性优惠原产地证书、专用原产地证书等。

4．从保税区输往非保税区的

（1）法定检验检疫对象，除法律法规另有规定的，不实施检疫；属于实施食品卫生监督检验和商品检验范围的，检验检疫机构实施检验。

（2）列入强制性产品认证目录的，应当提供相应的认证证书，其产品上应当加贴强制性产品认证标志。

5．经保税区转口的

（1）经保税区转口的动植物、动植物产品和其他检疫物，入境报检时应当提供输出国家或地区政府部门出具的官方检疫证书；转口动物应同时提供国家质检总局签发的《动物过境许可证》和输入国家或地区政府部门签发的允许进境的证明；转口转基因产品应同时提供国家质检总局签发的《转基因产品过境转移许可证》。

（2）经保税区转口的法定检验检疫对象，在保税区短暂仓储，原包装转口出境并且包装密封状况良好，无破损、撒漏的，入境时仅实施外包装检疫，必要时进行防疫消毒处理；如果由于包装不良以及在保税区内经分级、挑选、刷贴标签、改换包装形式等简单加工的原因，转口出境的，检验检疫机构实施卫生检疫、动植物检疫以及食品卫生检验。

（3）经保税区转口的法定检验检疫对象出境时，除法律法规另有规定和输入国家或地区政府要求入境时出具我国检验检疫机构签发的检疫证书或检疫处理证书的以外，一般不再实施检疫和检疫处理。

二、出口加工区

出口加工区是指专为制造、加工、装配出口商品而设定的特殊区域，其目的是促进加工贸易发展，规范加工贸易管理，将加工贸易从分散型向相对集中型管理转变，给企业提供更宽松的经营环境。

在出口加工区内，企业生产的产品全部或大部分出口，原料进口和产品出口免缴关税，国内货物入区视同出口，享受退税政策，外资企业所得利润可自由汇出不受所在地外汇管制的限制。

各地检验检疫机构对辖区内进出加工区应由检验检疫机构负责检验检疫的货物、运输工具、集装箱及加工区内有关场所实施检验检疫和监督管理。对法定检验检疫对象，区内企业在办理进出加工区海关手续前，须向检验检疫机构申报或报检。海关凭出入境检验检疫机构出具的《入境货物通关单》后《出境货物通关单》验放。

（1）加工区内的企业为加工出口产品所需的货物以及其在加工区内自用的办公和生活消费用品，免予实施品质检验。但以废物作为原料的，按有关规定实施环保项目检验。

（2）入境法定检验检疫的货物、集装箱以及运输工具，应当接受卫生检疫；来自检疫传染病疫区的、被检疫传染病污染以及可能传播检疫传染病或者发现与人类健康有关的啮齿类动物和病媒昆虫的集装箱、货物、废旧物等物品以及运输工具应实施卫生处理。

（3）动植物及其产品和其他检疫物，装载动植物、动植物产品和其他检疫物的装载容器、集装箱、包装物、铺垫材料，以及来自动植物疫区的运输工具，应实施动植物检疫及检疫监督管理。

（4）从加工区出境的属商品检验和食品卫生检验范围的货物，有下列情况之一的，应实施品质检验或食品卫生检验：

1）标明中国制造的；

2）使用中国注册商标的；

3）申领中国原产地证明书的；

4）需检验检疫机构出具品质证书的。

（5）装运出境易腐烂变质食品、冷冻品的集装箱应实施适载检验。

（6）加工区外运入区内的任何货物，检验检疫机构不予检验检疫；运往区外的法定检验检疫的货物，视同进口，按正常入境报检手续办理。

1）属商品检验范围内的，须由检验检疫机构实施品质检验；

2）属食品卫生检验范围内的，须由检验检疫机构实施食品卫生检验；

3）属进口商品安全质量许可制度目录内的，需按照进口商品安全质量许可制度的规定办理；

4）属动植物检疫范围内的，不再实施动植物检疫；

5）属卫生检疫范围内的，不再实施卫生检疫；

6）从加工区运往区外的废料和旧机电产品，检验检疫机构按有关规定实施环保项目检验。

三、边境贸易

为了鼓励我国边境地区积极发展与我国毗邻国家间的边境贸易与经济合作，国家近年来先后制定了一系列有关扶持、鼓励边境贸易和边境地区发展对外经济合作的政策措施。这些政策措施有力地促进了我国边境地区经济发展，对增强民族团结，繁荣、稳定边疆，巩固和发展我国同周边国家的睦邻友好关系，起到了积极作用。

根据我国开展边境贸易的实际情况，参照国际通行规则，目前对我国边境贸易按以下两种形式进行管理：

边民互市贸易，系指边境地区边民在边境线 20 公里以内、经政府批准的开放点或指定的集市上，在不超过规定的金融或数量范围内进行的商品交换活动。

边境小额贸易，系指沿陆地边境线经国家批准对外开放的边境县（旗）、边境城市辖区内（以下简称边境地）经批准有边境小额贸易经营权的企业，通过国家指定的陆地边境口岸，与毗邻国家边境地区的企业或其他贸易机构之间进行的贸易活动。

边境贸易的报检手续相对简化。检验检疫机构对边境贸易进出口商品实行全申报（报检）管理制度。

1．报检范围

边境贸易管理区内的边境贸易进出口货物及其包装材料、运输工具和集装箱均应实施检验检疫。

2．报检程序

边境小额贸易中属《法检目录》内的进出口商品，边境小额贸易公司或其代理人应当依照有关法律、法规和规章的要求，向出入境检验检疫机构办理报检手续。

边境小额贸易中不属《法检目录》的进出口商品、边民互市贸易的所有进出口商品，边境小额贸易公司或其代理人、边民互市贸易的货主或其代理人应当向口岸出入境检验检疫机构如实申报进出口商品的品名、数量、金额、国别等信息。

边境小额贸易中货物的报检手续与一般贸易进出口货物的报检手续基本相同。边民互市贸易的形式比较灵活，批量小，批次多，一般没有正规的贸易合同和单据，因此报检手续较为简化。

3．报检时应提供的单据

（1）报检时，应填写适用于边境贸易的《出境货物报检单》或《入境货物报检单》并提供有关证单；

（2）属于实行检疫许可制度或者卫生注册登记制度管理的货物报检时，应提供检疫许可证明或者卫生注册登记证明；

（3）入境展览物为旧机电产品的应按旧机电产品备案手续办理相关证明。

第九节 未列入《法检目录》的出入境货物通关放行

对于未列入《法检目录》，但按照国家法律、法规和相关规章规定应当实施出入境检验检疫的进出境的商品，通关放行规定如下：

（1）对进口可再利用的废物原料，海关一律凭检验检疫机构签发的《入境货物通关单》验放。各地检验检疫机构签发《入境货物通关单》时，在备注栏注明“上述货物经初步查验，未发现不符合环境保护要求的物质”。

（2）对进口旧机电产品，海关一律凭检验检疫机构签发的《入境货物通关单》验放。各地检验检疫机构在签发《入境货物通关单》时，在备注栏注明“旧机电产品进口备案”的字样以及《配额产品证明》编号、《进口许可证》编号或《机电产品进口证明》编号或《机电产品进口登记表》编号。

（3）对出口纺织品标识查验，海关一律凭检验检疫机构签发的《出境货物通关单》验放。各地检验检疫机构在签发《出境货物通关单》时，在备注栏内加注“纺织品标识查验合格”的字样。

（4）进口货物发生短少、残损或其他质量问题需对外索赔时，其赔付货物的进境，海关凭检验检疫机构签发的《入境货物通关单》和用于索赔的检验证书副本验放。

（5）对尸体、棺柩、骸骨、骨灰等的入出境，仍按照《关于遗体运输入出境事宜有关问题的通知》（民事法[1998]11号）办理，海关凭检验检疫机构签发的《尸体/棺柩/骸骨/骨灰入/出境许可证》验放。

（6）除上述情况外，其他未列入《法检目录》的，但国家有关法律、法规明确由检验检疫机构负责检验检疫的货物和特殊物品的通关，海关一律凭检验检疫机构签发的《入境货物通关单》或《出境货物通关单》验放。

第四章　出境货物报检业务

第一节　出境货物报检的一般规定

一、出境货物报检的方式

出境货物的报检方式通常分为三类：出境一般报检、出境换证报检、出境预检报检。申请出境一般报检和出境换证报检的货物，其特点是已生产完毕、包装完好、堆码整齐、相关单据齐全，已具备出口条件；申请出境预检报检的货物，其特点是暂不具备出口条件。

（1）出境一般报检。出境一般报检是指已具备出口条件的法定检验检疫出境货物的货主或其代理人，持有关单证向产地检验检疫机构申请检验检疫以取得出境放行证明及其他证单的报检。

（2）出境换证报检。出境换证报检是指经产地检验检疫机构检验检疫合格的法定检验检疫出境货物的货主或其代理人，持产地检验检疫机构签发的《出境货物换证凭单》向报关地检验检疫机构申请换发《出境货物通关单》的报检。报关地检验检疫机构按照国家质检总局规定的抽查比例进行查验。

（3）出境预检报检。出境预检报检是指货主或其代理人持有关单证向产地检验检疫机构申请对暂时还不能出口的货物预先实施检验检疫的报检。预检报检的货物经检验检疫合格的，检验检疫机构签发《出境货物换证凭单》；正式出口时，货主或其代理人可在检验检疫有效期内持此单向检验检疫机构申请办理放行手续。《出境货物换证凭单》的有效期以单据上标明的有效期为准。申请预检报检的货物须是经常出口的、非易燃易爆的、非易腐烂变质的商品。

二、报检的时限和地点

1．出境货物最迟应在出口报关或装运前 7 天报检，对于个别检验检疫周期较长的货物，应留有相应的检验检疫时间。

2．需隔离检疫的出境动物在出境前 60 天预报，隔离前 7 天报检。

3．法定检验检疫货物，除活动物需由口岸检验检疫机构检验检疫外，原则上实施产地检验检疫。

三、出境货物报检应提供的证单

1．出境货物报检时，应填写《出境货物报检单》，并提供外贸合同或销售确认书或订单、信用证、有关函电；生产经营部门出具的厂检结果单原件，装箱单；检验检疫机构签发的《出境货物运输包装性能检验结果单》（正本）。

2．凭样成交的，须提供样品。

3．经预检的货物，在向检验检疫机构办理换证放行手续时，应提供该检验检疫机构签发的《出境货物换证凭单》（正本）。

4．产地与报关地不一致的出境货物，在向报关地检验检疫机构申请《出境货物通关单》时，应提交产地检验检疫机构签发的《出境货物换证凭单》（正本）。

5．出口危险货物时，必须提供《出境货物运输包装性能检验结果单》（正本）和《出境危险货物运输包装使用鉴定结果单》（正本）。

6．预检报检的，还应提供货物生产企业与出口经营企业签订的贸易合同。尚无合同的，须在报检单上注明检验检疫的项目和要求。

7．按照检验检疫的要求，提供相关其他特殊单证。

四、出境货物报检应申领的证单

1．产地与报关地一致的出境货物，在报检时应申领《出境货物通关单》。

2．产地与报关地不一致的出境货物，在产地报检时应申领《出境货物换证凭单/条》；在报关地换证报检时应申领《出境货物通关单》。

3．对于我国与其他国家签有WTO/TBT协议、SPS协议或其他相关协议的，按照协议约定申领相关检验检疫证书。

4．进口国官方要求提供检验检疫证书的，按照进口国要求申领相关格式检验检疫证书。

5．买卖双方在合同里约定由官方检验检疫机构签发证书的，按照合同规定申领相关检验检疫证书。

6．对于需凭检验证书结汇的大宗商品，按照相关要求申领《重量/数量证书》或其他相关证书。

五、《出境货物报检单》填制规范

报检单位应加盖公章，并准备填写本单位在检验检疫机构备案或注册登记的代码。所列各项内容必须完整、准确、清晰、不得涂改。

1．编号：由检验检疫机构报检受理人员填写，前6位为检验检疫机构代码，第7位为报检类代码，第8、9位为年代码，第10至15位为流水号。

2．报检单位登记号：报检单位在检验检疫机构备案或注册登记的代码。

3．联系人：报检人员姓名，报检人员的联系电话。

4．报检日期：检验检疫机构实际受理报检的日期，由检验检疫机构受理报检人员填写。

5．发货人：按不同情况填写。预检报检的，可填写生产单位；出口报检的，应填写外贸合同中的卖方或信用证受益人。

6．收货人：按合同、信用证中所列买方名称填写。

7．货物名称：按合同、信用证上所列名称及规格填写；如为废旧货物应注明。

8．HS编码：按《协调商品名称及编码制度》中所列编码填写。以当年海关公布的商品税则编码分类为准。

9. 产地：填写省、市、县名，填制时，一般应具体到县市行政区名称。对于同一县市行政区内有超过一个检验检疫机构的，应根据当地检验检疫机构的要求对目的地进行进一步细化。对于经过几个地区加工制造的货物，以最后一个对货物进行实质性加工的地区作为该货物的产地。难以判定具体行政区名称的货物，如海洋资源，可填制为“中国”。进口货物复出口的，产地填制“境外”。

10. 数/重量：按实际申请检验检疫数/重量填写。注明数/重量单位，应与合同、发票或报关单上所列一致。重量一般填写“净重”。填制数重量时，对于HS编码对应的第一计量单位必须输入；第一计量单位填制完毕后，可以同时填制另一项数/重量。

11. 货物总值：按合同或发票所列货物总值填写，需注明币种。

12. 包装种类及数量：填写本批货物实际运输包装的种类及数量，应注明包装材质。

13. 运输工具名称号码：装运本批货物进出境的运输工具的名称或运输工具编号，以及载运货物进出境的国际航次编号。出境货物在报检时，一般只能初步确定运输工具种类，对于运输工具名称和号码一般还无法确定，因此，在填制报检单时，可只对运输工具类别进行填制，如“船舶***”。

14. 合同号：根据对外贸易合同填写，或填订单、形式发票的号码。

15. 信用证号：本批货物对应的信用证编号，对于不以信用证方式结汇的，应注明结汇方式，如“T/T”。

16. 贸易方式：该批货物出口的贸易方式。

17. 货物存放地点：注明具体地点、厂库。

18. 发货日期：实际发货日期。应为8位数字，顺序为年（4位）、月（2位）、日（2位）。

19. 输往国家（地区）：指出口货物离开我国关境直接运抵的国家或地区，或者在运输中转国（地区）未发生任何商业性交易的情况下最后运抵的国家或地区。此项应与报关单中“运抵国”一致，如不一致，会造成电子通关数据在通关单联网核查时无法在海关正常申报。出口到中国境内保税区、出口加工区的，填制“保税区”或“出口加工区”。

20. 许可证/审批号：须办理加工单位注册登记、备案登记等许可类手续的出境货物取得的相关许可证或审批的号码。

21. 生产单位注册号：指生产、加工本批货物的单位在检验检疫机构备案登记的10位编号。

22. 起运地：出境货物的报关地。

23. 到达口岸：货物抵达目的地停靠口岸名称，货物经海运至某口岸再陆运至最终收货地点的，按货物最终卸离船舶的口岸为到达口岸。

24. 集装箱规格、数量及号码：货物若以集装箱运输应填写集装箱的规格，数量及号码。

25. 合同订立的特殊条款以及其他要求：在合同中订立的有关检验检疫的特殊条款及其他要求应填入此栏。若没有则填“无”。

26. 标记及号码：货物的标记号码，应与合同、发票等有关外贸单据保持一致。若没有标记号码则填“N/M”。

27. 用途：本批货物的实际用途。根据实际情况，按照“用途代码表”选填种用或繁殖、食用、奶用、观赏或演艺、伴侣动物、实验、药用、饲用、介质土、食品包装材料、食品加工设备、食品添加剂、食品容器、食品洗涤剂、食品消毒剂、其他。对于选择“其他”的，应在报检单中手填具体的用途。

28．随附单据：按实际在随附单据种类前“□”上画“√”或不填。

29．需要证单名称：根据所需由检验检疫机构出具的证单，在对应“□”上画“√”或不填。并注明所需正副本的数量。

30．报检人郑重声明：由负责本批货物报检的报检人员手签或盖章。

31．检验检疫费：由检验检疫机构计费人员核定费用后填写。

32．领取证单：报检人在领取检验检疫机构出具的有关检验检疫证单时填写实际领证日期并签名。

第二节 出境特殊物品的报检要求

一、出境货物木质包装的报检

根据《中华人民共和国进出境动植物检疫法》及《中华人民共和国进出境动植物检疫法实施条例》，对出境植物、植物产品及其他检疫物的装载容量、包装物及铺垫材料依照规定实施检疫。

2009年1月1日起，所有出境货物木质包装均须按要求进行检疫处理并加施IPPC专用标识。

检验检疫机构对出境货物使用的木质包装实施抽查检疫的检验检疫监督管理模式。

1．报检范围

出境货物木质包装的范围是用于承载、包装、铺垫、支撑、加固货物的木质材料，如木板箱、木条箱、木托盘、木框、木桶、木轴、木楔、垫木、枕木、衬木等。

经人工合成或者经加热、加压等深度加工的包装用木质材料（如胶合板、纤维板等）和薄板旋切芯、锯屑、木丝、刨花等以及厚度等于或者小于6mm的木质材料除外。

2．报检要求与程序

（1）检验检疫机构对木质包装标识加施企业的热处理或者熏蒸设施、人员及相关质量管理体系等进行考核，符合要求的，颁发除害处理标识加施资格证书，并公布标识加施企业名单，同时报国家质检总局备案，标识加施资格有效期为三年；不符合要求的，不予颁发资格证书。未取得资格证书的，不得擅自加施除害处理标识。

（2）标识式样如图，至少包括4个方面的信息：

上面的图形是国际植物保护公约（IPPC）注册的用于按规定实施除害处理合格的木质包装上的符号；

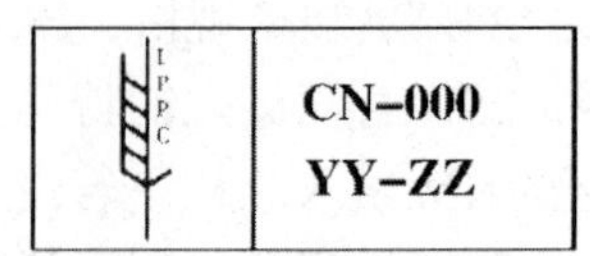

图4-1 IPPC标识图

XX是国际标准化组织的2个字母国家编码（图4-1中CN是国际标准化组织编制的中国国家编码）；000代表国家植保机构给予木质包装生产企业的独特登记号。

YY代表除害处理方法，如MB表示溴甲烷熏蒸处理，HT表示热处理；输出国官方植物检疫机构或木质包装生产企业可以根据需要增加其他信息。

标识必须加施于木质包装的显著位置，至少应在相对的两面，标识应清晰易辨、具永久性和不可改变性，避免使用红色或橙色。

（3）木质包装生产企业在销售木质包装给使用单位前，需向具有 IPPC 标识加施资格的企业申请，对木质包装进行热处理或熏蒸处理。处理合格的，获得《出境货物木质包装除害处理合格凭证》，供货物报检时现场检验检疫人员查验放行和核销。

（4）如输入国家或地区已采用《木质包装检疫国际标准》（ISPM15 号）的，出口商不需要向检验检疫机构报检，但应接受监管和抽查；如输入国家或地区要求出具《植物检疫证书》或《熏蒸/消毒证书》的，出口商仍需报检。

二、出境机电产品的报检

1．出境电池的报检

（1）报检的范围。国家对出境电池产品实行备案和汞含量专项检测制度，未经备案或汞含量检测不合格的电池产品不准出境。电池产品的范围是：编码 8506.8507 品目下的所有子目商品。

（2）报检的程序。出境电池产品必须经过审核，取得《进出口电池产品备案书》后方可报检。《进出口电池产品备案书》向所在地检验检疫机构申请。

（3）报检时应提供的随附单据。按规定填写《出境货物报检单》并提供相关外贸单据：合同或销售确认书、发票、装箱单等；《出入境货物包装性能检验结果单》（正本）；《进出口电池产品备案书》（正本）或其复印件。《进出口电池产品备案书》有效期为 1 年。

（4）施检程序。未列入《法检目录》的不含汞的出境电池产品可凭《进出口电池产品备案书》（正本）或复印件申报放行，不实施检验；含汞电池产品实施汞含量和其他项目的检验。

2．出境小家电产品的报检

（1）报检的范围

小家电产品指需要外接电源的家庭日常生活使用或类似用途、具有独立功能的并与人身有直接或间接的接触，将电能转化为功能或热能，涉及人身的安全、卫生、健康的小型电器产品。

报检范围：编码为 84145110 的功率≤125 瓦的吊扇；84145120 的功率≤125 瓦的换气扇；84145130 的功率≤125 瓦具有旋转导风轮的风扇；84145191 的输出功率不超过 125 瓦的台扇；84145192 的输出功率不超过 125 瓦的落地扇；84145193 的输出功率不超过 125 瓦的壁扇；84145199 的功率≤125 瓦其他未列名风机、风扇；84212110 的家用型水的过滤、净化机器及装置；84213910 的家用型气体过滤，净化机器装置；84213991 的静电除尘器；84221100 家电型洗碟机；84248910 的家用型喷射、喷雾机械器具；85091000 的真空吸尘器；85092000 的地板打蜡机；85093000 的厨房废物处理器；85094000 的食品研磨机、搅拌器及果、菜榨汁器；85098000 的其他家用电动器具；85101000 电动剃须刀、85102000 的电动毛发推剪：85103000 的电动脱毛器：85161000 的电热水器（指电热的快速热水器、储存式热水器、侵入式液体加热器）：85162100 的电气储存式散热器；5162990的电气空间加热器；85163100的电吹风机；85163200其他电热理发器具；85163300的电热干手器；85164000的电熨斗；85165000的微波炉；85166010的电磁炉；85166030的电饭锅；85166040的电炒锅；85166090的其他电炉、电锅、电热饭、加热环等；85167100的电咖啡壶或茶壶；85167200的电热烤面包器；85167900的未列名电热器具；90191010的按摩器具；95069110的健康及康复器具。

（2）报检的程序

1）出口小家电产品生产企业实行登记制度。登记时应提交《出口小家电生产企业登记表》，并提供相应的出境产品质量技术文件如产品企业标准、国内外认证证书、出口质量许可证书、型式实验报告及其他有关产品获证文件。检验检疫机构对出口小家电产品的企业的质量保证体系进行书面审核和现场验证，重点审查其是否具备必需的安全项目（如抗电强度、接地电池、绝缘电阻、泄漏电流及特定产品特殊项目）的检测仪器和相应资格的检测人员。

2）小家电产品取得型式实验报告。首次登记的企业，由当地的检验检疫机构派员从生产批中随机抽取并封存样品，由企业送至国家质检总局指定的实验室进行型式试验。凡型式试验不合格的产品，一律不准出境。

（3）报检时应提供的随附单据

1）按规定填写《出境货物报检单》并提供相关外贸单据、合同或销售确认书、发票、装箱单等；

2）检验检疫机构签发的产品合格的有效的型式试验报告（正本）；

3）列入强制产品认证的还应提供强制认证证书和认证标志。

三、出境食品的报检

1．报检的范围

法定检验的出境食品包括：一切出境食品（包括各种供人食用、饮用的成品和原料以及按照传统习惯加入药物的食品），用于出境食品的食品添加剂等。

《中华人民共和国食品安全法》对食品和食品添加剂的定义为：食品是指各种供人食用或者饮用的成品和原料以及按照传统既是食品又是药品的物品，但是不包括以治疗为目的的物品。食品添加剂是指为改善食品品质和色、香、味，以及为防腐和加工工艺的需要而加入食品中的化学合成或者天然物质。

2．报检的要求

出境食品的报检应注意以下要求：出境食品的生产、加工、储存企业实施备案制度，货主或其代理人向检验检疫机构报检的出境食品，需产自或储存于经备案的企业或仓库，未经备案的企业和仓库所生产或储存的出境食品，不予受理报检。

3．报检时应提供的单据

（1）报检人按规定填写《出境货物报检单》并提供相关外贸单据、合同、发票、装箱单等；

（2）出境食品需提供生产企业（包括加工厂、冷库、仓库）的备案证明号码。

四、出境食品包装容器、包装材料

1．报检范围

出境食品包装容器、包装材料（以下简称食品包装）是指已经与食品接触或预期会与食品接触的出境食品内包装、销售包装、运输包装及包装材料。

出境食品包装检验监管的范围包括对出境食品包装的生产、加工、贮存、销售等生产经营活动的检验检疫和监管。

2．报检有关规定

食品包装及材料的生产企业在提供出境食品包装及材料给出口食品生产企业前，应到所在地检验检疫机构申请对该出境食品包装的检验检疫。经检验检疫合格的由施检的检验检疫机构出具《出入境货物包装性能检验结果单》，证单有效期为 1 年。未经检验检疫机构检验检疫或经检验检疫不合格的食品包装不得用于包装、盛放出境食品。

出境食品的生产企业在生产出境食品时应使用经检验检疫机构检验合格的食品包装及材料。

3．监督管理

国家质检总局对出境食品包装生产企业实行备案制度，由各直属检验检疫局负责对辖区相关企业实施备案登记。

出境食品包装生产企业申请时应提交以下资料：

（1）《出入境食品包装及材料备案登记申请表》；

（2）生产企业《企业法人营业执照》（复印件）；

（3）食品容器、包装材料的成分、助剂说明材料；

（4）食品容器、包装材料的生产工艺说明材料；

（5）备案登记申请单位就其产品中有害有毒物质符合我国卫生标准和卫生要求的自律声明；

（6）生产企业平面图；

（7）生产企业概况；

（8）其他相关资料。

登记备案后，检验检疫机构对同一个企业的同一种材料、同一种设计规格、同一种加工工艺的出境食品包装，实行安全、卫生项目的周期检测。周期为 3 个月，连续 3 次周期检测合格的企业，可延长检测周期为 6 个月，连续两次检测不合格的企业，检测周期缩短为 1 个月。检测周期内检验检疫机构将进行现场抽批验证及部分安全、卫生项目抽查；经抽查检测不合格的不准出境。

对出境食品包装生产企业实行企业代码制，企业代码应根据标准要求标注在包装容器上。

五、出境化妆品的报检

化妆品指以涂、擦、散布于人体表面任何部位（皮肤、毛发、指甲、口唇等）或口腔黏膜，以达到清洁、护肤、美容和修饰目的的产品。化妆品是和人体直接接触的物质，对安全和卫生要求很高。国际上许多国家对它进行立法管理，1990年起我国对进出境化妆品实施法定检验。

1．报检的范围

香水及花露水；唇用化妆品；眼用化妆品；指（趾）用化妆品；香粉（不论是否压紧）；护肤品（包括防晒油或晒黑油，但药品除外）；其他美容化妆品；洗发剂（香波）烫发剂；定型剂；其他护发品。

2．报检程序

检验检疫机构对出境化妆品实施检验的项目包括化妆品的标签、数量、重量、规格、包装、标记以及品质卫生等。检验检疫机构还应检验化妆品包装容器是否符合产品的性能及安全卫生的要求。出境化妆品经检验合格的，由检验检疫机构出具合格证单；经检验不合格的，由检验检疫机构出具不合格证单。其中安全卫生指标不合格的，应在检验检疫机构监督下进行销毁或退货；其他项目不合格的，必须在检验检疫机构监督下进行技术处理，经重新检验合格后方可销售或出境；不能进行技术处理或者经技术处理后重新检验仍不合格的，不准出境。

3．报检时应提供的单据

（1）按规定填写《出境货物报检单》并提供相关外贸单据：合同或销售确认书、发票、装箱单等；

（2）首次出口的化妆品必须提供生产、卫生许可证、安全性评价资料和产品成分表（包括特殊化妆品）以供检验检疫机构备案。

（3）出口预包装化妆品，报检单位报检时出应按报检规定提供报检资料外，还应提供与标签检验有关的标签样张和翻译件。出境化妆品的标签必须符合入境国（地区）的要求。根据国家质检总局2006年第44号公告《关于调整进出境食品、化妆品标签审核制度的公告》，自2006年4月1日起，出境化妆品的标签审核与出境化妆品检验检疫结合进行，不再实行预先审核。

六、出境玩具的报检

玩具是促进儿童增长知识，发展智力的益智产品，一般是为特定年龄组的儿童设计和制造的。由于儿童受智力发育的自然限制不能识别玩具在正常使用中或滥用后的潜在危险，不懂得如何保护自己免受伤害。因此国际上对玩具的安全、卫生性能要求很高，许多国家制定了严格的玩具安全标准，并实施严格的检验管制。我国对出口玩具及其生产企业实行质量许可制度，生产出口玩具的企业必须按《出口玩具质量许可证管理办法》建立质量保证体系，并取得《出口玩具质量许可证》，检验检验机构必须凭《出口玩具质量许可证》接受报检。

1．报检的范围

玩具的种类很多，按加工工艺不同分为：布绒玩具、塑料玩具、电子玩具、电动玩具和机械玩具。

法定检验的玩具包括：HS编码为95010000的供儿童成骑的带轮玩具及玩偶车（例如：三轮车、踏板车、踏板汽车）；95021000玩偶（无论是否着装）；95031000玩具电动火车（包括轨道、信号及其他附件）；95032000缩小（按比例缩小）的圈套模型组件（不论是否活动，但编号950310

货品除外)；95033000 其他建筑套件及建筑玩具；95034100 填充的玩具动物；95034900 其他玩具动物；95035000 玩具乐器；95036000 智力玩具；95037000 组装成套的其他玩具；95038000 其他带动力装置的玩具及模型；95039000 其他未列明的玩具。

2．报检的程序

（1）生产出口玩具的企业根据《出口玩具质量许可证管理办法》的要求，向检验检疫机构申请《出口玩具质量许可证》，申请《出口玩具质量许可证》必须符合下列要求：出口玩具样品必须按照《出口玩具型式试验规则》试验合格；出口玩具的生产企业按照 ISO9000 标准系列和《出口玩具生产企业质量体系评审表》建立质量体系。在资料审查、型式试验和生产企业现场评审合格后，由国家质检总局统一颁发出口质量许可证，证书有效期 5 年。

（2）检验检疫机构凭《出口玩具质量许可证》受理报检。

（3）出口玩具的发货人应在货物装运前 7 天向检验检疫机构报检，出口玩具必须逐批实施检验，检验不合格的不准出境。

3．报检时应提供的单据

除按规定填写《出境货物报检单》并提供相关外贸单据、合同或销售确认书、发票、装箱单等有关外贸单据外，还应提供如下相应资料：

（1）提供《出口玩具质量许可证》。

（2）该批货物符合输入国法规、标准和国家强制性标准的质量合格的符合性声明。

（3）所使用油漆的检测合格报告，没有提供合格报告的不予接受报检。

七、出境烟花爆竹的报检

烟花爆竹自古就是民间喜庆佳节的文娱佳品，也是我国传统的大宗出境商品，属于易燃易爆的危险品。检验检疫机构对出境烟花爆竹的企业实施登记管理制度。

1．报检的范围

报检的范围包括：HS 编码为 36041000 的烟花爆竹。

2．报检的要求

报检应注意以下要求：

（1）出口烟花爆竹的企业应向所在地的检验检疫机构正式提交书面登记申请，申请程序见《出境危险品生产企业登记申请》。生产企业应提供有关生产、质量安全等方面的有关资料，由检验检疫机构对申请登记企业进行考核，考核合格的企业，由检验检疫机构授予专用代码，经考核合格的企业，方可从事烟花爆竹的出境。生产烟花爆竹的企业应当按照《联合国危险货物建议书规章范本》和有关法律、法规的规定生产、储存出境烟花爆竹。

（2）出境烟花爆竹的检验应当严格执行国家法律、法规规定的标准，对进口国以及贸易合同高于我国法律、法规规定标准的，按其标准检验。检验检疫机构对首次出口或者原材料、配方发生变化的烟花爆竹应当实施烟火药剂安全稳定性能检测。对长期出口的烟花爆竹产品每年应当进行不少于一次的烟火药剂安全稳定性能的检验。

（3）盛装出境烟花爆竹的运输包装，应当标有联合国规定的危险货物包装标记和出口烟花爆竹生产企业的登记代码标记。凡经检验合格的出境烟花爆竹，由检验检疫机构在其运输包装明显部位加贴验讫标志。

3. 报检时应提供的单据

报检时应提供以下单据：

（1）按规定填写《出境货物报检单》并提供相关外贸单据、合同或销售确认书、发票、装箱单等；

（2）生产烟花爆竹的企业在申请出境烟花爆竹的检验时，应当向检验检疫机构提交《出口烟花爆竹生产企业声明》；

（3）出口组合类烟花爆竹（即不同花色品种的烟花爆竹混装于一个销售包装内），在组合前，每种出境烟花爆竹必须经产地检验检疫机构检验合格并出具《出境货物换证凭单》。组合烟花爆竹的企业在出境时，凭《出境货物换证凭单》（正本）向口岸检验检疫机构申请核查，经查验合格后，方可出境。

八、出境打火机、点火枪类商品的报检

打火机、点火枪类商品是涉及运输及消费者人身安全的危险品，美国、加拿大及欧盟等国家已陆续对该类产品强制性的执行国际安全质量标准。我国是打火机、点火枪类商品生产和出口大国，近年来，我国出口该类商品因质量不符合国际标准被进口国查禁、销毁、退货情况时有发生，甚至出现了在运输过程中爆炸及烧伤儿童的安全质量事故，直接影响我国产品的信誉和出口。为提高我国该类商品的质量，促进贸易发展，保障运输及消费者人身安全，原国家出入境检验检疫局、经贸部、海关总署联合发文，自2001年6月1日起，对出境打火机、点火枪类商品实施法定检验。

1. 报检的范围

出境需实施检验的打火机、点火枪类商品包括：HS编码为96131000的一次性袖珍气体打火机；96132000可充气袖珍气体打火机；96133000台式打火机；96138000其他类型打火机（包括点火枪）。

2. 报检及检验程序

报检应按照以下程序进行：

（1）各直属检验检疫机构对出口打火机、点火枪类的企业实施登记管理制度，经审查合格的企业，由各直属局颁发《出口打火机、点火枪类商品生产企业登记证》并取得规定的代码和批次号。

（2）企业应当按照《联合国危险货物建议书规章范本》和有关法律法规的规定进行出口打火机、点火枪类商品的生产、包装、储存。

（3）出境打火机、点火枪类商品检验应当严格执行国家法律法规规定的标准进行检验，对进口国高于我国法律法规规定标准的，按进口国标准进行检验。对于我国与进口国政府有危险品检验备忘录或协议的，应要符合备忘录或协议的要求。

（4）出境打火机、点火枪类商品上应注有检验检疫机构颁发的登记代码，其外包装上须印有登记代码和批次，在外包装的明显部位上要贴有检验检疫机构的验讫标志，否则不予放行。

3．报检时应提供的单据

报检时应提供以下单据：

（1）按规定填写《出境货物报检单》并提供相关外贸单据、合同或销售确认书、发票、装箱单等；

（2）《出口打火机、点火枪类商品生产企业自我声明》；

（3）《出口打火机、点火枪类商品企业登记证》；

（4）出口打火机、点火枪类商品的型式试验报告。

九、出境小型气体容器的包装报检

检验检疫机构根据《商检法》和《国际海运危险货物规则》的有关规定，对海运出境危险货物小型气体容器包装实施检验和管理，有关生产企业应向检验检疫机构申请海运出境危险货物小型气体容器包装检验。

1．检验的范围

实施检验的海运出境危险货物小型容器指：充灌有易燃气体的气体充灌容器，容量不超过 1 000cm^3，工作压力大于 0.1MPa（100kPa）的气体喷雾器及其他充灌有气体的容器。

2．报检的程序

（1）生产出境危险货物小型气体容器的生产企业应事先向当地检验检疫机构办理注册登记，经检验检疫机构按国家局《出口商品质量许可证管理办法》考核合格并获得出口商品质量许可证，取得出口商品质量体系（ISO9000）合格证书的企业方准予从事出境危险货物小型气体容器的生产。

（2）已获准生产出境危险货物小型气体容器的生产企业在对本企业产品检验合格后，向检验检疫机构申请海运出境危险货物小型气体容器的包装检验。报检时填写《出入境货物包装检验申请单》，并提供小型气体容器的生产标准、性能实验报告、厂检结果单。

（3）检验检疫机构依照《海运出口危险货物小型气体容器包装检验规程》及《国际海运危险货物规则》，对海运出境危险货物小型气体容器包装进行性能检验，经检验鉴定合格的签发《出入境货物包装性能检验结果单》；

（4）申请人领取《出入境货物包装性能检验结果单》。《出入境货物包装性能检验结果单》的使用：

1）申请人可凭该检验结果单申请检验检疫机构签发《出境危险货物运输包装使用鉴定结果单》以及相应的检验证书；

2）各地港务部门必须凭检验检疫机构出具的《出境危险货物运输包装使用鉴定结果单》或相应的检验证书对包装进行查验，经查验合格的货物给予装卸或承运。

十、出境危险货物包装容器的性能检验及使用鉴定的报检

危险货物指具有燃烧、爆炸、腐蚀、毒害以及放射性、辐射性等危害生命、财产、环境的物质和物品。盛装这些物质或物品的容器，称为危险货物包装容器，均列入法定检验范围。

生产危险货物出境包装容器的企业，必须申请检验检疫机构进行包装容器的性能检验，

包装容器经检验检疫机构检验合格并取得性能检验合格单的，方可用于包装危险货物。生产出境危险货物的企业，必须申请检验检疫机构进行危险货物运输包装容器的使用鉴定。危险货物包装容器经检验检疫机构鉴定合格并取得使用鉴定结果单的，方可包装危险货物出境。

1．出境危险货物包装容器性能检验的报检

（1）申请并填写《出入境货物包装检验申请单》；

（2）提供的随附单据及资料：①生产包装容器的生产标准；②生产包装容器的工艺规程及有关资料；

（3）检验检疫机构实施性能检验；

（4）领取检验检疫证单。

经检验检疫机构对空运、海运出境危险货物包装容器性能检验合格的，申请人领取《出入境货物包装性能检验结果单》。经检验检疫机构检验不合格的，申请人领取《出境货物不合格通知单》。

2．《出入境货物包装性能检验结果单》的使用

《出入境货物包装性能检验结果单》中对危险货物包装的检验结果表明，该单所列包装容器已经检验检疫机构检验，并符合《国际海运危规》或《空运危规》的规定，该结果单具有以下用途：

（1）出口危险货物的经营单位向检验检疫机构申请出境危险货物品质检验时，必须向当地检验检疫机构提供《出入境货物包装性能检验结果单》，检验检疫机构凭该单（正本），受理其品质检验。

（2）出境危险货物的经营单位向检验检疫机构申请出境危险货物包装容器的使用鉴定时，必须凭《出入境货物包装性能检验结果单》（正本），向检验检疫机构申请办理《出境危险货物运输包装使用鉴定结果单》。

（3）当合同规定或客户要求出具使用单位“出境危险货物包装性能检验证书”时，可凭《出入境货物包装性能检验结果单》（正本）向出境所在地的检验检疫机构申请换发《出境危险货物包装性能检验证书》。

（4）同一批号，不同使用单位的出境危险货物包装容器，在性能检验结果单的有效期内，可以凭该单向检验检疫机构申请办理分证。

（5）经检验检疫机构性能检验合格的本地区运输包装容器销往异地装货使用时，必须附有当地检验检疫机构签发的《出入境货物包装性能检验结果单》随该批包装容器流通，使用的检验检疫机构在接受出境危险货物报检时，凭《出入境货物包装性能检验结果单》（正本）或分单（正本）受理品质检验或使用鉴定。

3．出境危险货物运输包装使用鉴定的程序

（1）按规定填写《出入境货物包装检验申请单》；

（2）提供的随附证单和资料：①《出入境货物运输包装性能检验结果单》；②其他有关资料。

（3）检验检疫机构实施使用鉴定；

（4）领取检验检疫证单。

经检验检疫机构对出境危险货物包装容器使用鉴定合格的，申请人领取《出境危险货物运输包装使用鉴定结果单》，经检验检疫机构鉴定不合格的，申请人领取《出境货物不合格通知单》。

4．《出境危险货物运输包装使用鉴定结果单》的使用

《出境危险货物运输包装使用鉴定结果单》表明该单所列包装容器已经检验检疫机构鉴定合格，并按“国际海运危规”或“空运危规”的规定盛装货物。该结果单具有以下用途：

（1）外贸经营部门凭检验检疫机构出具的《出境危险货物运输包装使用鉴定结果单》验收危险货物。

（2）港务部门凭检验检疫机构出具的《出境危险货物运输包装使用鉴定结果单》安排出境危险货物的装运，并严格检查包装是否与检验结果单相符，有无破损渗漏、污染和严重锈蚀等情况，对包装不符合要求的，不得入库和装船。

（3）当合同规定或客户要求出具出境危险货物包装容器检验证书时，可凭《出境危险货物运输包装使用鉴定结果单》向出境所在地的检验检疫机构申请换取包装容器检验证书。

（4）对同一批号，分批出境的危险货物包装容器在使用结果单有效期内，可凭该结果单在出境所在地检验检疫机构办理分证手续。

5．出境危险货物包装容器报检时应注意的事项

出境危险货物包装容器报检时应注意以下事项：

（1）外贸经营单位在收购出境危险货物时，应向危险货物生产单位索取《出境危险货物运输包装使用鉴定结果单》。

（2）空运、海运出境危险货物的包装容器由检验检疫机构按照《国际海运危规》和《空运危规》规定实行强制性检验。包装容器检验不合格的不得使用，不得出境。

（3）《出入境货物包装性能检验结果单》和《出境危险货物运输包装使用鉴定结果单》都有一定的有效期，出境危险货物应在其有效期内出境，对超过有效期的《出境危险货物运输包装使用鉴定结果单》和《出入境货物包装性能检验结果单》，检验检疫机构不予受理报检换证手续，港务部门不予办理装运手续。

（4）《出境危险货物运输包装使用鉴定结果单》是出口公司向港务部门办理出境装运手续的有效证件，对未经鉴定合格并取得《出境危险货物运输包装使用鉴定结果单》的货物，港务部门拒绝办理出境装运手续。

十一、出境普通货物运输包装容器的报检

1．报检的范围

出境货物运输包装容器的检验，指列入《出入境检验检疫机构实施检验检疫的进出境商品目录》及其他法律、行政法规规定须经检验检疫机构检验检疫，并且检验检疫监管条件为“N”或“S”的出境货物的运输包装容器，必须申请检验，经检验检疫机构检验合格后方准盛装出境货物。

2．出境货物运输包装容器的报检

（1）按规定填写《出入境货物包装检验申请单》。

（2）提供证单与资料：

1）出口运输包装容器生产质量许可证；

2）生产单位的本批包装容器检验结果单；

3）包装容器规格清单；

4）客户订单；

5）该批包装容器的设计工艺、材料检验标准等技术资料。

3.《出入境货物包装性能检验结果单》的使用

《出入境货物包装性能检验结果单》具有以下用途：

（1）出境货物生产企业或经营单位向生产单位购买包装容器时，生产包装容器的单位应提供检验检疫机构签发的《出入境货物包装性能检验结果单》（正本）。

（2）出境货物生产企业或经营单位申请出境货物检验检疫时，应向检验检疫机构提供《出入境货物包装性能检验结果单》正本，以便检验检疫机构核销。

（3）合同规定或客户要求出具包装检验证书时，可凭《出入境货物包装性能检验结果单》正本，向出境所在地检验检疫机构换发包装检验证书。

对于同一批号不同单位使用的或同一批号多次装运出境货物的运输包装容器，在性能结果单有效期内可以凭此单向检验检疫机构报检，申请分单。

十二、出境纺织品标识的报检

根据1993年3月4日原对外经济贸易合作部、海关总署和原国家商检局《关于发布〈对外经济贸易部、海关总署、国家商检局关于禁止纺织品非法转口的规定〉的通知》（［1993］外经贸管发第10号）的规定，检验检疫机构需对原对外经济贸易部公布的目录内的出境纺织品，进行标签、挂牌和包装的产地标识的查验。

1．报检的范围

凡列入原对外经济贸易部公布的需经检验检疫机构进行查验的出境纺织品目录内的纺织品。

2．报检时应提供的资料

报检时应提供：报检的纺织品的包装唛头、标签、吊牌等实物。

3．报检的时间

报检的时间与报检纺织品的品质检验的时间相同。

4．出境纺织品标识查验放行

检验检疫机构对出境纺织品的包装唛头内容和标签、吊牌进行核查，经查验符合《关于禁止纺织品非法转口的规定》的，如产地与报关地一致的，检验检疫机构出具《出境货物通关单》，上面注明纺织品标识查验合格；如产地与报关地不一致的，出具《出境货物换证凭单》并注明纺织品标识查验合格。

十三、市场采购出境货物及援外物资的报检

1．市场采购出境货物

（1）报检的范围

市场采购出境货物指由报检单位直接从市场、商店等批发或零售部门购买的货物。

（2）市场采购出境货物报检时应注意如下问题

1）市场采购出境货物报检和检验检疫程序与大货贸易相同；

2）报检时如不具备《厂检单》的，可由出境单位提供经该单位检验合格的品质证明；

3）市场采购出境货物必须取得检验检疫机构签发的《出入境货物包装性能检验结果单》，否则对货物的包装需进行包装性能检验；

4）市场采购出境货物的报检和检验检疫工作在货物采购地进行；

5）凡实施出口质量许可制度（如机电产品、化工品）和备案制度的产品（如食品、畜产品），必须向获证企业采购，禁止在市场上采购。

2．援外物资的报检

援外物资指在我国政府提供的无息贷款、低息贷款和无偿援助项下购置并用于援外项目建设或交付给受援国政府的一切生产和生活物资。根据现行的《对外援助物资检验管理办法（试行）》的规定，援外物资未经检验检疫机构产地检验、口岸查验合格的，不准起运出境。

（1）报检时应提供的单据

1）援外承包总合同或项目总承包企业与生产企业签订的内部销售合同，内部购销合同中必须有“援××国×××项目的内部购销合同”字样；

2）厂检合格单；

3）总承包企业验收合格证明；

4）原经贸部和国家质检总局的批文；

5）《出境货物运输包装容器性能检验结果单》；

6）货物清单。

（2）援外物资的检验检疫工作流程

1）填写《出境货物报检单》；

2）提供相关随附单据；

3）施检部门实施检验检疫；

4）产地检验检疫机构出具《出境货物换证凭单》；

5）口岸检验检疫机构对货物进行查验；

6）查验合格的货物出具检验检疫证书；不合格的出具《出境货物不合格通知单》；

7）物资项目的总承包企业凭各口岸检验检疫机构出具的检验证书向商务部办理结算。

（3）对援外物资的一些特殊规定

1）对于援外物资供货厂商资质的审定：①凡实施出境质量许可制度（如机电产品、化工品）和备案制度的产品（如食品、畜产品）必须向获证企业采购，禁止在市场上采购；②未实施出境质量许可制度的产品，必须优先选用获得中国国家进出境企业认证机构认可委员会（CNAB）认证企业的产品，其次可选用获得国际质量体系认证企业的产品。

2）对于小批量、品种繁杂的援外物资，凡符合下列规定之一的允许总承包企业在市场采购：①由商务部委托总承包企业向已经建成成套项目提供的零配件；②某一品种采购总价不超过10万元人民币的物资，但招（议）标文件规定的特殊情况除外。

3）对于法律、行政法规规定由其他检验检疫机构实施检验的援外物资（西药、飞机船舶等），报检单位应持其他检验检疫机构签发的有效合格证单到口岸检验检疫机构申请查验，经查验无误后换发检验证书。

十四、出境木家具

1．报检范围

《实施出口木制品及木制家具检验监管的目录》所列的出境木制品及木制家具产品，除实施检疫监管外，还同时实施检验监管。

2．报检应提供的单据

（1）报检时提供《出境货物报检单》并提供相关外贸单据、合同或销售确认书、发票、装箱单等；

（2）应提供其产品符合输入国家或地区的技术法规、标准或国家强制性标准质量的符合性声明；

（3）输入国（地区）技术法规和标准对木制家具机械安全项目有要求的，出境木制家具生产企业必须提供相关检测报告。

3．报检其他规定

（1）对出口木制品和木制家具生产企业实施出口质量许可准入制度。出口木制品及木制家具生产企业应建立从原料、生产环节到最后成品的质量安全控制体系。对已建立健全的质量安全控制体系并运行有效的出口企业，实施分类管理。

（2）出境木制品及木制家具坚持产地检验、口岸查验的原则，不接受异地报检。

十五、出境竹木草制品

1．报检范围

国家检验检疫部门和有关农、林行政部门依照《中华人民共和国进出境动植物检疫法》的规定，对出境的竹制品、木制品、草制品进行审查，并最终决定是否允许出境。

2．报检应提供的单据

（1）出境货物报检单；

（2）出境货物换证凭单/条（仅适用于经产地检验检疫机构检疫并出具《出境货物换证凭单》或实施电子转单的）；

（3）合同或信用证；

（4）代理报检委托书（仅适用于代理报检的）一类、二类企业报检时应当同时提供《出境竹木草制品厂检记录单》。

3．报检其他规定

（1）办理现场检疫手续。货主或其代理人报检后，检验检疫机构根据竹木草制品的检疫类别，结合企业日常监督管理以及不同季节、输往国家或地区、是否经过检疫处理等情况，对出境竹木草制品实施现场批次抽查检疫。

（2）办理口岸查验手续。货主或其代理人应当在《出境货物换证凭单》有效期内按有关规定向出境口岸检验检疫机构报检。口岸检验检疫机构按照《出境口岸查验规定》等有关规定进行查验，并做好查验记录。发现问题需做实验室检验检疫的，应按照有关规定取样后，送实验室检疫。

（3）货主或其代理人办理完口岸查验手续后，检验检疫机构对出境竹木草制品的装卸、运输、贮存、加工过程实施监督管理，并作监督管理记录。

（4）出境口岸检验检疫机构对查验不合格的货物，应将查验的有关情况向产地检验检疫机构通报。

（5）检验检疫机构对出境有具体检疫要求的竹木草制品实行备案、登记制度，并对植物生长期病虫进行监测性调查。

（6）检疫或口岸查验合格的符合输入国家和地区的植物检疫要求、政府及政府主管部门间双边植物检疫协定、协议、备忘录和议定书以及贸易合同或信用证中有关检验检疫要求的，出具《植物检疫证书》、《卫生证书》、《检验证书》、《出境货物换证凭单》、《出境货物通关单》等有关单证。

（7）根据输入国家或地区的官方要求或货主申请，检验检疫部门需出具《熏蒸/消毒证书》的货物，在实施熏蒸处理后，出具《熏蒸/消毒证书》（美国、澳大利亚、新西兰、欧盟等国家一般要求出具证书）。出境货物检疫有效期一般为 21 天，北方部分地区冬季可酌情延长至 35 天。

十六、出境植物及植物产品

植物检疫是农林病虫害综合防治体系中的主要环节，是植物保护和森林保护学科的重要分支。它与动物检疫一道作为口岸检验检疫工作的重要环节。其目的就是防止植物危险性病虫害在国内蔓延和在国家间传播所采取的一项技术行政措施。

1．报检范围

根据《动植物检疫法》的规定，出境植物及植物产品的报检范围包括：

（1）贸易性出境植物、植物产品及其他检疫物；

（2）作为展出、援助、交换、赠送等的非贸易性出境植物、植物产品及其他检疫物；

（3）进口国家（或地区）有植物检疫要求的出境植物产品；

（4）以上出境植物、植物产品及其他检疫物的装载容器、包装物及铺垫材料。

在这里，“植物”是指栽培植物、野生植物及其种子、种苗及其他繁殖材料等。

“植物产品”指来源于植物未经加工或者虽然经加工但仍有可能传播病虫害的产品，如粮食、豆、棉花、油、麻、烟草、籽仁、干果、鲜果、蔬菜、生药材、木材、饲料等。

“其他检疫物”包括植物废弃物：垫舱木、芦苇、草帘、竹篓、麻袋、纸等废旧植物性包装物、有机肥料等。

2．报检应提供的单证

除按规定填写《出境货物报检单》，并提供外贸合同或销售确认书或信用证（以信用证方式结汇时提供）、发票、装箱单等有关外贸单证外，还应提供如下相应单证：

（1）出境濒危和野生动植物资源的，须出示国家濒危物种进出口管理办公室或其授权的办事机构签发的允许出境证明文件；

（2）输往欧盟、美国、加拿大等国家或地区的出境盆景，应提供《出境盆景场/苗木种植场检疫注册证》；

（3）出境水果来自注册登记果园、包装厂的，应当提供《注册登记证书》（复印件）；来自本辖区以外其他注册果园的，由注册果园所在地检验检疫机构出具水果《产地供货证明》；

（4）供港澳蔬菜，报检时应当提交供港澳蔬菜加工原料证明文件、出货清单以及出厂合格证明。

3．其他规定和要求

（1）国家对出境种苗实施花卉基地注册登记制度，推行“公司+基地+标准化”管理模式。从事出境种苗花卉生产经营企业，应向所在地检验检疫机构申请注册登记。

来自未实施注册登记生产经营企业的种苗花卉，不准出口。

（2）出口水果应在包装厂所在地检验检疫机构报检。

（3）对来自非注册果园、包装厂的水果，以及出境水果来源不清楚的，不准出口。

（4）对输往智利的水果，所有水果包装箱应统一用英文标注“水果种类、出口国家、产地（区或省）、果园名称或其注册号、包装厂及出口商名称”等信息。承载水果包装箱的托盘货物外表应加贴“输往智利共和国”英文标签。

（5）对输往秘鲁的柑橘，包装箱上应用英文标出产地（省份），果园名称或其注册号，包装厂名称或注册号、“中国输往秘鲁”的字样。

（6）国家对供港澳蔬菜种植基地和供港澳蔬菜生产加工企业实施备案管理。种植基地和生产加工企业应当向检验检疫机构备案。

十七、出境动物及动物产品

我国是一个农业大国，畜牧、水产等养殖业在我国农业生产总值中占有举足轻重的地位，动物及动物产品的对外贸易情况直接影响着我国养殖业发展。因此，做好出境动物及动物产品的检验检疫工作，是维护我国出口动物及动物产品质量的需要，也是推动我国农业发展的需要。

1．出境动物的报检

（1）报检范围

根据《动植物检疫法》的规定，对出境的动物实施检疫。

在这里，“动物”是指饲养、野生的活动物，如畜、禽、兽、蛇、鱼、虾、蟹、贝、蚕、蜂等。

（2）报检时间和地点

1）需隔离检疫的出境动物，货主或其代理人应在出境前60天向起运地检验检疫机构预报检，隔离前7天向起运地检验检疫机构正式报检；

2）出境观赏动物（观赏鱼除外，下同），应在出境前30天到出境口岸检验检疫机构报检；

3）出境野生捕捞水生动物的货主或者其代理人应当在水生动物出境 3 天前向出境口岸检验检疫机构报检；

4）出境养殖水生动物（包括观赏鱼，下同）的货主或者其代理人应当在水生动物出境7天前向注册登记养殖场、中转场所在地检验检疫机构报检。

（3）报检应提供的单证

除按规定填写《出境货物报检单》，并提供合同或销售确认书或信用证（以信用证方式结汇时提供）、发票、装箱单等有关外贸单证外，报检以下出境动物还应提供相应的单证：

1）出境观赏动物，应提供贸易合同或展出合约、产地检疫证书。

2）输出国家规定的保护动物，应有国家濒危物种进出口管理办公室出具的许可证。

3）输出非供屠宰用的畜禽，应有农牧部门出具的品种审批单。

4）输出实验动物，应有由中华人民共和国濒危物种进出口管理办公室出具的《允许进出口证明书》。

5）实行检疫监督的输出动物，须出示生产企业的输出动物检疫许可证。

6）出境野生捕捞水生动物的，应提供下列单证：

① 所在地县级以上渔业主管部门出具的捕捞船舶登记证和捕捞许可证；

② 捕捞渔船与出口企业的供货协议（应有捕捞船只负责人签字）；

③ 检验检疫机构规定的其他单证。

进口国家或者地区对捕捞海域有特定要求时，报检时应当申明捕捞海域。

7）出境养殖水生动物的，应当提供《注册登记证》（复印件），并交验原件。

（4）其他规定和要求

1）国家对出口动物实行生产企业注册制度。自2008年4月1日起，所有出口的动物都必须来自经检验检疫机构注册的生产加工企业。

2）出境水生动物的其他规定：

① 除捕捞后直接出口的野生捕捞水生动物外，出境水生动物必须来自注册登记养殖场或者中转场。注册登记养殖场、中转场应当保证其出境水生动物符合进口国家或者地区的标准或者合同要求，并向出口商出具《出境水生动物供货证明》。

② 中转场需凭注册登记养殖场出具的《出境水生动物供货证明》接收水生动物。

③ 出境水生动物必须凭产地检验检疫机构出具的动物卫生证书或《出境货物换证凭单》及检验检疫封识进入口岸中转场。在中转场内不得将不同来源的水生动物混合拼装。凡是在口岸中转场内改变包装的、出口前变更输入国家或地区的或超过规定有效期的，必须重新向口岸检验检疫机构报检。

2．出境动物产品及其他检疫物的报检

（1）报检范围。根据《动植物检疫法》的规定，对出境的动物产品和其他检疫物实施检疫。

在这里，“动物产品”是指来源于动物未经加工或者虽经加工但仍有可能传播疫病的动物产品，如生皮张、毛类、肉类、脏器、油脂、动物水产品、奶制品、蛋类、血液、精液、胚胎、骨、蹄、角等。

“其他检疫物”是指动物疫苗、血清、诊断液、动植物性废弃物等。

（2）报检时间。出境动物产品，应在出境前7天报检；须作熏蒸消毒处理的，应在出境前15天报检。

（3）报检应提供的单证。除按规定填写《出境货物报检单》，并提供外贸合同或销售确认书、发票、装箱单等有关外贸单证外，还应提供如下相应单证：

1）出境动物产品生产企业（包括加工厂、屠宰厂、冷库、仓库）的卫生注册登记证；

2）如果出境动物产品来源于国内某种属于国家级保护或濒危物种的动物、濒危野生动植物种国际贸易公约中的中国物种的动物，报检时必须递交国家濒危物种进出口管理办公室出具的《允许出口证明书》。

（4）其他规定和要求。国家对生产出境动物产品的企业（包括加工厂、屠宰厂、冷库、仓库）实施卫生注册登记制度。货主或其代理人向检验检疫机构报检的出境动物产品，必须产自经注册登记的生产企业并存放于经注册登记的冷库或仓库。

第五章　入境货物报检业务

第一节　入境货物报检的一般规定

一、入境货物报检的方式

入境货物的报检方式通常分为三类：进境一般报检、进境流向报检、异地施检报检。申请进境一般报检的货物，其通关地与目的地通常在同一辖区内；申请进境流向报检和异地施检报检货物的通关地与目的地属于不同辖区。

1．进境一般报检

进境一般报检是指法定检验检疫入境货物的货主或其代理人，持有关单证向卸货口岸检验检疫机构申请取得《入境货物通关单》（两联），并由口岸检验检疫机构完成对货物的检验检疫的报检方式。采取进境一般报检时，货主或其代理人在办理完通关手续后要及时主动与货物目的地检验检疫机构联系落实检验检疫工作。

2．进境流向报检

进境流向报检，亦称口岸清关转异地进行检验检疫的报检，是指法定检验检疫货物的收货人或其代理人持有关单证在卸货口岸向口岸检验检疫机构报检，进境口岸检验检疫机构只对其进行必要的检疫处理，货物获得《入境货物通关单》（四联）并通关后，由货主或其代理人将货物调往目的地，由目的地检验检疫机构进行检验检疫监管。

3．异地施检报检

异地施检报检，是指已在口岸完成进境流向报检，货物到达目的地后，该批进境货物的货主或其代理人在规定的时间内，向目的地检验检疫机构申请进行检验检疫的报检。异地施检报检时应提供口岸检验检疫机构签发的《入境货物调离通知单》。

二、报检的时限和地点

1．报检的时限

（1）输入微生物、人体组织、生物制品、血液及其制品或种畜、禽及其精液、胚胎、受精卵的，应当在入境前30天报检；

（2）输入其他动物的，应在入境前15天报检；

（3）输入植物、种子、种苗及其他繁殖材料的，应在入境前7天报检；

（4）入境货物需对外索赔出证的，应在索赔有效期前不少于20天内向到货口岸或货物到达地的检验检疫机构报检。

2．报检的地点

（1）审批、许可证等有关证件中规定检验检疫地点的，在规定的地点报检；

（2）大宗散装商品，易腐烂变质商品，废旧物品及在卸货时发现包装破损，重量、数量短缺的商品，必须在卸货口岸检验检疫机构报检；

（3）需结合安装调试进行检验的成套设备、机电仪产品以及在口岸开件后难以恢复包装的商品，应在收货人所在地检验检疫机构报检并检验；

（4）其他入境货物，应在入境前或入境时向报关地检验检疫机构报检；

（5）入境的运输工具及人员应在入境前或入境时向入境口岸检验检疫机构申报。

（6）对于符合直通式放行条件的企业，可以根据报关地的选择，在口岸检验检疫机构或者目的地检验检疫机构报检。

三、入境货物报检应提供的证单

1．入境报检时，应填写《入境货物报检单》并提供外贸合同、发票、装箱单、提（运）单、提货单等有关单证。

2．按照检验检疫的要求，有关货物需提供其他特殊单证。

四、入境货物报检应申领的证单

1．入境法检货物货主或其代理人需向报关地检验检疫机构申领《入境货物通关单》，作为向海关报关的必备随附单据。

2．检验检疫合格后，作为法检货物销售/使用的凭证，入境法检货物货主或其代理人可向检验检疫机构申领《入境货物检验检疫证明》；入境食品货主或其代理人可向检验检疫机构申领《卫生证书》；入境汽车货主或其代理人可向检验检疫机构一车一单申领《进口机动车辆随车检验单》。

3．对于申请残损鉴定的货物，货主或其代理人需向检验检疫机构申领有关检验鉴定证书和《入境货物通关单》。进口商可依该检验鉴定证书向有关方面提出索赔。当换货、补发货进口通关时，进口商可凭检验鉴定证书和《入境货物通关单》免交换补货的进口关税。

4．对于申请外商投资财产价值鉴定的，外商投资财产关系人需向检验检疫机构申领《价值鉴定证书》，作为到所在地会计事务所办理验资手续的凭证。

五、《入境货物报检单》填制规范

报检单所列各项内容应填写完整、准确、清晰、不得涂改，中英文内容应一致，报检单位应填写单位的全称并加盖单位印章。

1．编号：由检验检疫机构报检受理人员填写，前6位为检验检疫机构代码，第7位为报检类代码，第8、9位为年代码，第10至15位为流水号。

2．报检单位登记号：报检单位在检验检疫机构备案或注册登记的代码。

3．联系人：报检人员姓名。电话：报检人员的联系电话。

4．报检日期：检验检疫机构实际受理报检的日期，由检验检疫机构受理报检人员填写。

5．收货人：外贸合同中的收货人。应中英文对照填写。

6．发货人：外贸合同中的发货人。

7．货物名称（中/外文）：本批货物的品名，应与进口合同、发票名称一致，如为废旧货物应注明。

8．HS 编码：本批货物的商品编码。以当年海关公布的商品税则编码分类为准。

9．原产国（地区）：本批货物的生产、开采或加工制造的国家或地区。对经过几个国家或地区加工制造的货物，以最后一个对货物进行实质性加工的国家或地区作为该货物的原产国。同一批货物的原产地不同的，应当分别填报原产国（地区）。退运货物原产国填制为“中国”。在保税区（含保税港区、监管仓库）或加工区进行了实质性加工的货物出区输往国内时，原产国填制为“中国”。

10．数/重量：应与合同、发票或报关单上所列的货物数/重量一致，并应注明数重量单位；重量一般填写“净重”。填制数重量时，对于 HS 编码对应的第一计量单位必须输入；第一计量单位填制完毕后，可以同时填制另一项数/重量。

11．货物总值：应填报同一项号下进出口货物实际成交的价格，填写入境货物的总值及币种，应与合同、发票或报关单上所列的货物总值一致；对于非贸易性进出口货物等没有合同、发票情况的，按报关价填制。

12．包装种类及数量：货物实际运输包装的种类及数量，应注明包装材质。

13．运输工具名称号码：本批货物国际运输的运输工具的名称和号码。

14．合同号：对外贸易合同、订单或形式发票的号码。

15．贸易方式：该批货物进口的贸易方式。

16．贸易国别（地区）：外贸合同的卖方所在国家或地区。

17．提单/运单号：货物海运提单号、空运单号或铁路运单号。该号码必须与运输部门的载货清单所列相应内容（包括数字、英文大小写、符号、空格等）一致。转船运输的，一般应填写最终航程的提（运）单号。

18．到货日期：进口货物到达口岸的日期；日期为 8 位数字，顺序为年（4 位）、月（2 位）、日（2 位）。

19．起运国家（地区）：进口货物起始发出直接运抵我国的国家或地区，或者在运输中转国（地区）未发生任何商业性交易的情况下运抵我国的国家或地区。从中国境内保税区、出口加工区入境的，填制“保税区”或“出口加工区”。

20．许可证/审批号：需办理进境许可证或审批的货物应填写有关许可证号或审批号。

21．卸毕日期：货物在口岸的卸毕日期。日期为 8 位数字，顺序为年（4 位）、月（2 位）、日（2 位）。

22．起运口岸：装运本批货物的交通工具起始发出直接运抵我国的口岸。货物从内陆国家陆运至他国海港口岸装船出运的，按第一海港口岸填制。从中国境内保税区、出口加工区入境的，填制“保税区”或“出口加工区”。

23．入境口岸：本批货物从运输工具卸离的第一个境内口岸。

24．索赔有效期至：对外贸易合同中约定的索赔期限，如 60 天；合同中未约定索赔有效期的，应注明“无索赔期”。

25．经停口岸：指货物随运输工具离开第一个境外口岸后，在抵达中国入境口岸之前所抵靠的发生货物（含集装箱）装卸的境外口岸。

26．目的地：指已知的进境货物在我国国内消费、使用地区或最终运抵的地点。一般应具体到县市行政区名称。对于同一县市行政区内有超过一个检验检疫机构的，应根据当地检验检疫机构的要求对目的地进行进一步细化。

27．集装箱规格、数量及号码：货物若以集装箱运输应填写集装箱的规格、数量及号码；数据应与提/运单一致。

28．合同订立的特殊条款以及其他要求：在合同中订立的有关检验检疫的特殊条款及其他要求应填入此栏；若没有可填“无”。

29．货物存放地点：货物进境后拟存放的地点，以便检验检疫机构顺利验货。

30．用途：本批货物的实际用途。根据实际情况，按照“用途代码表”选填种用或繁殖、食用、奶用、观赏或演艺、伴侣动物、实验、药用、饲用、介质土、食品包装材料、食品加工设备、食品添加剂、食品容器、食品洗涤剂、食品消毒剂、其他。对于选择“其他”的，应在报检单中手填具体的用途。

31．随附单据：按实际在随附单据种类前“□”上画“√”或补填。

32．标记及号码：货物的运输标志，应填标记号码（唛头）中除了图形以外的所有文字和数字，应与合同、提单、发票和货物实际状况保持一致。若没有标记号码则填“N/M”，不能填制“***”。

33．外商投资财产：由检验检疫机构报检受理人员填写；但企业通过申报系统填制报检单及发送电子数据时，可以在此项中选择“是”或“否”。由于检验检疫机构已不再强行强制性的价值鉴定工作，因此，企业一般选择“否”。

34．签名：由负责本批货物报检的报检人员手签或盖章；不得打印。

35．检验检疫费：由检验检疫机构计费人员核定费用后填写。

36．领取证单：报检人在领取检验检疫机构出具的有关检验检疫证单时填写实际领证日期并签名。

第二节 入境特殊物品的报检要求

为了保护国家经济的顺利发展，保护人民的生命和生活环境的安全与健康，国家对一些重要的商品实施强制性检验检疫。本章主要介绍部分重要商品在报检时的特殊要求及相关制度等。

一、入境木质包装的报检

1．报检的范围

法定检验的木质包装包括：输入中国货物的木质包装。这里的货物木质包装是指用于承载、包装、铺垫、支撑、加固货物的木质材料，如木板箱、木条箱、木托盘、木框、木桶（盛装酒类的橡木桶除外）、木轴、木楔、垫木、枕木、衬木等。不包括经人工合成或者经加热、加压等深度加工的包装用木质材料（如胶合板、刨花板、纤维板等）以及薄板旋切芯、锯屑、木丝、刨花等以及厚度等于或者小于6mm的木质材料。

2．报检的要求

进境货物使用木质包装的，货主或其代理人应当向出入境检验检疫机构报检并配合检验检疫机构实施检疫。

列入《法检目录》的货物，签发《入境货物通关单》并对木质包装实施检疫。未列入《法检目录》的，海关放行后实施检疫。

2006 年 1 月 1 日起，按照国家质检总局 2005 年第 11 号公告的规定，入境木质包装必须具有 IPPC 标识才能放行。

检验检疫机构按照以下情况进行处理：

（1）对已加施 IPPC 专用标识的木质包装，按规定抽查检疫，未发现活的有害生物的，立即予以放行；发现活的有害生物的，监督货主或者其代理人对木质包装进行除害处理。

（2）对未加施 IPPC 专用标识的木质包装，在检验检疫机构监督下对木质包装进行除害处理或者销毁处理。

（3）对报检时不能确定木质包装是否加施 IPPC 专用标识的，检验检疫机构按规定抽查检疫。经抽查确认木质包装加施了施 IPPC 专用标识，且未发现活的有害生物的，予以放行；发现活的有害生物的，监督货主或者其代理人对木质包装进行除害处理；经抽查发现木质包装未加施 IPPC 专用标识的，对木质包装进行除害处理或者销毁处理。

二、入境可用作原料的废物的报检

1．入境可用作原料的废物的含义

入境可用作原料的废物是指以任何贸易方式和无偿提供、捐赠等方式进入中华人民共和国境内的一切废物（含废料）。根据可用作原料的废物的物理特性及产生方式可分为：

（1）固体可用作原料的废物，指在生产建设、日常生活和其他活动中产生的污染环境的固态、半固态废弃物质；

（2）工业固体可用作原料的废物，指在工业、交通等生活活动中产生的固体可用作原料的废物；

（3）城市生活垃圾，指在城市日常生活中或者为城市日常生活提供服务的活动中产生的固体可用作原料的废物以及法律、行政法规规定的视为生活垃圾的固体可用作原料的废物；

（4）危险废物，指列入国家危险废物名录或者根据国家规定的危险废物鉴别标准和鉴别方法认定的具有危险性的废物。

2．报检的范围

为切实加强对入境废物的管理，国家将入境废物分两类进行管理：一类是禁止入境的废物；一类是可作为原料但必须严格限制入境的废物。对国家禁止入境的废物，任何单位和个人都不准从事此类废物的进口贸易以及其他经营活动。对可作为原料但必须严格限制入境的废物，国家制订了《限制进口类可用作原料的废物目录》和《自动进口许可管理类可用作原料的废物目录》，在此目录内的废物须由国家环保部统一审批，并由出入境检验检疫机构实行强制性检验检疫。

3．申请进口废物必须符合的条件

申请进口废物必须符合以下条件：

（1）申请进口废物用作原料利用的企业必须是依法成立的企业法人，并具有利用入境废物的能力和相应的污染防治设备；进口废物原料国内收货人实行注册登记制度，自2007年9月1日起，未获得国家质检总局登记的国内收货人，入境口岸检验检疫机构不受理其废物原料的报检申请。

（2）申请进口的废物已被列入《限制进口类可用作原料的废物目录》和《自动进口许可管理类可用作原料的废物目录》。

（3）进口废物前，废物进口单位应事先取得国家环保部签发的《废物原料进口许可证》。废物进口单位与境外贸易关系人签订的进口废物合同中，必须订明入境废物的品质和装运前检验条款；约定入境废物必须由中国检验检疫机构指定或认可的其他检验机构实施装运前检验，检验合格后方可装运。

（4）可用作原料的废物的境外供货企业需获得国家质检总局的批准才能向境内进口商供货。未获得国家质检总局注册的供货企业的可用作原料的废物不得进入中国境内，国家质检总局指定的装运前检验机构不得受理报检，入境口岸检验检疫机构不受理其报检申请。

（5）入境可用作原料的废物的卫生和动植物检疫项目主要是检疫病媒昆虫、啮齿动物、病虫害及致病微生物等。废物原料到达口岸时，承运人、代理人或者货主，必须向卫生检疫机关申报并接受卫生检疫。来自疫区的，被传染病污染的以及可能传播检疫传染病或者发现与人类健康有关的啮齿动物和病媒昆虫的集装箱、货物、废旧物等物品，应当实施消毒、除鼠、除虫或者其他必要的卫生处理。

4．报检的要求

入境废物原料到达口岸后货主或其代理人应立即向口岸或到达站检验检疫机构报检。并由检验检疫机构根据货物不同性质特点实施卫生检验、检疫处理、实施环保项目的检验，经检验检疫合格后方可签发《入境货物通关单》供货主办理通关放行手续。

通关后的可用作原料的废物品质检验可申请收用货地检验检疫机构实施。品质检验合格的由检验检疫机构签发《入境货物检验检疫证明》，准予销售、使用。经检验不符合有关规定或合同约定的，由检验检疫机构签发品质检验证书对外进行索赔。

5．报检时应提供的单据

入境废物原料在口岸办理报检时除按规定填写入境货物报检单外，还应按规定提供以下证单：

（1）对外贸易合同、提单、发票、装箱单；

（2）国家环保部签发的《废物原料进口许可证》（检验检疫联），并复印留存；

（3）国内外贸易企业的注册登记证书（复印件）；

（4）国家质检总局认可的检验机构签发的装运前检验证书（正本）；

（5）自陆运口岸入境的废物，报检时还必须提供出境国官方机构出具的检验合格证书（主要内容为不含爆炸物和放射性符合我国标准）。

6．境外检验机构

目前国家质检总局认可的境外检验机构有：中国检验有限公司（香港）；日中商品检查株式会社；中国检验认证集团北美有限公司；中国检验认证集团澳大利亚有限公司；中国检验认证集团不莱梅有限公司；中国检验认证集团俄罗斯代表处；中国检验认证集团马赛有限公司；中国检验认证集团新西兰有限公司；中国检验认证集团新加坡有限公司；中国检验认

证集团菲律宾有限公司；中国检验认证集团西班牙有限公司；中国检验认证集团伦敦有限公司；中国检验认证集团澳门有限公司；中国检验认证集团欧洲有限公司；中国检验认证集团阿拉木图有限公司；中国检验认证集团加拿大有限公司；中国检验认证集团迪拜有限公司；五洲检验（泰国）有限公司。

三、入境机电产品的报检

我国对于重要的进口机电仪器类和大型的成套设备，收货人应依照合同在出口装运前派人进行预检、监造或监装。对重大进口设备或成套工程项目，检验机构应驻现场检验，参与检验方案、检验制度的制定，督促建设单位按照规定，严格把好质量关。此外。对于下列进口的机电产品有特殊的报检要求：

1．强制性产品认证

国家对涉及人类健康和动植物生命和健康，以及环境保护和公共安全的产品实行强制性认证制度。自2002年5月1日起，列入《中华人民共和国实施强制性产品认证的产品目录》内的商品，必须经过指定的认证机构认证合格、取得指定认证机构颁发的认证证书、并加施认证标志后，方可进口。

实施强制性产品认证商品的收货人或其代理人在报检时除填写入境货物报检单并随附有关的外贸证单外，还应提供认证证书复印件并在产品上加施认证标志。

2．进口许可证民用商品入境验证

民用商品入境验证是指对国家实行强制性产品认证的民用商品，在通关入境时由出入境检验检疫机构核查其是否取得必需的证明文件。

对列入《法检目录》内的检验检疫类别为“L”的进口商品的收货人或其代理人，在办理进口报检时，应当提供有关进口许可的证明文件。口岸检验检疫机构对其认证文件进行验证，必要时对其货证的相符性以及认证标记进行查验。

3．入境旧机电产品

（1）报检的范围

法定检验的旧机电产品包括所有进口的旧机电产品。

所谓“旧机电产品”，是指已经使用过（包括翻新）的机电产品，如旧压力容器类、旧工程机械类、旧电器类、旧车船类、旧印刷机械类、旧食品机械类、旧农业机械类等。进口旧机电产品，进口单位须向国家质检总局或其授权机构申请办理进口检验。

根据《进口旧机电产品检验监督管理办法》旧机电产品是指符合下列条件之一者：

1）已经使用，仍具备基本功能和一定使用价值的机电产品；

2）未经使用但存放时间过长，超过质量保证期的机电产品；

3）未经使用但存放时间过长，部件产生明显有形损耗的机电产品；

4）新旧部件混装的机电产品；

5）大型二手成套设备。

报检的旧机电产品既包括国家机电办公室管理的机电产品，又包括其他不属于机电办公室管理的机电产品。旧机电产品不包括国家禁止进口货物。

进口的旧机电产品必须符合我国有关安全、卫生和环境保护的国家技术规范的强制性要求。进口旧机电产品未经检验或者经检验不符合我国有关要求的不得销售、安装和使用。

（2）入境旧机电产品备案

“进境旧机电产品备案”是指国家允许进口的旧机电产品的收货人或其代理人在合同签署之前，向国家质检总局或者进口旧机电产品的收货人所在地直属检验检疫局申请货物登记备案，并办理有关手续的活动。

凡列入《国家质检总局办理备案的进口旧机电产品目录》的进口旧机电产品，经所在地直属检验检疫局初审后，报国家质检总局备案；目录外的进口旧机电产品由所在地直属检验检疫局受理备案申请。国务院国有资产监督管理委员会履行出资人职责的企业及其所属的经营型企业进口旧机电产品的备案申请由国家质检总局受理。列入《不予受理的进口旧机电产品目录》的进口旧旧机电产品，除国家特殊需要并经国家质检总局批准的之外，进口旧机电产品备案机构一律不予受理备案申请。

国家质检总局或所在地直属检验检疫局在受理备案申请后5个工作日内确定该批进口旧机电产品是否需要实施装运前预检验。对需要进行装运前预检验的，出具《进口旧机电产品装运前预检验备案书》；对不需要进行装运前预检验的，出具《进口旧机电产品免装运前预检验证明书》。

对需要进行装运前预检验的，备案申请人应持《进口旧机电产品装运前预检验备案书》及备案产品清单及时向装运前预检验机构申请装运前预检验。

对国家质检总局签发《进口旧机电产品装运前预检验备案书》的进口旧机电产品，由国家质检总局指定直属检验检疫局组织实施装运前预检验；对直属检验检疫局签发《进口旧机电产品装运前预检验备案书》的进口旧机电产品，由直属检验检疫局组织实施装运前预检验。

（3）入境旧机电产品报检的程序

1）进口旧机电产品运抵口岸后，收货人或者其代理人应当持《进口旧机电产品免装运前预检验证明书》（正本）或者《进口旧机电产品装运前预检验备案书》（正本）、《装运前预检验报告》（正本）和《装运前预检验证书》（正本）以及其他必要单证办理进口报检手续。

2）口岸检验检疫机构受理报检后，核查单证，必要时按照规定实施现场查验，符合要求的，签发《入境货物通关单》，并在《入境货物通关单》上注明为旧机电产品。

3）进口旧机电产品的收货人或其代理人应当在货到使用地 6 个工作日内，持有关报检资料向货物使用地检验检疫机构申报检验。

（4）报检时应提供的证单

报检时应提供以下相关单证：

1）进口属于“限制进口机电产品目录”内，而且不属于“旧机电产品禁止进口目录”内的旧机电产品，其货主或其代理人报检时应提供商务部签发的注明为旧机电的相关机电进口证明。

2）进口属于“由外经贸部签发许可证的自动进口许可机电产品目录”或“由外经贸部签发自动进口许可证的旧机电产品目录”内，而且不属于“旧机电产品禁止进口目录”内的旧机电产品，其货主或其代理人报检时应提供商务部签发的注明为旧机电的相关机电进口证明。

3）进口属于“由地方、部门机电办签发许可证的自动进口许可机电产品目录”内，而且不属于“旧机电产品禁止进口目录”内，又不属于“外经贸部签发自动进口许可证的旧机电产品目录”内的旧机电产品，货主或其代理人报检时应提供各地方、部门机电办签发的注明为旧机电的相关机电进口证明。

4）进口旧机电产品的单位，在签署合同或有约束力的协议时，必须按照国家安全、卫生、环保等法律、行政法规的规定订明该产品的检验依据及各项技术指标等的检验条款。对涉及国家安全、环保、人类健康的旧机电产品以及大型二手成套设备，进口单位必须在对外贸易合同中订明在出口国进行装运前预检验、监装等条款。国家规定必须进行装船前预检验的旧机电产品，报检时还应提供装运前检验证书。

5）列入《中华人民共和国实施强制性产品认证的产品目录》内的旧机电产品，用于销售、租赁或者专业维修等用途的，备案申请人在提交规定的备案申请资料的同时，还必须提供相应的“CCC 认证”证明文件。国家特殊需要并经国家质检总局批准的除外。

6）进口旧机电产品报检时，还需要提供《进口旧机电产品备案书》或《免予装运前检验证书》。

4．入境电池产品

为加强电池产品汞污染的防治工作，自 2001 年 1 月 1 日起，进出口电池产品汞含量由检验检疫机构实施强制检验。进出口电池产品实行备案和汞含量年度专项检测制度。汞含量专项检测由国家质检总局核准实施进出口电池产品汞含量检测的实验室实施。

所在地检验检疫机构受理备案申请后，对进出口电池产品是否属含汞电池产品进行审核。经审核，对不含汞的电池产品，直接签发《进出口电池产品备案书》；对含汞及必须通过检测才能确定其是否含汞的电池产品，须进行汞含量专项检测。受理备案申请的检验检疫机构凭“汞含量检测实验室”出具的《电池产品汞含量检测合格确认书》（正本）审核换发《进出口电池产品备案书》。

进口电池产品的收货人或其代理人在报检时应提供《进出口电池产品备案书》。

《电池产品汞含量检测合格确认书》的有效期为一年。

《进出口电池产品备案书》有效期也为一年，有效期到期前一个月，备案申请人凭进出口电池产品制造商对其产品未曾更改结构、工艺、配方等有关制造条件和对其产品汞含量符合中国法律法规的书面声明，到原签发机构核发下一年度的《进出口电池产品备案书》。

四、入境汽车的报检

1．报检的范围

入境汽车的报检范围包括列入《法检目录》的汽车；以及虽未列入目录，但国家有关法律法规明确由检验检疫机构负责检验的汽车。运输工具的卫生检疫和动植物检疫不属于此范围。

2．报检程序

（1）入境汽车的收货人或其代理人应持有关证单在进境口岸或到达站办理报检手续，口岸检验检疫机构审核后签发《入境货物通关单》。

（2）入境口岸检验检疫机构负责入境汽车入境检验工作，用户所在地检验检疫机构负责入境汽车质保期内的检验管理工作。

（3）对转关到内地的入境汽车，视通关所在地为口岸，由通关所在地检验检疫机构负责检验。

（4）对大批量入境汽车，外贸经营单位和收用货主管单位应在对外贸易合同中约定在出境国装运前进行预检验、监造或监装，检验检疫机构可根据需要派出检验人员参加或者组织实施在出境国的检验。

（5）经检验合格的入境汽车，由口岸检验检疫机构签发《入境货物检验检疫证明》，并一车一单签发《进口机动车辆随车检验单》；用户在国内购买进口汽车时必须取得检验检疫机构签发的《进口机动车辆随车检验单》和购车发票。在办理正式牌证前到所在地检验检疫机构登检、换发《进口机动车辆检验证明》，作为到车辆管理机关办理正式牌证的依据。

（6）各有关单位在办理进口机动车辆的有关事宜时，按《进口机动车辆制造厂名称和车辆品牌中英文对照表》规定的进口汽车、摩托车制造厂名称和车辆品牌中文译名进行签注和计算机管理。对未列入《进口机动车辆制造厂名称和车辆品牌中英文对照表》的进口机动车制造厂商及车辆品牌，在申请汽车产品强制性认证时，进口关系人应向国家指定的汽车产品认证机构提供进口机动车制造厂商和（或）车辆品牌的中文译名。经指定认证机构审核后，报国家质检总局备案并通报各有关单位。

（7）2008年3月1日起，检验检疫机构对入境机动车实施车辆识别代号（简称VIN）入境验证管理。

入境机动车的车辆识别代号（VIN）必须符合国家强制性标准《道路车辆识别代号（VIN）》（GB16735—2004）的要求。对VIN不符合上述标准的入境机动车，检验检疫机构将禁止其入境，公安机关不予办理注册登记手续，国家特殊需要并经批准的，以及常驻我国的境外人员，我国驻外使领馆人员自带的除外。

为便利入境机动车产品便利通关，在入境前，强制性产品认证证书（CCC证书）的持有人或其授权人可向签发CCC证书的认证机构提交拟入境的全部车辆的VIN和相关结构参数资料进行备案，认证机构再对上述资料进行核对、整理后上报国家质检总局及认监委，以便口岸检验检疫机构对入境机动车产品的VIN进行入境验证。

3．报检时应提供的单据

报检时应提供以下单据：

（1）直接从国外进口汽车的收货人或代理人在入境口岸报检时，应提供合同、发票、提（运）单、装箱单、中国强制认证证书复印件、非CFC—12为制冷工质的汽车空调器压缩机的证明以及海关出具的《进口货物证明》正本及复印件等证单及有关技术资料。

（2）通过国内渠道购买进口汽车的用户在报检时应提供口岸检验检疫机构签发的《进口机动车辆随车检验单》正本和海关出具的《进口货物证明》的正本及复印件。单位用车须提供企业代码或营业执照复印件；个人自用的进口机动车报检时须提供车主的身份证及复印件，或户口簿及复印件。

（3）罚没的进口汽车的用户报检时应提供罚没证正本、商业发票等。单位用车须提供企业代码或营业执照复印件；个人自用的进口机动车报检时须提供使用人的身份证及复印件，或户口簿及复印件。

五、特殊物品的报检

1. 报检的范围

出入境特殊物品是指微生物、人体组织、生物制品、血液及其制品等物品。“微生物”包括病毒、细菌、真菌、放线菌、立克次氏体、螺旋体、衣原体等医学微生物的菌种、毒种及培养物等和医用抗生素菌种。“人体组织”包括人体器官、组织、细胞和人胚活细胞组织等。“生物制品”包括各类菌苗、疫苗、毒素、类毒素、干扰素、激素、单克隆抗体、酶及其制剂、各种诊断用试剂。“血液及其制品”指全血、血浆、血清、脐带血、血细胞、球蛋白、白蛋白、纤维蛋白原、蛋白因子、血小板等。

2. 审批的程序

入境特殊制品，必须办理卫生检疫审批手续，未经检验检疫机构许可不准入境。入境特殊物品的申报人在特殊物品入境前 10 天到当地检验检疫机构办理特殊物品审批手续。

3. 报检时应提供的单据

报检人办理入境特殊物品报检手续时，须携带《入/出境特殊物品卫生检疫审批单》及合同（或函电）、发票、提单（运单）等相关资料到口岸检验检疫局申请《入境货物通关单》，由口岸检验检疫局有关部门实施查验。

六、入境食品的报检

《中华人民共和国食品安全法》已由中华人民共和国第十一届全国人民代表大会常务委员会第七次会议于 2009 年 2 月 28 日通过并予以公布，自 2009 年 6 月 1 日起施行。原《中华人民共和国食品卫生法》同时废止。

1. 报检的范围

需法定检验的入境食品包括入境的食品、食品添加剂、食品容器、食品包装容器、食品包装材料和食品用工具及设备等。

在《中华人民共和国食品安全法》中对食品和食品添加剂的定义为：食品是指各种供人食用或者饮用的成品和原料以及按照传统既是食品又是药品的物品，但是不包括以治疗为目的的物品。食品添加剂是指为改善食品品质和色、香、味，以及为防腐和加工工艺的需要而加入食品中的化学合成或者天然物质。

进口的食品应当经出入境检验检疫机构检验合格后，海关凭出入境检验检疫机构签发的通关证明放行。

2. 报检要求

（1）标签审核。食品标签，是指在食品包装容器上或附于食品包装容器上的一切附签、吊牌、文字、图形、符号说明物。预包装食品，指预先定量包装或者制作在包装材料和容器中的食品。

食品和添加剂的标签、说明书，不得含有虚假、夸大的内容，不得涉及疾病预防、治疗功能。生产者对标签、说明书上所载明的内容负责。食品和食品添加剂的标签、说明书应当清楚、明显，容易辨识。食品和食品添加剂与其标签、说明书所载明的内容不符的，不得上市销售。

入境的预包装食品应当有中文标签、中文说明书。标签、说明书应当符合《食品安全法》以及我国其他有关法律、法规的规定和食品安全国家标准的要求，载明食品的原产地以及境内代理商的名称、地址、联系方式。预包装食品没有中文标签、中文说明书或者标签、说明书不符合《食品安全法》规定的，不得入境。

目前，检验检疫机构对食品的标签审核，与入境食品检验检疫结合进行。入境食品标签审核的内容包括：标签的格式、版面以及标注的与质量有关的内容是否真实、准确。经审核合格的，在按规定出具的检验证明文件中加注“标签经审核合格”。

（2）凡以保健食品名义报检的入境食品必须报国家食品药品监督管理局审批合格后方准入境。凡取得保健食品批号的入境保健食品，在入境时须增做功能性复核实验项目，否则一律不予签发《卫生证书》。

（3）进口尚无食品安全国家标准的食品，或者首次进口食品添加剂新品种、食品相关产品新品种，进口商应当向国务院卫生行政部门提出申请并提交相关的安全性评估材料。国务院卫生行政部门依照《食品安全法》第四十四条规定做出是否准予许可的决定，并及时制定相应的食品安全国家标准。

（4）向我国境内出口食品的出口商或者代理商应当向国家出入境检验检疫部门备案。向我国境内出口食品的境外食品生产企业应当经国家出入境检验检疫部门注册。

国家出入境检验检疫部门应当定期公布已经备案的出口商、代理商和已经注册的境外食品生产企业名单。

（5）进口商应当建立食品进口和销售记录制度，如实记录食品的名称、规格、数量、生产日期、生产或者进口批号、保质期、出口商和购货者名称及联系方式、交货日期等内容。

食品进口和销售记录应当真实，保存期限不得少于2年。

3．报检时应提供的单据

（1）报检人按规定填写《入境货物报检单》并提供相关外贸单据：合同、发票、装箱单、提（运）单等；

（2）入境食品原产地证书；

（3）输出国使用的农药、化肥、除草剂、熏蒸剂及生产食品的原料、添加剂、加工方法等有关资料及标准。

4．入境食品换证

入境食品经营企业（指入境食品的批发、零售商）在批发、零售入境食品时应持有当地检验检疫机构签发的入境食品卫生证书。入境食品在口岸检验合格取得卫生证书后再转运内地销售时，入境食品经营企业应持口岸检验检疫机构签发的入境食品《卫生证书》正本或副本到当地检验检疫机构换取《卫生证书》。申请换证时也应填写《入境货物报检单》，并在报检单“合同订立的特殊条款以及其他要求”一栏中注明需换领证书的份数。

七、入境化妆品的报检

1．报检的范围

法定检验的化妆品指以涂、擦、散布于人体表面任何部位（皮肤、毛发、指甲、口唇等）或口腔黏膜，以达到清洁、护肤、美容和修饰目的的产品。

2．报检要求

国家质检总局对进出境化妆品实施分级监督检验管理制度，按照品牌、品种将进出境化妆品的监督检验分为放宽级和正常级，并根据日常监督检验结果，动态公布《进出境化妆品分级管理类目表》。检验检疫机构对入境化妆品生产企业实施卫生注册登记管理。入境化妆品经营单位应到本地检验检疫机构登记备案。

入境化妆品由进境口岸检验检疫机构实施检验。经检验合格的入境化妆品，必须在检验检疫机构监督下加贴检验检疫标志。

入境化妆品的标签内容必须符合中国法律法规和强制性标准的规定以及与质量有关内容的真实性、准确性。检验检疫机构对化妆品的标签审核与入境化妆品检验检疫结合进行。经检验合格的，在按规定出具的检验证明文件中加注“标签经审核合格”。

化妆品标签审核的内容包括：

（1）标签所标注的化妆品卫生质量状况、功效成分等内容是否真实、准确；

（2）标签的格式、版面、文字说明、图形、符号等是否符合有关规定；

（3）入境化妆品是否使用正确的中文标签；

（4）标签是否符合进口国使用要求。

3．报检时应提供的单据

报检人按规定填写《入境货物报检单》并提供相关外贸单据：合同、发票、装箱单、提（运）单等。从发生疯牛病的国家或地区进口化妆品，有关进口商必须向口岸出入境检验检疫机构提供输出国或地区官方出具的动物检疫证书，说明该化妆品不含有牛、羊的脑及神经组织、内脏、胎盘和血液（含提取物）等动物性原料成分。

八、入境石材、涂料的报检

1．报检的范围

法定检验的入境石材是指《商品名称及编码协调制度》中编码为2515、2516、6801、6802项下的商品；涂料是指《商品名称及编码协调制度》中编码为3208、3209项下的商品。

2．石材的报检程序及应提供的单据

货主或其代理人应在货物入境前按《出入境检验检疫报检规定》，到入境口岸检验检疫机构办理报检。报检时除提供合同、发票、提单和装箱单等资料外，还应提供符合GB6566-2001分类要求的石材说明书，注明石材原产地、用途、放射性水平类别和适用范围等；报检人未提供说明书或者说明书中未注明的，均视为使用范围不受限制，检验时依据GB6566-2001规定的最严格限量要求进行验收。

3．涂料的报检程序及应提供的单据

（1）登记备案

国家质检总局对进口涂料的检验采取登记备案、专项检测制度。进口涂料的生产商、进口商和进口代理商根据需要，可以向备案机构申请进口涂料备案。备案申请应在涂料入境之前至少2个月向备案机构申请。

国家质检总局指定的进口涂料备案机构和专项检测实验室，分别负责进口涂料的备案和专项检测。备案机构和专项检测实验室必须具备检测能力和相应的资格。

（2）报检程序及应提供的证单

货主或其代理人应当在进口涂料入境前按照《出入境检验检疫报检规定》，到入境口岸检验检疫机构办理报检。报检时除提供合同、发票、提单和装箱单等资料外，已经备案的涂料应同时提交《进口涂料备案书》或其复印件。

口岸检验检疫机构按照以下规定实施检验：

1）逐批核查《进口涂料备案书》的符合性。核查内容包括品名、品牌、型号、生产厂商、产地、标签等。

2）专项检测项目的抽查。同一品牌涂料年度抽查比例不少于入境批次的10%，每个批次抽查不少于入境规格型号种类的10%，所抽取样品送专项检测实验室进行专项检测。

3）对未经备案的进口涂料，检验检疫机构接受报检后，按照有关规定抽取样品，并由报检人将样品送专项检测实验室检测，检验检疫机构根据专项检测报告进行符合性核查。

4）经检验合格的进口涂料，检验检疫机构签发《入境货物检验检疫证明》。检验不合格的进口涂料，检验检疫机构出具检验检疫证书，并报国家质检总局。对专项检测不合格的进口涂料，收货人需将其退运出境或者按照有关规定妥善处理。

九、鉴定业务的报检

1．外商投资财产价值鉴定

（1）报检的范围

外商投资财产包括：外商投资企业及各种对外补偿贸易方式中，境外（包括港、澳、台地区）投资者以实物作价投资的，或外商投资企业委托国外投资者用投资资金从境外购买的财产（外商独资企业的外商投资财产除外）。

外商投资财产价值鉴定的内容包括：外商投资财产的品种、质量、数量、价值和损失鉴定。品种、质量、数量鉴定是对外商投资财产的品名、型号、质量、数量、规格、商标、新旧程度及出厂日期、制造国别、厂家等进行鉴定。价值鉴定是对外商投资财产的现时价值进行鉴定。损失鉴定是对外商投资财产因自然灾害、意外事故引起的损失的原因、程度，以及损失清理费用和残余价值的鉴定。

（2）报检的程序

报检人应向口岸或到达站检验检疫机构提出申请，口岸或到达站检验检疫机构审核其有关单据符合要求后受理其报检申请，并予以签发《入境货物通关单》。企业凭此单向海关办理通关放行手续。货物通关后，货主或其代理人应及时与出入境检验检疫机构联系办理具体检验鉴定手续。货物通关后转运异地的，应及时与最终到货地检验检疫机构联系办理检验鉴定

手续。检验检疫机构对鉴定完毕的外商投资财产签发《价值鉴定证书》，供企业到所在地会计事务所办理验资手续。

（3）报检应提供的单据

报检人按规定填写《入境货物报检单》并提供相关外贸单据：合同、发票、装箱单、提（运）单等。首次办理的企业应提供营业执照副本复印件、外商投资企业批准证书复印件、公司章程、进口财产明细表。若投资物涉及废、旧物品及许可证管理的物品，应取得相应证明文件。

2．残损鉴定

（1）鉴定范围

入境商品发生残损或者可能发生残损需要进行残损检验鉴定的，入境商品的收货人或者其他贸易关系人应当向入境商品卸货口岸所在地检验检疫机构申请残损检验鉴定。检验检疫机构凭入境商品的发货人、收货人、保险人、承运人的申请和国内外仲裁、司法、检验机构的委托，办理舱口检视、载损鉴定、监视卸载、海损鉴定、验残等入境商品残损鉴定工作，以确定货损的原因、货损程度、货损金额及商品的贬值程度或加工整理的费用等。

（2）申请鉴定的时间和地点

入境商品在卸货中发现或者发生残损的，应当停止卸货并立即申请。需要登轮了解受损情况，确定受损范围和判定致损原因的，应在卸货前申请鉴定。对易腐、易变、易扩大损失的残损商品，发现残损立即申请鉴定。须申请到货地检验检疫机构坚定的残损商品，应在索赔期满 20 天前申请鉴定。卸货时发现包装或外表残损的入境商品必须在卸货口岸申请当地检验检疫机构鉴定。包装完整或有隐蔽性缺陷的残损商品，可向到货地检验检疫机构申请鉴定。

检验检疫机构鉴定后出具残损证书，进口商可依此向有关方面提出索赔。依照国际惯例，残损鉴定费应由造成残损一方负担。当换货、补发货入境通关时，进口商可凭检验检疫机构出具的有关检验鉴定证书和《入境货物通关单》免交换补货的进口关税。

（3）申请鉴定时应提供的单据

1）申请舱口检视、载损鉴定和监视卸载的应提供舱单、积载图、航海日志及海事声明等；

2）申请海损鉴定的，应提供舱单、积载图、提单、海事报告、事故报告等；

3）申请验残的应提供合同、提单、发票、装箱单、理货残损单、说明书、重量明细单、品质证书等。

另外，报检人还应提供货损情况说明，对已与外商签署退换货赔偿协议的应附赔偿协议复印件。

十、入境展览物品检验检疫的报检

1．报检的范围

参加国际展览的入境展览物品及其包装材料、运输工具均应实施检验检疫。

2．报检程序

展览物品入境前、入境时，货主或其代理人应持有关证单向出入境检验检疫机构报检，出入境检验检疫机构根据有关规定出具《入境货物通关单》。入境展品不必进行品质检验。

入境展览物品运抵存放地后，检验检疫人员实施现场检验检疫，对入境的集装箱进行检疫处理，并按有关规定对入境货物进行取样。经现场检验检疫合格或经检验检疫处理合格的展览物品，可以进入展览馆展出，展览期间受检验检疫机构的监管。经检疫不合格又无有效处理方法的作退运或销毁处理。

入境展览物品在展览期间必须接受检验检疫人员的监督管理，仅供用于展览，未经许可不得改作他用。展览会结束后，所有入境展览物品须在检验检疫人员监管下由货主或其代理人作退运、留购或销毁处理。留购的展览物品，报检人应重新办理有关检验检疫手续。

退运的展览物品，需出具官方的检疫证书的应在出境前向出入境检验检疫机构报检，经检疫或除害处理合格后，出具有关证书，准予出境。

3．报检时应提供的单据

报检时，应填写《入境货物报检单》并提供外贸合同、发票、提（运）单等有关证单。

入境展览物品为旧机电产品的应按旧机电产品备案手续办理相关证明。

需进行检疫审批的动植物及其产品，应提供相应的检疫审批手续。

十一、入境人类食品和动物饲料添加剂及原料产品的报检

1．报检的范围

国家质检总局与商务部、海关总署于2007年4月30日印发的将124种人类食品和动物饲料添加剂及原料产品列入《法检目录》的联合公告（2007年第70号）提及的产品。

2．报检要求

（1）对申报用于人类食品和动物饲料添加剂及原料的产品，由出入境检验检疫机构进行检验检疫，海关凭出入境检验检疫机构签发的《出/入境货物通关单》办理放行手续。

（2）对申报仅用于工业用途，不用于人类食品和动物饲料添加剂及原料的产品，企业须提交贸易合同及非用于人类食品和动物饲料添加剂及原料用途的证明，经出入境检验检疫机构查验无误后，对检验检疫类别仅为R或S的，直接签发《出/入境货物通关单》；检验检疫类别非R或S的，按规定实施品质检验。海关凭出入境检验检疫机构签发的《出/入境货物通关单》办理放行手续。

（3）进口124种人类食品和动物饲料添加剂及原料产品时，外包装上须印明产品用途（用于食品加工或动物饲料加工或仅用于工业用途），所印内容必须与向检验检疫机构申报用途一致。

十二、入境动物及动物产品的报检

为保护人类健康和安全、保护动植物的生命和健康、保护环境、防止欺诈行为、维护国家安全，检验检疫机构对一些涉及安全、卫生、环保的入境货物制定了一些特殊规定。这些特殊规定主要体现在针对不同的入境货物，检验检疫机构在报检时限、地点、应提供的随附单据及检验检疫监督管理等方面存在着不同的要求。

动物检疫的目的和任务：一是保护农、林、牧、渔业生产，采取一切有效的措施免受国内外重大疫情的灾害，这是每个国家动物检疫部门的重要任务。二是促进经济贸易的发展。优质的

动物和产品是国际动物及动物产品贸易成交的关键，动物检疫工作不可缺。三是保护人民身体健康。动物及动物产品与人的生活密切相关，许多疫病是人畜共患，据不完全统计，目前动物疫病中，人畜共患传染病已达 196 种。动物检疫对保护人民身体健康具有非常重要的现实意义。

入境动物检疫的对象是入境的动物、动物产品及其他检疫物。"动物"是指饲养、野生的活动物，如畜、禽、兽、蛇、龟、鱼、虾、蟹、贝、蚕、蜂等，"动物"产品是指来源于动物未经加工或者虽经加工但仍有可能传播疫病的产品，如生皮张、毛类、肉类、脏器、油脂、动物水产品、奶制品、蛋类、血液、精液、胚胎、骨、蹄、角等："其他检疫物"是指动物疫苗、血清、诊断液、动植物性废弃物等。

1．入境动物及动物遗传物质报检要求

动物遗传物质是指哺乳动物精液、胚胎和卵细胞。

（1）检疫审批

《动植物检疫法》第十条规定：输入动物、动物产品、植物种子、种苗及其他繁殖材料的，必须事先提出申请，办理检疫审批手续。为此，进口商应在对外签署合同或协议前到检验检疫机构办理检疫审批手续，取得准许入境的《中华人民共和国进境动植物检疫许可证》（以下简称《进境动植物检疫许可证》）后再进口。并且应当在合同或者协议中订明中国法定的检疫要求，订明必须附有输出国家或者地区政府动植物检疫机构出具的检疫证书。

检疫审批，是指国家质检总局及其设在各地的检验检疫机构（或其他审批机构）根据货主或其代理人的申请，依据国家有关法律法规的规定，对申请人从国外引进动植物、动植物产品或在中国境内运输过境动物的要求进行审批，之所以规定检疫审批必须提前申请，事先由检验检疫机关或其他审批机构进行审查，主要是审批机构根据已掌握的输出国家或地区的疫情决定是否批准相关产品入境或过境，以防止动物传染病、寄生虫和植物危险性病、虫、杂草以及其他有害生物传入我国，同时也避免货主的经济损失，进口单位或个人对于世界各国的动植物疫情了解不全面，也不完全掌握我国有关动植物检疫法律、法规具体规定，很可能盲目进口属于禁止进境或过境的检疫物，当货物抵达口岸上时因不符合相关法律法规要求而被退回或销毁，造成经济损失。另外，进口单位事先申请办理检疫审批手续，了解法定的检疫要求，可将我国的有关检疫要求订入合同或协议中，当进境的检疫物到达口岸，口岸检验检疫机构出检疫对象时，进口人可依据合同要求提出索赔，以避免或减少经济损失。因此，检疫审批制度既是法律法规中规定的强制性措施，同时也是具有服务性的一项行政措施。

申请办理检疫审批手续的单位（以下简称申请单位）应当是具有独立法人资格并直接对外签订贸易合同或者协议的单位。过境动物和过境转基因产品的申请单位应当是具有独立法人资格并直接对外签订贸易合同或者协议的单位或者其代理人。同一申请单位对同一品种，同一输出国家或者地区、同一加工、使用单位一次只能办理 1 份《检疫许可证》。可以核销的进境动植物产品，检验检疫机构应当按照有关规定审核其上一次审批的《检疫许可证》的使用，核销情况。

（2）报检要求

1）报检时限和地点。输入种畜、禽及其精液、胚胎的，货主或其代理人应在入境 30 日前报检；输入其他动物的，则应在入境 15 日前报检。

输入动物及动物遗传物质，应当按照指定的口岸进境。

输入动物及动物遗传物质，货主或其代理人应向入境口岸检验检疫机构报检，由口岸检验检疫机构实施检疫，入境后需调离入境口岸办理转关手续的，除活动物和来自动植物疫情流行国家或地区的检疫物由入境口检疫外，其他均应分别向入境口岸检验检疫机构报检和指运地检验检疫机构申报，货主或其代理人向目的地检验检疫机构申报检疫时，应提供相关证单的复印件和进境口岸检验检疫机构签发的《入境货物通关单》（流向联）。指运地一般为转关货物运输目的地和最终报关地。

2）报检时应提供的证单。货主或其代理人在办理入境报检手续时，除按报检的一般要求填制《入境货物报检单》并提供贸易合同、发票、装箱单、海运提单或空运/铁路运单，还应提供原产地证书、输出国家或地区官方出具的检疫证书正本、《进境动植物检疫许可证》正本（分批进口的，还需提供许可证复印件进行核销）《隔离场使用证》（进口种用/观赏用水生动物、畜、禽等活动物的应提供）、《备案证明书》（输入动物遗传物质的，应提供经所在地直属检验检疫局批准并出具的使用单位备案证明书）。

（3）其他检验检疫规定和要求

1）境外产地预检。输入活动物及动物遗传物质的，国家质检总局根据输入数量、输出国家的情况和这些国家与我国签订的动物卫生检疫议定书的要求确定是否需要进行境外产地检疫。需要进行境外检疫的要在进口合同中加以明确。国家质检总局派出的兽医与输出国的官方兽医共同制订检疫计划，挑选动物，进行农场检疫、隔离检疫和安排动物运输环节的防疫等。

2）隔离检疫。进口种用/观赏用水生动物、畜、禽以及国家质检总局批准入境的其他动物，须在临时隔离场实施隔离检疫的，申请单位应在办理检疫审批初审前，向检验检疫机构申请《隔离场使用证》。

入境种用大中动物应当在国家隔离场隔离检疫，当国家隔离场不能满足需求，需要在指定隔离场隔离检疫时，应当报经国家质检总局批准。入境种用大中动物之外的其他动物应当在国家隔离场或者指定隔离场隔离检疫。

入境种用大中动物隔离检疫期为45天，其他动物隔离检疫期为30天。需要延长或者缩短隔离检疫期的，应当报国家质检总局批准。

3）注册登记。输入我国的水生动物，必须来自输出国家或者地区官方注册的养殖场。输入动物遗传物质的，输出国家或地区的国外生产单位须经检验检疫机构检疫注册登记。输入动物遗传物质的使用单位应当到所在地直属检验检疫局备案。

4）检疫放行和处理

经现场查验合格的，允许卸离运输工作，对运输工具、外表包装、被污染场地等进行防疫消毒处理并签发《入境货物通关单》，将货物运往指定存放场所后进一步实施隔离检疫和实验室检验。经检验检疫合格的，签发《入境货物检验检疫证明》，准予转移、销售、使用；经检验检疫不合格的，签发《动物检疫证书》，须做检疫处理的，签发《检验检疫处理通知书》，在检验检疫机构的监督下，作退回、销毁或者无害化处理。

对检出患传染病、寄生虫病的动物，须实施检疫处理。检出农业部颁布的《中华人民共和国进境动物一、二类传染病、寄生虫病名录》中一类病的，全群动物或动物遗传物质禁止入境，做退回或补杀销毁处理；检出《中华人民共和国进境动物一、二类传染病、寄生虫病名录》中二类病的阳性动物或动物遗传物质禁止入境，做退回或销毁处理，同群的其他动物放行，并进行隔离观察。

5）其他要求。水生动物输入我国之前，必须在输出国家或者地区官方机构认可的场地进行不少于 14 天的隔离养殖。输往我国的水生动物在隔离检疫期间，不得与其他野生或者养殖的水生动物接触。

输往我国的水生动物在包装运输前，不得有任何动物传染病和寄生虫病的临床症状。种用和观赏用水生动物必须使用输出国家或者地区官方批准的有效药物进行药浴、消毒并驱除水生动物体外寄生虫。输往中国的水生动物的包装必须是全新的或者经过消毒，符合中国卫生防疫要求，并能够防止渗漏。外包装应当标明养殖场注册号、水生动物品种和数（重）量，内包装袋透明，便于检查。

检验检疫机构对进境动物遗传物质的加工、存放、使用实施检疫监督管理，对动物遗传物质的第一代后裔实施备案。

2．肉类产品及水产品报检要求

肉类产品是指动物屠体的任何可供人类食用部分，包括胴体、肉类、脏器、副产品以及以上述产品为原料的制品（熟制肉类产品，如熟制香肠、火腿、肉类罐头、食用高温炼制油脂除外）。

水产品是指供人类食用的水生动物（不含活水生动物及其繁殖材料）及其制品，包括头索类、脊椎类、甲壳类、脊皮类、脊索类、软体类等水生动物和藻类等水生植物及其制品。

（1）检疫审批

国家质检总局对入境肉类产品实行检疫审批制度。货主或者其代理人应当在贸易合同签订前办理检疫审批手续，取得《进境动物检疫许可证》。未取得《进境动植物检疫许可证》的，不得进口。

根据国家质检总局公告《关于取消部分动植物产品的进境检疫审批的规定》规定，水产品无须办理进境检疫审批。

（2）报检要求

1）报检时限和地点。货主或其代理人应在货物入境前或入境时向口岸检验检疫机构报检，约定检疫时间。

入境后需调离入境口岸办理转关手续的，货主或其代理人应向口岸检查检疫机构报检，到达指运地时，应当向指运地检验检疫机构申报实施检疫。

进境肉类产品及水产品只能从国家质检总局指定的口岸进境。

2）报检时应提供的证单。肉类产品及水产品进境前或者入境时，货主或者其代理人应当持《进境动植物检疫许可证》正本（水产品除外）、输入国家或者地区政府官方签发的检验检疫证书正本、原产地证书、贸易合同或协议、提单、发票等单证向入境口岸检验检疫机构报检。

经港澳地区中转的肉类产品，必须加验港澳中检公司的检验证书正本。没有港澳中检公司的检验证书正本，不得受理报检。

对列入《实施企业注册的进口食品目录》的水产品，报检时还应当提供注册编号。

（3）其他检验检疫规定和要求

1）境外产地预检。国家质检总局根据需要可以派员到输出国家或者地区进行产地预检。

2）中转进口预检。经港澳地区中转进口的肉类产品，货主或其代理人须向经国家质检总局授权的港澳中检公司申请中转预检。港澳中检公司要严格按照总局的要求，预检后施加新的封识并出具证书，入境口岸检验检疫机构凭港澳中检公司的证书，入境口岸检验检疫机构凭港澳中检公司的证书接受报检。

3）注册登记及备案。国家质检总局对向中国出口肉类产品的加工企业实施注册登记制度，未经国家质检总局注册登记的国外加工企业生产的肉类产品不得向中国出口。进境肉类产品的进口单位须经检验检疫机构资格认定，指定的注册存放冷库和加工使用单位须经检验检疫机构注册备案。

国家认证认可监督管理部门对列入《实施企业注册的进口食品目录的水产品目录》的水产品，实施国外生产加工企业注册登记制度。列入《实施企业注册的进口食品目录》的水产品，未获得的国外生产加工企业注册登记的，不得进口。

4）检疫放行和处理。进境肉类产品及水产品经现场口岸查验合格后运往指定的场所存放，肉类产品应存放于指定的注册冷库或加工单位的存储冷库，水产品则存放于经检验检疫机构备案的水产品存储库。经口岸查验、感官检验和实验室检测合格的，出具《入境货物检验检疫证明》，允许加工、销售和使用。经检验检疫不合格的，签发《检验检疫处理通知书》，在检验检疫机构的监督下，作退回、销毁或者无害化处理。需要对外索赔的，签发相关证书。

5）其他要求。对装运进境肉类产品的集装箱、来自疫区的装运进境水产品的运输工具应当在进境口岸检验检疫机构的监督下实施防疫消毒处理。未经检验检疫机构许可，任何单位或个人不得擅自将进境肉类产品、水产品卸离运输工具。未经口岸或指运地检验检疫机构依法施检并出具《入境货物检验检疫证明》的，不得调出指定注册存放的冷库或存储库。

需调运至异地检验检疫的，须经入境口岸检验检疫机构加施封识，对运输、装卸过程采取必要的防疫措施，与指运地检验检疫机构取得联系，监督进入指运地的指定注册冷库或加工单位冷库存放。货物到达制定地后由所在地检验检疫机构向入境口岸机构出具回执单并依法施检。

各直属检验检疫局对辖区内认定资格的进境肉类经营单位、指定的注册存放冷库和加工单位实施年审制度。

3．动物源性饲料及饲料添加剂报检要求

动物源性饲料及饲料添加剂（以下简称动物源性饲料产品）。动物源性饲料产品是指源于动物或产自于动物的产品经工业化加工、制作的供动物食用的产品及其原料。主要包括饵料用活动物、饲料用（含饵料用）冰鲜冷冻动物产品及水产品、加工动物蛋白及油脂、宠物食品及咬胶、配合饲料以及含有动物源性成分的添加剂预混合饲料及饲料添加剂。

其中加工动物蛋白及油脂包括肉粉（畜禽），肉骨粉（畜禽）、鱼粉、鱼油、鱼膏、虾粉、鱿鱼肝粉、鱿鱼粉、乌贼粉、鱼精粉、干贝精粉、血粉、血浆粉、血球粉、血细胞、血清粉、发酵血粉、动物下脚料粉、羽毛粉、水解羽毛粉、水解毛发蛋白粉、皮革蛋白粉、蹄粉、角粉、鸡杂粉、肠膜蛋白粉、明胶、乳清粉、乳粉、蛋粉、干蚕蛹及其粉、骨粉、骨灰、骨炭、骨制磷酸氢钙、虾壳粉、蛋壳粉、骨胶、动物油渣、动物脂肪、饲料级混合油、干虫及其粉等。

（1）检疫审批

动物源性饲料产品应当按照相关规定办理《进境动植物检疫许可证》。货主或者其代理人应当在贸易合同签订前办理检疫审批手续，取得《进境动植物检疫许可证》。未取得《进境动植物检疫许可证》的，不得进口。

（2）报检要求

货主或者其代理人应当在饲料入境前或者入境时向检验检疫机构报检，报检时应当提前提供原产地证书、贸易合同、信用证、提单、发票等，并根据对产品的不同要求提供《进境动植物检疫许可证》、输出国家或者地区检验检疫证书、《进口饲料添加剂产品登记证》（复印件）。

（3）其他检验检疫规定和要求

1）注册登记及备案。国家质检总局对允许进口饲料的国家或者地区的生产企业实施注册登记制度，进口饲料应当来自注册登记的境外生产、加工企业。《注册登记证》自颁发之日起生效，有效期 5 年。经注册登记的境外生产企为停产、转产、倒闭或者被输出国家或者地区主管部门吊销生产许可证、营业执照的，国家质检总局注销其注册登记。

检验检疫机构对饲料进口企业实施备案管理。进口企业应当在首次报检前或者报检时提供营业执照复印件向所在地检验检疫机构备案。

2）检疫放行和处理。经检验检疫合格的，签发《入境货物检验检疫证明》，予以放行。经检验检疫不合格须做检疫处理的，检验检疫机构签发《检验检疫处理通知书》，作除害、退回或者销毁处理，经除害处理合格的准予进境。

3）其他要求。进口饲料包装上应当有中文标签，标签应当符合中国饲料标签国家标准。散装的进口饲料，进口企业应当在检验检疫机构指定的场所包装并加施饲料标签后方可入境，直接调运到检验检疫机构指定的生产、加工企业用于饲料生产的，免予加施标签。国家对进口动物源性饲料的饲用范围有限制的，进入市场销售的动物源性饲料包装上应当注明饲用范围。

国外发生的饲料安全事故涉及已经进口的饲料、国内有关部门通报或者用户投诉进口饲料出现安全卫生问题，有可能对动物和人体健康和生命安全造成损害的，饲料进口企业应当主动召回，并向检验检疫机构报告。

4. 其他动物产品及其他检疫物报检要求

这里特指上述未列明的来源于动物未经加工或者虽经加工但仍有可能传播疫病的产品，如皮张类、毛类、蜂产品、蛋制品、奶制品、肠衣等。

其他检疫物是指动物疫苗、血清、诊断液、动植物性废弃物等。

（1）检疫审批

如需要办理检疫审批手续的，应当按照相关规定并获得《进境动植物检疫许可证》后才能报检进口。

国家质检总局经过风险评估，取消了一部分风险较小的动物产品进境检疫审批规定。以下动物产品无须申请办理检疫审批手续：蓝湿（干）皮、已鞣制皮毛、洗净羽绒、洗净毛、碳化毛、毛条、贝条、贝壳类、水产品、蜂产品、蛋制品（不含鲜蛋）、奶制品（鲜奶除外）、熟制肉类产品（如香肠、火腿、肉类罐头、食用高温炼制制动物油脂）。

（2）报检要求

货主或其代理人应在货物入境前或入境时向口岸检验检疫机构报检，约定检疫时间。

报检时应当提供原产地证书、输出国家或者地区检验检疫证书、贸易合同、信用证、提单、发票等，并根据产品的不同要求提供《进境动植物检疫许可证》。

（3）检疫放行和处理

经检验检疫合格的，签发《入境货物检验检疫证明》准予入境；经检验检疫不合格须做检疫处理的，签发《检验检疫处理通知书》，在检验检疫机构的监督下，作退回、销毁或者无害化处理。

十三、入境植物及植物产品的报检

入境植物检疫的对象是入境植物、植物产品及其他检疫物。"植物"是指栽培植物、野生植物及其种子、种苗及其他繁殖材料等，"植物产品"是指来源于植物未经加工或者虽经加工但仍有可能传播病虫害的产品，如粮食、豆、棉花、油、麻、烟草、籽仁、干果、鲜果、蔬菜、生药材、木材、饲料等，"其他检疫物"包括植物废弃物（垫舱木、芦苇、草帘、竹篓、麻袋、纸等废旧植物性包装物、有机肥料等）。

1. 种子苗木等植物繁殖材料报检要求

植物繁殖材料是植物种子、种苗及其他繁殖材料的统称，指栽培、野生的可供繁殖的植物全株或者部分，如植株、苗木（含试管苗）、果实、种子、砧木、接穗、插条、叶片、芽体、块根、块茎、鳞茎、花粉、细胞培养材料（含转基因植物）等。

（1）检疫审批

因科学研究、教学等特殊原因，需从国外引进《中华人民共和国进境植物检疫禁止进境物名录》中植物繁殖材料的，引种单位、个人或其代理人须按照有关规定向国家质检总局申请办理特许检疫审批手续。

引进禁止进境以外的种子、种苗和其他植物繁殖材料，货主或其代理人应按照我国引进种子的审批规定，事先向农业部，国家林业局，各省植物保护站、林业局等有关部门申请办理《引进种子、苗木检疫审批单》或《引进林木种子、苗木和其他繁殖材料检疫审批单》。带有土壤或生长介质的还须向国家质检总局办理土壤和生长介质的特许审批。转基因产品需到农业部申领许可证。

输入植物繁殖材料的，必须事先输入检疫审批手续，并在贸易合同中列明检疫审批提出的检疫要求。《动植物检疫法》第十一条和第十二条规定："检疫审批手续应当在贸易合同或者协议签订前办妥，携带、邮寄植物种子、种苗及其他繁殖材料进境的，必须事先提出申请，办理检疫审批手续，因特殊情况无法事先办理的，携带人或邮寄人应当在口岸补办检疫审批手续，经审批机关同意并经检疫合格后方准进境"，上述条款对检疫审批申请时限进行了明确的规定，除了携带或邮寄的植物种子、种苗及其他繁殖材料外，对其他须办理检疫审批手续的货物，输入单位或个人应在取得相关检疫许可证单后方可与外方签订贸易合同并安排装运进口。在实际工作中，个别输入单位在未取得检疫许可证单的情况下就签订贸易合同，将货物直接运抵口岸上述做法违反了动植物检疫相关法律法规的规定，根据《动植物要疫法实施条例》的规定，对于未依法申报检疫审批手续的，检验检疫机构可以根据具体情况，作退回或者销毁处理的同时，对于未依法办理检疫审批手续或者未按检疫审批的规定执行的，检验检疫机构对责任人可处5 000元以下的罚款。

（2）报检要求

1）报检时限和地点。输入植物、种子、种苗及其他繁殖材料的，货主或其代理人应在入境前 7 天持有关资料向检验检疫机构报检，预约检疫时间。

根据《中华人民共和国进出境动物检疫法》及其实施条例相关规定，参照国际通行做法，经与农业、林业部门协商，自 2010 年 4 月 1 日起，对进口植物种苗采取指定入境口岸的措施。根据口岸条件和贸易需要，国家质检总局将对进口植物种苗指定入境口岸名单实施动态调整。

2）报检应提供的单据。货主或其代理人报检时应填制《入境货物报检单》并随附合同、发票、提单、《进境动植物检疫许可证》（适用于需国家质检总局审批的种子、苗木）或《引进种子、苗木检疫审批单》或《引进林木种子、苗木和其他繁殖材料检疫审批单》及输出国官方植物检疫证书、原产地证等有关文件。

（3）其他检验检疫规定和要求

在植物种子、种苗入境前，经检验检疫机构实施现场检疫或处理合格的，签发《入境货物通关单》。入境后需要进行隔离检疫的，还要向检验检疫机构申请隔离场或临时隔离场。

从事进境种苗花卉生产经营企业要向所在地检验检疫机构备案。

引种单位、个人或其代理人应在植物繁殖材料进境前 10—15 日，将《进境动植物检疫许可证》或《引进种子、苗木检疫审批单》、《引进林木种子、苗木和其他繁殖材料检疫单批单》，送入境口岸直属检验检疫局办理备案手续。

2．水果、烟叶和茄科蔬菜报检要求

（1）检疫审批

进口水果、烟叶和茄科蔬菜（主要有番茄、辣椒、茄子等）须在签订进境水果贸易合同或协议前提出申请，办理检疫审批手续，取得《进境动植物检疫许可证》。转基因产品需到农业部申领许可证。

我国对进口水果的原产国有明确的规定，详见“我国允许进境水果种类及输出国家/地区名录”。因科研、赠送、展览等特殊用途需要进口国家禁止进境水果的，货主或其代理人须事先向国家质检总局或国家质检总局授权的检验检疫机构申请办理特许检疫审批手续。

（2）报检要求

1）报检时限和地点。货主或其代理人应在入境前持有关资料向检验检疫机构报检，预约检疫时间。

2）报检应提供的单据。货主或其代理人报检时应填写《入境货物报检单》并随合同、发票、提单、《进境动植物检疫许可证》及输出国官方植物检疫证书、产地证等有关文件。

（3）其他检验检疫规定和要求。检验检疫机构依照相关工作程序和标准实施现场检验检疫和实验室检验检疫。

根据检验检疫结果，检验检疫机构分别作以下处理：经检验检疫合格的，签发入境货物检验检疫证明，准予放行，发现检疫性有害生物或其他有检疫意义的有害生物，须实施除害处理，签发检验检疫处理通知书，经除害处理合格的，准予放行，货证不符或经检验检疫不合格又无有效除害处理方法的，签发检验检疫处理通知书，在检验检疫机构的监督下作退运或销毁处理。需对外索赔的，签发相关检验检疫证书。

经港澳地区中转进境的水果，货主或其代理人须向经国家质检总局授权的港澳中检公司申请中转预检。港澳中检公司要严格按照总局的要求，预检后施加新的封识并出具确认证明文件，入境口岸检验检疫机构凭港澳中检公司出具的确认证明文件（正本）接受报检。

3．粮食和植物源性饲料报检要求

入境的粮食和植物源性饲料。粮食是指禾谷类（如小麦、玉米、稻谷、大麦、黑麦、燕麦、高粱等）豆类（如大豆、绿豆、豌豆、赤豆、蚕豆、鹰嘴豆等），薯类（如马铃薯、木薯、甘薯等）；等粮食作物的籽实（非繁殖用）及其加工产品（如大米、麦芽、面粉等）；植物源性饲料是指源于植物或产自于植物的产品经工业化加工、制作的供动物食用的产品及其原料，包括饲料粮谷等、饲料用草籽、饲草类、麦麸类、糠麸类、糠麸饼粕渣类（麦麸除外）、青贮料、加工植物蛋白及植物粉类、配合饲料等。

（1）检疫审批

国家质检总局对入境粮食和饲料实行检疫审批制度。货主或者其代理人应在签订贸易合同前办理检疫审批手续。但有些产品携带有害生物风险较低，无须办理入境检疫审批，无需进行检疫审批的植被物产品有：粮食加工品（大米、面粉、米粉、淀粉等）、薯类加工品（马铃薯细粉、冷冻马铃薯条、马铃薯淀粉、木薯淀粉等）、植物源性饲料添加剂、乳酸菌、陶瓷土粉、植物生长营养液（不含动物成分或未经加工的植物成分和有毒有害物质）等。货主或其代理人应将《进境动植物检疫许可证》规定的入境粮食和饲料的检疫要求在贸易合同中列明，转基因产品需到农业部申领许可证。

（2）报检要求

货主或其代理人应当在入境前向入境口岸检验检疫机构报检。报检时应填制《入境货物报检单》并随附合同、发票、提单、约定的检验方法标准或成交样品、原产地证及按规定应当提供的其他有关单证，并根据产品的不同要求提供《进境动植物检疫许可证》、输出国家或者地区检验检疫证书。

需要办理并取得农业部《进口饲料和饲料添加剂产品登记证》的产品还应提供《进口饲料和饲料添加剂产品登记证》（复印件）。

转基因产品还须查验农业部颁发的《农业转基因生物安全证书（进口）》、《农业转基因生物标识审查认可批准文件》正本。

（3）其他检验检疫规定要求

经检验检疫合格的，签发《入境货物检验检疫证明》，准予其入境销售或使用。经检验不合格，且无法进行技术处理的，或经技术处理后重新检验仍不合格的，经检疫发现土壤或检疫性有害生物，且无有效除害处理方法的，检验检疫机构签发《检验检疫处理通知书》，由货主或者代理人在检验检疫机构的监督下，作退回或者销毁处理。

检验检疫机构对允许进口饲料的国家或者地区的生产企业实施注册登记制度，对饲料进口企业实施备案管理。

进口饲料包装上应当有中文标签，标签应当符合中国饲料标签国家标准，散装的进口饲料，进口企业应当在检验检疫机构指定的场所包装并加施饲料标签后方可入境，直接调运到检验检疫机构指定的生产、加工企业用于饲料生产的，免于加施标签。

4．其他植物产品报检要求

进口原木须附有输出国家或地区官方检疫部门出具的植物检疫证书，证明不带有中国关注的检疫性有害生物或双边植物检疫协定中规定的有害生物和土壤。进口原木带有树皮的应当在输出国家或地区进行有效的除害处理，并在植物检疫证书中注明除害处理方法，使用药剂、剂量，处理时间和温度，进口原木不带树皮的，应在植物检疫证书中做出声明。

进口干果、干菜、原糖、天然树脂、土产类、植物性油类产品等，货主或其代理人应当根据这些货物的不同种类进行不同的报检准备。需要办理检疫审批的，如干辣椒等，在货物入境前事先提出申请，办理检疫审批手续，取得许可证，在进口上述货物前应当持合同、输出国方出具的植物检疫证书向检验检疫机构报检，约定检疫时间，经检验检疫机构实施现场检疫、实验室检疫合格或经检疫处理合格的，签发《入境货物检验检疫证明》，准予入境销售或使用。

5．转基因产品报检要求

“转基因产品”是指国家《农业转基因生物安全管理条例》规定的农业转基因生物及其他法律法规规定的转基因生物与产品，包括通过各种方式（包括贸易、来料加工、邮寄、携带、生产、代繁、科研、交换、展览、援助、赠送以及其他方式）进出境的转基因产品。

国家质检总局对进境转基因动植物及其产品、微生物及其产品和食品实行申报制度。

（1）进境转基因产品的报检

货主或其代理人在办理进境报检手续时，应当在《入境货物报检单》的货物名称栏中注明是否为转基因产品。申报为转基因产品的，除按规定提供有关单证外，还应当提供法律法规规定的主管部门签发的《农业转基因生物安全证书》和《农业转基因生物标识审查认可批准文件》。

国家对农业转基因生物实行标识制度。对于实施标识管理的进境转基因产品，检验检疫机构核查标识，符合《农业转基因生物标识审查认可批准文件》的，准予进境，不按规定标识的，重新标识后方可进境，未标识的，不得进境。

对列入《实施标识管理的农业转基因生物目录》（国务院农业行政主管部门制定并公布）的进境转基因产品，如申报是转基因的，检验检疫机构实施转基因项目抽查检测。

检验检疫机构按照国家认可的检测方法和标准进行转基因项目检测。

经转基因检测合格的，准予进境。如有下列情况之一的，检验检疫机构通知货主或其代理人作退货或者销毁处理：

1）申报为转基因产品，但经检测基转基因成分与批准文件不符的；

2）申报为非转基因产品，但经检测其含有转基因成分的。

进境供展览用的转基因产品，须获得法律法规规定的主管部门签发的有关批准文件后方可入境，展览期间应当接受检验检疫机构的监管。展览结束后，所有转基因产品必须作退回或者销毁处理。如因特殊原因，需改变用途的，须按有关规定补办进境检验检疫手续。

（2）过境转基因产品的报检

过境的转基因产品，货主或其代理人应当事先向国家质检总局提出过境许可申请，并提交以下资料：

1）《转基因产品过境转移许可证申请表》；

2）输出国家或者地区有关部门出具的国（境）外已进行相应的研究证明文件或者已允许作为相应用途前投放市场的证明文件；

3）转基因产品的用途说明和拟采取的安全防范措施；

4）其他相关资料。

国家质检总局自收到申请之日起 20 日内作出答复，对符合要求的，签发《转基因产品过境转移许可证》并通知进境口岸检验检疫机构；对不符合要求的，签发不予过境转移许可证，并说明理由。

过境转基因产品进境时，货主或其代理人须持规定的单证和过境转移许可证向进境口岸检验检疫机构申报，经检验检疫机构审查合格的，准予过境，并由出境口岸检验检疫机构监督其出境。对改换原包装及变更过境线路的过境转基因产品，应当按照规定重新办理过境手续。

第六章　原产地证业务

原产地证又叫原产地证书、原产地证明书，简称产地证，是证明货物的原产地，即货物的生产地或制造地的一种证明文件。

在当代国际贸易活动中，原产地证明是进口国政府用以确定进口产品原产国家和地区的主要文件依据。确定进口产品原产地的目的是为了进行进口限制、数量限制、关税区别待遇以及贸易统计等。办理原产地证书已成为我国出口贸易活动中的一项重要内容。

第一节　原产地证书的作用

原产地证书是进口国对进口货物确定关税待遇，进行贸易统计，实行数量限制和控制从特定国家进口的主要依据。

国际贸易中，货物的原产地也就是货物的原产国，可以形象地说，原产地证书是货物进入国际贸易领域的“经济国籍”和“护照”，出具原产地证书已成为国际贸易中的一个重要环节。

第二节　原产地证书的种类

一、优惠原产地证

根据相关国家的优惠原产地规则和有关要求，出口受惠国官方机构出具的，是具有法律效力的受惠国的出口产品在给惠国享受在最惠国税率基础上进一步减免进口关税的官方凭证，包括互惠和单向优惠原产地证书。互惠的如《亚太贸易协定》原产地证书、《中国—东盟自贸区》原产地证书、《中国—巴基斯坦自贸区》原产地证书，以及各类区域性经济集团互惠原产地证等；单向优惠的如普惠制原产地证、CEPA 原产地证书等。

二、非优惠原产地证

非优惠原产地证的作用是证明货物原产于某一特定国家或地区，享受进口国正常关税（最惠国）待遇的证明文件，它的适用范围是：征收关税、贸易统计、保障措施、歧视性数量限制、反倾销和反补贴、原产地标记、政府采购等方面。包括一般原产地证、《金伯利进程国际证书》等。

第三节　原产地规则

各国为了适应国际贸易的需要，并为执行本国关税及非关税方面的国别歧视性贸易措施，必须对进出口商品的原产地进行认定。为此，各国以本国立法形式制定出其鉴别货物“国籍”的标准，这就是原产地规则。世界贸易组织《原产地规则协议》将原产地规则定义为：一国（地区）为确定货物的原产地而实施的普遍适用的法律、法规和行政决定。原产地规则的内容一般包括原产地标准和书面证明。

第四节 各类原产地证书的签发要点

一、一般原产地证

一般原产地证（Certificate of Origin，C/O）是证明货物原产于某一特定国家或地区，享受进口国正常关税（最惠国）待遇的证明文件，是用以证明有关出口货物和制造地的一种证明文件，是货物在国际贸易行为中的“原籍”证书。在特定情况下进口国据此对进口货物给予不同的关税待遇。

1．“C/O”的适用范围

征收关税、贸易统计、歧视性数量限制、反倾销和反补贴、原产地标记、政府采购等方面。

2．“C/O”原产地证的作用

在国际贸易中，世界各国根据各自的对外贸易政策，普遍实行进口贸易管制，对进口商品实施差别关税和数量限制，并由海关执行统计。进口国要求出口国出具货物的原产地证明，已成为国际惯例，因此C/O产地证是进行国际贸易的一项重要证明文件，归纳起来，具有以下几方面的作用：

（1）是确定产品关税待遇，提高市场竞争力的重要工具。

（2）一般原产证还起到证明商品内在品质、提高商品竞争力的作用。

（3）各国海关都承担对进出口货物进行统计的职责，原产地证则是海关以对进口货物进行统计的重要依据。

（4）货物进口国实行有差别的数量控制，进行贸易管理的工具。

3．“C/O”原产地证的签发机构

一般原产地证明书（C/O）可以分为两种，一种是由中国国际贸易促进委员会（简称CCPIT）签发，另外一种是由中国进出口检验检疫中心（简称CIQ）签发。其中CCPIT是可以代表中国国际商会的机构，所以国外进口商要求出口方出具由中国商会签发的C/O时，可以去贸促会加盖“CCPIT代表中国商会”的章。

二、普惠制原产地证

普惠制原产地证是具有法律效力的，我国出口产品在给惠国税率基础上进一步减免进口关税的官方凭证。

目前，全世界一共有42个给惠国家和地区，包括欧盟25国（英国、法国、意大利、奥地利、比利时、丹麦、芬兰、德国、希腊、爱尔兰、卢森堡、荷兰、葡萄牙、西班牙、瑞典、捷克、斯洛伐克、斯洛文尼亚、塞浦路斯、爱沙尼亚、拉脱维亚、立陶宛共和国、匈牙利、马耳他和波兰）、挪威、瑞士、日本、澳大利亚、新西兰、加拿大、土耳其、俄罗斯、白俄罗斯、哈萨克斯坦、乌克兰、格鲁吉亚、克罗地亚、保加利亚、阿塞拜疆、亚美尼亚、罗马尼亚。

《普遍优惠制原产地证明（申报与证明联合）格式 A》（Generalized System of Preferences Certificate of Origin（Combined Declaration and Certificate）FORM A），简称格式 A（FORM A）。它是受惠国的原产品出口到给惠国时享受普惠制减免关税待遇的官方凭证，适用于一切有资格享受普惠制待遇的产品。现在所有给惠国都接受 FORM A，FORM A 证书相当于一种有价证券，因而，联合国贸易和发展会议优惠问题特别委员会规定，其正本必须印有绿色纽索图案底纹，以便识别伪造与涂改，尺寸为 297 毫米×210 毫米，使用文种为英文或法文。签证机构必须是受惠国政府指定的，其名称、地址、印鉴都要在给惠国注册登记，在联合国贸发会秘书处备案。

在我国，普惠制产地证书的签证工作由国家质检总局负责统一管理，设在各地的出入境检验检疫机构是我国政府授权的唯一的普惠制产地证明书 FORM A 的签发机构。

1．普惠制原产地规则

原产地规则是普惠制的核心组成部分，规定了受惠国出口到给惠国的产品享受普惠待遇的必备条件。原产地规则是衡量受惠国出口产品是否取得了原产地资格，能否享受优惠关税待遇的标准。它既确保了发展中国家的产品利用普惠制扩大出口，又防止了非受惠国的产品利用普惠制谋取利益、扰乱普惠制目标的实现，干扰正常国际贸易活动。

各国给惠方案中的原产地规则虽然各有不同特色，但都包括三个基本内容：原产地标准、直运规则、书面证明。

（1）原产地标准

原产地标准是对原产品概念所下的定义。在对原产品进行确认时，可分为完全原产产品和含有进口成分，经过充分加工制造，有了实质性改变的商品两种情况。

1）完全原产产品。完全原产产品是指完全使用受惠国的原料、零部件生产或制造的产品，完全原产产品的定义非常严格，规定详细具体，凡是有一点进口或来源不明的原料、零部件的产品，都不能作为完全原产产品。

2）含有进口成分的产品。含有进口成分的产品是全部或部分使用进口原料和零部件（包括来源地区不明的原料和零部件）制成的产品。按照原产地标准的规定，这些产品只有在经过了充分的加工、制造，有了实质性改变之后，才被认为符合原产地标准，具有了原产产品资格，可以享受普惠制待遇。为了判断含有进口成分的产品是否经过了充分的加工制造，是否有了实质性的变化，各给惠国分别使用“加工标准”和“百分比标准”进行判断。

（2）直运规则

根据给惠国的规定，受惠国的进口商品不但要原产于受惠国，还要求直接运往给惠国，以确保运抵给惠国的产品就是出口受惠国发出的原产产品，而未在途中经过第三国时受到任何再加工或改造。

直运原则是原产地规则的三项主要内容之一，直运原则尽管与产品生产加工的原产地无直接关系，但却是保证原产产品资格的一个重要条件。

（3）书面证明

凡受惠国要求享有普惠制待遇的出口商品，必须持有能证明其原产地资格的原产地证明书和符合直运规则的证明文件，提交给惠国海关当局审查通过。有关直运规则的文件要求也如上述，而最重要的书面文件是普惠制原产地证书。原产地证书 FORM A 由出口商的声明和官方机构的证明两部分组成，共同构成了原产地证书的整体质量，具有其信誉与权威性。

原产地证书是取得普惠制待遇的关键文件证明，而取得普惠制待遇后，通过减免关税、促进销售，能给出口商、进口商及有关方面带来可观的经济效益。在这个意义上，原产地证书相当于有价证券，有着重要的经济价值。

2．普惠制原产地证明书 FORM A“原产地标准”的填制

（1）“P”：完全原产，无进口成分。

（2）“W”：含有进口成分，但符合原产地标准。

（3）“F”：对加拿大出口商品，含有进口成分（占产品出厂价的 40 %以下）。

3．普惠制原产地证书的申请与签发

从受惠国进口的货物在进口国海关报关时，要取得给惠国海关的关税减免的优惠待遇，货物进口商必须向海关提交出口受惠国官方当局或授权机构签发的普惠制产地证书 FORM A、货物的直运提单等有关资料，方可享受普惠制待遇，申领普惠制产地证书具体程序及要求如下：

（1）办理登记手续；

（2）申请普惠制产地证书。

经过检验检疫机构审查批准，予以普惠制注册登记的单位，在向给惠国出口产品时，就可以按照出口批次向检验检疫机构申请办理普惠制产地证书了。其程序为：

1）填制申请单（检验检疫机构统一的固定格式）。

2）打印普惠制产地证书。

普惠制产地证书一律用打字机缮制，一般情况使用英文或法文，唛头标记不受文种限制，可据实填写。

证书填好后，手签人员在 12 栏签字，加盖申请单位中英文印章。证面必须保持清洁，不得涂改和污损。

3）提交出口商业发票副本。申请单位使用的发票需盖章和手签，发票不得手写。

检验检疫机构在收到申请单位的申请和所附文件资料后，经检查单证齐全，填写清晰完整，签字印章正确，内容真实，商品归类正确后给予签证。如发现疑问，必要时可对商品进行实地调查。检验检疫机构在正式接受申请后，一般用两个工作日完成审核签发。

4）申请办理普惠制产地证书应按规定交纳签证费。

4．一些特殊情况的申请

（1）异地申请签证

申请单位原则上应向产品所在地检验检疫机构申请办理普惠制原产地证明书。但如果货物是由当地运到异地口岸出口，或是在异地组织货源直接出口的，也可向异地检验检疫机构申请签证。

申请单位办理异地签证时，应向异地检验检疫机构出示“普惠制原地证明书注册登记证”并提交有关的文件资料等。

申请异地签证的商品如果其中含有进口成分，还应提交产地检验检疫机构出具的“GSP原产地标准调查结果单”。

（2）申请办理“后发证书”

一般情况下，原产地证 FORM A 应在货物出运前签发。但在个别情况下，由于非故意的疏忽或其他特殊原因，货物出运前未能及时申请，申请单位也可在货物发运后申请办理“后发证书”申请办理“后发证书”时，申请单位除提交上述办理普惠制原产地证书 FORM A 时应提交的有关文件外，还应提交该批货物的报关单或提单/运单。检验检疫机构在审核无误签发时，除了在正本第 11 栏签名、盖章外，还在证书正本第 4 栏“供官方使用”中，加盖“后发”印章（Issued Retrospectively）。

（3）申请办理“重发证书”

如果已签发的证书本被盗、遗失或损毁，申请单位可以请求重新签发证书。

申请重发证书时，申请单位必须提交由法人签字的书面说明和在市级以上的报纸上声明原发证书作废。申请时应重新履行申请手续，并提交“重发或更改 FORM A 证书申请单”。

经检验检疫机构审核，同意重发证书时，检验检疫机构在证书正本的第 4 栏加盖“复本”印章（Duplicate），并加批注，注明此证书是某号证书的复本，原证书作废。

（4）申请更改证书

如果申请单位要求更改已签发证书的内容时，必须申诉合理的原因并提供真实可靠的依据，同时应退回原证书。申请更改证书时，申请单位必须重新履行申请手续，并提交“重发或更改 FORM A 证书申请单”。检验检疫机构经核实并收回原证书的可签发新证书。原证书不能退回检验检疫机构的，应按“重发证书”办理。

三、中国—东盟自由贸易区优惠原产地证明书

《〈中国—东盟自由贸易区〉优惠原产地证明书》（FORM E），自 2004 年 1 月 1 日起，凡出口到东盟的农产品凭借检验检疫机构签发的《中国—东盟自由贸易区》（FORM E）优惠原产地证书可以享受关税优惠待遇。

2005 年 7 月 20 日起，7000 多种正常产品开始全面降税。中国和东盟其中六个成员国（即文莱、印度尼西亚、马来西亚、菲律宾、新加坡和泰国）到 2005 年 7 月，40%税目的关税降到 0～5%；2007 年 1 月，60%税目的关税要降到 0～5%。2010 年 1 月 1 日将关税最终削减为零。老挝、缅甸至 2009 年 1 月、柬埔寨至 2012 年 1 月，50%的税目的关税降到 0～5%；2013 年 40%税目的关税降到零。越南 2010 年，50%税目的关税降到 0～5%。2015 年老挝、缅甸、柬埔寨、越南将关税降为零。

可以签发《中国—东盟自由贸易区》优惠原产地证书的国家有：文莱、柬埔寨、印度尼西亚、老挝、马来西亚、缅甸、菲律宾、新加坡、泰国、越南 10 个国家。

检验检疫机构是签发《中国—东盟自由贸易区优惠原产地证明书》（FORM E）的唯一机构。

1.《中国—东盟自由贸易区原产地规则》中与我国企业有关的规则

（1）原产地标准，规定能享受优惠待遇的产品分为完全获得产品和非完全获得的原产品。

（2）对完全获得的原产品的定义。

（3）对非完全获得的原产品中的大多数普通产品规定的百分比标准，即非原产成分不超过产品离岸价的 60%或原产成分至少达到产品离岸价的 40%，并对某些术语作了定义。

（4）关于原产地累计的规定。

（5）特定产品的原产地标准。

（6）关于微小加工的规定。

（7）关于直接运输的规定。

（8）关于如何确定包装材料原产资格的规定。

（9）关于如何对待随主要产品一起出口的附件、备件和工具的规定。

（10）关于在确定产品产地时如何考虑机器等生产用品的规定。

（11）关于产地证明的规定。

2．中国—东盟自贸区优惠原产地证书 FORM E“原产地标准”的填制

（1）完全原产，“X”；

（2）含有进口成分，填写百分比，国产成分/产品离岸价百分比的比值（大于等于 40%），例如，45%；

（3）实行原产地累计，填写百分比，要求中国—东盟自贸区成分大于等于离岸价 40%，例如，45%；

（4）特定原产地标准，“PSR”。

3．原产地证书的申请与签发

（1）受惠产品的制造商或出口商，应以书面申请形式要求相关签证机构对产品的原产地资格进行出口前核查。

（2）在办理出口受惠产品签证手续时，出口商或其授权代表应提交书面申请签发原产地证书，并随附有关证明产品原产地资格的证明文件。

（3）检验检疫机构根据出口人的申请，并经过出口前检查后，根据《中国—东盟自由贸易区原产地规则》签发原产地证书。

（4）证书的正本和第二副本应由出口商提供给进口商以供其在进口国海关通关使用。第一副本应由出口成员国签发机构存档。第三副本应由出口商留存。当进口国海关对收到的 FORM E 证书产生怀疑时，将 FORM E 证书第二副本退给签证机构作为核查的需要。

（5）在特殊情况下，因无意的失误或其他合理的原因造成未在产品出口时或出口后立刻签发原产地证书，签证机构可在产品出运后一年的期限内补发原产地证书。

（6）在原产地证书被盗窃、丢失或损毁时，出口商可以书面形式向签证机构申请签发原产地证书正本和第二副本的重本证书。重本证书应在原证书签发之日起一年内及出口商向签证机构提供原证书第三副本的情况下签发。

4．原产地证书的提交

（1）在办理进口产品通关时，进口商应向进口国海关当局提交原产地证书正本和第二副本。一般要求原产地证书必须在出口国有关签证机构签发之日起四个月内向进口国海关当局提交；当受惠产品经过非东盟成员国一国或多国的国境时，上述期限可延长至 6 个月。

（2）对于经过非成员国境内运输的货物，除了需要向进口成员国海关提交出口成员国签证机构签发的原产地证书 FORM E 之外，还需要提交：在出口成员国签发的联运提单、货物的原始商业发票以及有关证明文件。

（3）经中国香港、澳门转口至各成员国的货物，无联运提单的，在获得检验检疫机构签发的 FORM E 证书后，申请人需持上述证书及有关单证，向香港、澳门中国检验有限公司申请办理“未再加工证明”。

四、中国—智利自由贸易区原产地证书

出口智利的“金质证书”（FORM F）中国—智利自由贸易区原产地证书，2006 年 10 月 1 日起，中国与拉美国家签署的第一个自由贸易协定——《中国—智利自由贸易协定》（以下简称《协定》）开始正式实施后，中国近 6000 种输往智利的产品可凭检验检疫机构签发的 FORM F 证书享受零关税优惠。

检验检疫机构是签发 FORM F 证书的唯一机构，企业可向当地出入境检验检疫局申请注册备案后，申办该证书。已注册的，向当地检验检疫机构申请开通该项业务即可。

1.《中国—智利自由贸易区原产地规则》与我国企业有关的规则

（1）对原产货物的定义，规定能享受优惠待遇的产品包括：完全获得产品；完全在自贸区内仅用已获得原产资格的材料生产的原产品；含有非原产成分的原产品。

（2）对完全获得的原产品的定义。

（3）区域价值成分的计算方法。

（4）关于产品特定原产地规则的规定。

（5）关于“累积规则”的规定。

（6）关于“微小含量”的规定。

（7）关于“直接运输”的规定等。

2. 中国—智利自贸区优惠原产地证书 FORM F“原产地标准”的填制

（1）完全国产：填“P”；

（2）含有进口成分：填“RVC”，区域价值成分大于等于离岸价 40%；

（3）特定原产地标准：填“PSR”。

3. 原产地证书的申请与签发

检验检疫机构根据出口人的申请，并经过出口前检查后，根据《中国—智利自由贸易区原产地规则》在货物出口前或出口后 30 天内签发原产地证书。原产地证书必须以英文填具并署名，可包括一项或多项同一批次进口的货物。

4. 原产地证书的提交

（1）享受优惠关税待遇的原产货物，在进口时应当向进口方海关提交原产地证书的正本。

（2）如果符合原产地标准的货物在进口到一缔约方境内时无法提供本协定规定的原产地证书，进口方海关可以视情况对该货物征收适用的普通关税或保证金。在这种情况下，进口商可以在货物进口之日起，在关税征收一年内或保证金收取三个月内，申请退还由于该货物未能享受优惠关税待遇而多付的关税或保证金，但需提交：关于货物符合原产资格的进口书面声明；在出口前或出口后 30 天内签发的原产地证书正本；以及进口方海关要求提供的与货物进口相关的其他文件。

（3）原产地证书自出口方签发之日起一年内有效，原产地证书的正本必须在上述期限内向进口方海关提交。

（4）《中国—智利自由贸易协定》规定优惠关税待遇货物应当是在缔约双方之间直接运输的货物。

当原产货物经非缔约方转运时，不论是否换装运输工具，该货物进入非缔约方停留时间最长不超过三个月。入关时应当向进口方海关提交非缔约方海关文件或任何能满足进口方海关要求的其他文件加以证明。

（5）经中国香港、澳门转口至巴基斯坦的货物，无联运提单的，在获得检验检疫机构签发的中国—智利自由贸易区优惠原产地证明书后，申请人需持上述证书及有关单证，向香港、澳门中国检验有限公司申请办理“未再加工证明”。

五、《中国—巴基斯坦自由贸易区》原产地证明书

《中国—巴基斯坦自由贸易区》原产地证明书（FORM P），对巴基斯坦可以签发《〈中国—巴基斯坦自由贸易区〉优惠原产地证明书》，2006 年 1 月 1 日起双方先期实施降税的 3 000 多个税目产品，分别实施零关税和优惠关税。原产于中国的 486 个 8 位零关税税目产品的关税将在 2 年内分 3 次逐步下降，2008 年 1 月 1 日全部降为零，原产于中国的 486 个 8 位零关税税目产品实施优惠关税，平均优惠幅度为 22%，给予关税优惠的商品其关税优惠幅度从 1%到 10%不等。

检验检疫机构是签发《中国—巴基斯坦自由贸易区原产地证明书》的唯一机构。

1.《中国—巴基斯坦自由贸易区原产地规则》中与我国企业有关的规则

（1）原产地标准，规定能享受优惠待遇的产品分为完全获得产品和非完全获得的原产品。

（2）对完全获得的原产品的定义。

（3）对非完全获得的原产品中的大多数普通产品规定的百分比标准，即非原产成分不超过产品离岸价的 60%，并对某些术语作了定义。

（4）关于原产地累计的规定。

（5）特定产品的原产地标准。

（6）最小的操作和加工，规定了不能赋予产品原产资格的加工种类。

（7）关于直接运输的规定。

（8）关于产地证明的规定。

2. 中国—巴基斯坦自贸区优惠原产地证书“原产地标准”的填制

（1）完全国产：“P”；

（2）百分比：要求单一国家成分大于等于离岸价 40%，例如，40%；

（3）百分比：要求原产地累计成分大于等于离岸价 40%，例如，40%；

（4）特定原产地标准，“PSR”。

3. 原产地证书的申请与签发

（1）符合享受优惠待遇条件的货物，其出口商应以书面形式向政府机构提出货物出口前原产地预调查的申请。

（2）出口商或其代理人在办理享受优惠待遇货物出口手续时，应提交原产地证书的书面申请，并随附相关证明文件，证明待出口货物符合原产地证书签发要求。

（3）检验检疫机构根据出口商的申请，并经过出口前检查后，根据《中国—巴基斯坦自由贸易区原产地规则》在货物出口前、出口时或出口后 15 天内签发原产地证书。

（4）在特殊情况下，如由于非主观故意的差错、疏忽或其他合理原因没有在货物出口前、出口时或出口后立即签发原产地证书，原产地证书可以在货物装运之日起一年内补发。

（5）如原产地证书被盗、遗失或损毁，出口人可以向原政府签证机构书面申请签发原证正本及第二副本的经证实的真实复制本，复制本可依据签证机构存档的有关出口文件签发。该复制本应注明原证正本的签发日期。

原产地证书的经证实的真实复制本应在出口人向原签证机构提供了原证第二副本的情况下，并在其正本签发之日起一年之内方可补发。

4．原产地证书的提交

（1）进口人应在向进口成员方的海关申报货物进口时，主动向海关申明要求享受优惠待遇，并在有关货物进境报关时向海关提交原产地证书的正本。原产地证书应在出口成员方政府机构签证之日起 6 个月之内向进口成员方的海关提交；如货物按照《中国—巴基斯坦自由贸易区原产地规则》中的规定经过一个或多个非成员方境内，原产地证书提交期限延长至 8 个月。

（2）对于经过非成员国境内运输的货物，除了需要向进口成员国海关提交出口成员国签证机构签发的原产地证书之外，还需要提交：在出口成员国签发的联运提单；货物的原始商业发票以及有关证明文件。

（3）经中国香港、澳门转口至巴基斯坦的货物，无联运提单的，在获得检验检疫机构签发的中国—巴基斯坦自由贸易区优惠原产地证书后，申请人需持上述证书及有关单证，向香港、澳门中国检验有限公司申请办理“未再加工证明”。

六、《亚太贸易协定》优惠原产地证明书

《亚太贸易协定》优惠原产地证书（FORM B），可以签发《亚太贸易协定》优惠原产地证书的国家有：韩国、斯里兰卡、孟加拉、印度和老挝，给予关税优惠的商品其关税优惠幅度从 0～30%不等。

《亚太贸易协定》各成员国已经全部完成国内法律审批程序，从 2006 年 9 月 1 日开始实施第三轮降税。在此轮降税中，我国可享受印度 570 项 6 位税目、韩国 1367 项 10 位税目、斯里兰卡 427 项 6 位税目和孟加拉 209 项 8 位税目产品的关税减让，减让幅度从 10%～100%不等，其中韩国大部分产品减让 30%～50%。降税产品涉及农产品、矿产品、化工产品、塑料制品、橡胶制品、皮革制品、木制品、陶瓷和玻璃制品、纺织品、金属制品、工具、机电产品、灯具、玩具、打火机、家具等产品。各出口企业应充分利用这一关税优惠贸易政策，积极申请《亚太贸易协定》优惠原产地证书，使出口产品享受关税优惠待遇。

检验检疫机构是签发《亚太贸易协定》优惠原产地证明书的唯一机构。

1.《亚太贸易协定》原产地规则中与我国企业有关的规则

（1）规定能享受关税减让优惠待遇的产品分为，完全获得产品和非完全获得的原产品。

（2）对完全获得的原产品的定义。

（3）对非完全获得的原产品的标准，规定：在一出口参加国境内最终制得或加工的产品，其来自非参加国或不明原产地的原材料、零件或制品的总价值不超过该产品 FOB 价的 55%，

按照协定项下部门/行业协议框架进行贸易的产品，可制定适用的特殊标准。

（4）关于原产地累计的规定：在运用原产地累计规则的情况下，累计的原产成分的价值不得少于产品离岸价的60%。

（5）关于直接运输的规定。

（6）关于如何确定包装材料原产资格的规定。

（7）关于原产地证明的规定。

2.《亚太贸易协定》优惠原产地证明书“原产地标准”的填制

（1）完全国产：填“A”；

（2）含有进口成分：原材料从非成员国进口，填“B”+进口成分/产品FOB价（小于等于55%），例如：“B”50%；

（3）原产地累计：原材料从成员国进口，填“C”+成员国原材料价值/产品FOB价（大于等于60%），例如，“C”60%；

（4）要求符合特定原产地标准，填“D”。

3．原产地证书的签发

只要根据《亚太贸易协定》项下原产地规则，待出口产品可视为该出口成员国原产，出口成员国的签证机构即应在出口时或者装运后三个工作日内，以手工或者电子形式签发原产地证书。原产地证书自签发之日起一年内有效。

如果原产地证书被盗、遗失或毁坏，出口商可以向原签证机构书面申请经证实的原证书正本的真实复制本。经证实的原产地证书真实复制本应在其正本的有效期内签发。

4．原产地证书的提交

有关产品申报进口时，应向海关当局提交原产地证书正本，以享受优惠待遇；原产地证书应在其有效期内向进口国海关当局提交；如果因不可抗力或者出口商无法控制的其他合理原因致使不能按期提交原产地证书，有关进口国海关当局仍应接受逾期提交的原产地证书。

对于经过非成员国境内运输的货物，除了需要向进口成员国海关提交出口成员国签证机构签发的原产地证书之外，还需要提交：在出口成员国签发的联运提单；货物的原始商业发票以及有关证明文件。

第五节 原产地证申请企业注册登记

申请办理原产地证书的单位，必须预先在当地检验检疫机构办理注册登记手续，办理注册登记时，申请单位必须提交相关的文件资料，检验检疫机构通过审核和调查，对符合注册登记条件的予以注册、登记。

一、申请企业类别

下列企业可申请原产地证业务：

（1）有进出口经营权的国内企业；

（2）中外合资、中外合作和外商独资企业；
（3）国外企业、商社常住中国代表机构；
（4）对外承接来料加工、来图加工、来件装配和补偿贸易业务的企业；
（5）经营旅游商品的销售部门；
（6）参加国际经济、文化交流及拍卖等活动需出售的展品、样品等的有关单位。

二、申请企业注册时须提供的资料

申请企业注册时须提供以下资料：
（1）填写完整的《原产地证书申请人注册登记表》一式两份；
（2）加盖企业公章的《企业法人营业执照》复印件，同时交验原件；
（3）进出口企业的《资格证书》或《批准证书》或《对外贸易经营者备案登记表》复印件，加盖企业公章，同时交验原件；
（4）加盖企业公章的《组织机构代码证》复印件，同时交验原件；
（5）含有进口成分的产品，还需提供产品成本明细单；
（6）从事来料加工、来件装配及补偿贸易的单位还得提交承办对外加工装配业务或补偿贸易的协议，合同副本及本批产品成本明细单等有关文件；
（7）其他相关资料。
签证机构对上述材料进行审核后，安排时间对有关单位进行实地调查。

三、实地调查

检验检疫机构在受理企业注册登记申请后，需要对申请单位的合法性、产品的原料构成和原产地及其加工情况等进行全面的实地调查。实地调查是确定申请单位的出口产品能否符合原产地标准、能否取得注册资格的重要步骤和依据。
检验检疫机构对申请企业实地调查时，主要调查如下工作内容：
（1）生产加工单位的性质、经营管理和设备等状况；
（2）生产出口商品的能力和加工工序情况；
（3）所用原料、零部件以及包装物料的来源及所占比例；
（4）完成检验和最终包装的情况；
（5）出口产品的包装、商标及唛头情况；
（6）其他相关内容。

四、产地证注册登记表领取

审核合格的企业，可到检验检疫机构办理以下手续：
（1）缴纳注册费用；
（2）领取产地证注册登记表；
（3）通过网上申报产地证。

五、申领员证领取

企业注册后，检验检疫机构会对企业产地证申请手签人员进行业务培训，考试合格后，签发申报证件——申领员证。检验检疫机构不接受非申领员办理相关业务。新注册企业可为临时申领员，企业变更申领员须提供情况说明。企业变更申领员一年不超过2次。

各单位凭申领员证办理产地证书业务，特殊情况下，可凭单位介绍信办理。

六、年审

注册（备案）单位自注册（备案）之日起满一年，需提前 30 日办理产地证年审手续。年审时，注册产品须重新备案，注册产品的有效期为一年。

申请产地证注册单位年审时须提供以下资料：

（1）《产地证注册单位年审登记表》；

（2）申请产地证注册时的《原产地证书申请人注册登记表》；

（3）加盖企业公章的《企业法人营业执照》复印件，同时交验原件；

（4）进出口企业的《资格证书》或《批准证书》或《对外贸易经营者备案登记表》复印件，加盖企业公章，同时交验原件；

（5）加盖企业公章的《组织机构代码证》复印件，同时交验原件；

（6）如果签证商品含有进口成分，还须提交《产品成本明细单》；

（7）其他所需材料。

七、企业备案登记内容变更

已在检验检疫机构备案企业，如有发生备案内容变动等情况，需办理企业备案登记内容变更手续，提供《原产地证注册/备案登记内容变更表》。

1．产品信息变更所需资料

（1）《原产地证注册/备案登记内容变更表》；

（2）新增产品的《产品成本明细单》及原辅料发票复印件。

2．公司中英文名称、法人变更所需资料

（1）《原产地证注册/备案登记内容变更表》；

（2）《原产地证申报企业注册/备案登记表》；

（3）《原产地证申报企业注册/备案申请书》；

（4）《申请原产地证电子签证保证书》；

（5）工商局的变更证明（复印件）；

（6）工商营业执照正本（复印件）；

（7）进出口权批准文件（复印件）；

（8）组织机构代码证（复印件）。

3．申报员变更所需资料

（1）《原产地证注册/备案登记内容变更表》；

（2）退回注销的申领员证；

（3）新增的申领员须本人携带身份证复印件（加盖公章）及一英寸照片到签证机构留签字笔迹（临时申领员有效期为 1 年）；

（4）本单位留存的《原产地证申报企业注册/备案登记表》副本。

4．地址、电话、签证印模、注册地址变更所需资料

（1）《原产地证注册/备案登记内容变更表》；

（2）本单位留存的《原产地证申报企业注册/备案登记表》副本；

（3）工商营业执照正本（复印件）；

（4）进出口权批准文件（复印件）；

（5）组织机构代码证（复印件）。

5．领证、签证机构变更

提交《变更产地证签证机构/领证机构申请表》，经原签证机构和拟变更机构同意后办理。

八、企业注册流程

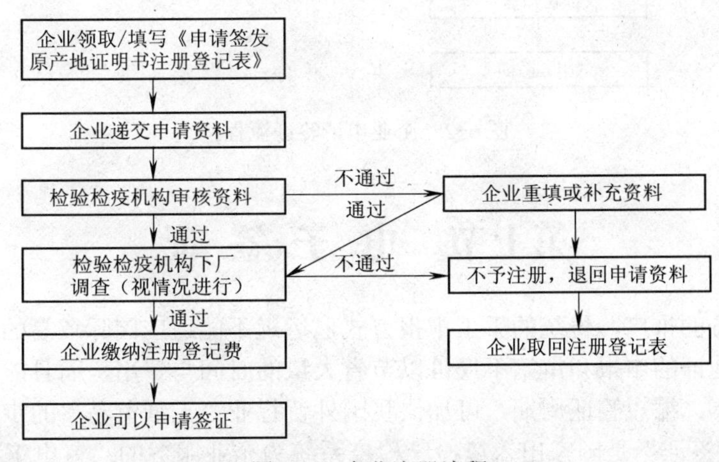

图 6-1　企业注册流程

第六节　原产地证申领业务的办理

一、原产地证申领需提交的资料

企业在办理产地证申领时，须提交如下资料：

（1）《普惠制原产地证明书申请书》或其他原产地证明书申请书一份，申请书需盖申请单位公章。

（2）缮制完整的《普惠制原产地证明书（FORM A）》或《一般原产地证明书，C/O》一

套，证书需签字、盖章。签字人员应是取得产地证申领资格的人员。

（3）正式出口商业发票一份并应注明包装、数量、毛重，否则还需另附装箱单。

（4）含有进口成分的商品，需提供《含进口成分商品成本明细单》。

（5）后发证书，需提供提单。

（6）签证机构需要的其他单据。

二、原产地证申领流程

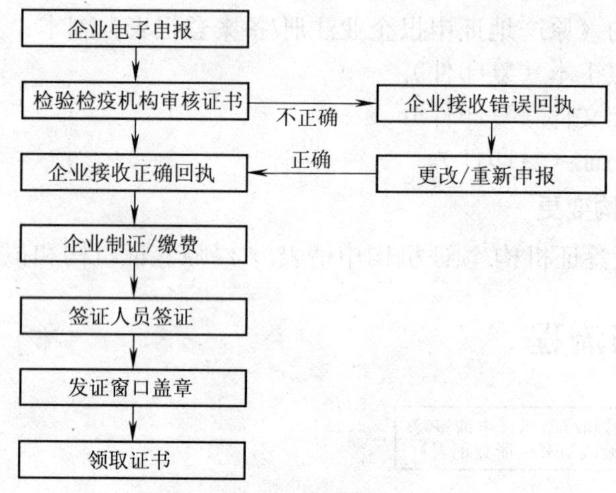

图6-2 企业申请签证流程

第七节 电子签证

随着电子商务的推广，传统的手工申报方式已远远不能适应国际贸易的发展需求，借助电子方式进行产地证的申报和审签不仅可以节省大量的时间与费用，而且能大大提高工作效率，降低企业成本，缩短签证周期，可加快我国外贸行业“无纸贸易”的步伐。

“产地证电子签证”是国家出入境检验检疫系统为企业服务的“三电工程”之一的电子工程，是企业与检验检疫机构电子业务平台联网后，通过电子签证企业端软件，以电子方式完成原产地证远程申请。

一、电子签证业务

企业采用电子方式申报产地证，只需在办公室电脑上录入申报内容并通过互联网发送给检验检疫机构的电脑系统即完成了企业端的申报过程。检验检疫机构产地证审签人员在电脑上对申报的证书进行审签，并用电子方式立即返回审签结果，如申报有误，用户可修改后通过网络重新发送直至正确为止，企业收到“正确，可取证回执”后，缮制好证书到检验检疫机构签证。

二、电子签证的优势

1．签证提高了企业申办产地证书的效率

由于企业采用电子签证进行网上申报、网上改错，节省了到检验检疫机构的往返时间。收到正确回执后才到检验检疫机构领证，企业申报员只需到检验检疫机构一次便可取走已审签完毕并打印好的证书，大大提高了企业办证效率。

2．电子签证保证了证书的真实性

由于电子方式传递的各种电子单证均来自同一数据库中同一数据源，确保了各种单证内容上的统一性，自然做到了单单相符。检验检疫人员不必再对照出口发票来审核证书，而将精力集中到证书各栏目是否符合填制要求，以及证书项下商品是否符合给惠国方案的要求等有关政策内容的审核上，减轻了审签人员的劳动强度，提高了工作效率及签证质量，从而减少了国外海关查询的次数。

3．杜绝人为因素

证书申请和内容均有统一的规定，出现的问题可通过网上人机对话方式一次性解决。杜绝了面对面人为的因素。

三、原产地证电子签证的申请

1．申请电子签证的企业（以下简称申请企业）**必须具备的条件**

（1）已在检验检疫机构办理普惠制原产地证明书或一般原产地证明书注册登记手续；

（2）具有经检验检疫机构培训考试合格取得原产地证手签员证并经电子签证培训取得合格证书的人员；

（3）使用全国组织机构统一代码（法人代码）；

（4）在签证工作中无违法行为；

（5）具备开展电子签证业务所必需的硬件设备。

2．企业申请电子签证时，应提供的文件

（1）《企业申请签发原产地证注册登记表》；

（2）《原产地证电子签证申请表》；

（3）由企业法人代表签字的《申请原产地证电子签证保证书》。

四、原产地证电子申报与签证

1．电子签证的报文应符合中华人民共和国出入境检验检疫相关规定及行业标准。

2．检验检疫机构办理原产地证电子签证时应统一采用经国家检验检疫局评测合格的“原产地证电子签证管理系统”，利用国家检验检疫局“中国检验检疫电子业务服务平台”进行通信。

3．申请企业应使用经国家检验检疫局评测合格并认可的“原产地证电子签证系统企业端软件”。

4．申请企业将已生成的原产地证及其相关单据通过电子方式发送给检验检疫机构，所发送申报单据和证书的内容应真实、准确，与实际出口完全一致。

5．检验检疫机构接收电子数据后，应按规定进行电子审单，对符合要求的，发出正确回执，予以打印证书，办理签证手续；审核发现有误的，发出不受理回执，并将错误项明细反馈给申请企业。

6．申请企业在领取原产地证时，须向检验检疫机构提交用“原产地证电子签证系统企业端软件”打印出的商业发票并加盖公章。

7．申请企业在领取原产地证时，在证书上签字并加盖企业中英文印章，所盖印章必须与注册时的印章一致。检验检疫机构发现证书上的印章与注册的印章不相符，应取消该证书或对外宣布其无效。

8．电子签证工作完毕后，检验检疫机构应及时将纸面证书副本及随附单据整理归档。

9．检验检疫机构应定期对数据库中的统计数据进行审核，并定期上报国家检验检疫。

10．申请办理原产地证电子签证的企业应按国家有关收费标准缴纳签证费。

11．国家检验检疫局对原产地证电子签证企业端软件实施测试认可制度，具体要求按有关规定办理。

12．检验检疫机构要加强对申请电子签证企业的日常监督和管理，发现有违规或欺骗行为的，应立即暂停其电子签证的资格。

参 考 文 献

[1] 中国报关协会．报关员国家职业等级系列教材（基础知识）[M]．北京：中国海关出版社，2013．

[2] 中国海关报关实用手册编写组．报关员国家职业等级系列教材（助理报关师）[M]．北京：中国海关出版社，2013．

[3] 中国海关报关实用手册编写组．中国海关报关实用手册（2014 年版）[M]．北京：中国海关出版社，2014．

[4] 海关总署关税征管司．进出口税则商品及品目注释[M]．北京：中国海关出版社，2012．